alphaskills

W0196870

Ruth Wenger trainiert seit 1992 Führungskräfte aus Wirtschaft und Politik in Europa und den USA. Mit der Entwicklung der alphaskills® hat sie die Erkenntnisse ihrer Arbeit in der Gehirn- und Bewusstseinsforschung mit ihren langjährigen unternehmerischen Erfahrungen zu höchst effizienten Arbeitstechniken zusammengeführt.
www.alphaskills.ch

Ruth Wenger

alphaskills

Effizienter lesen, besser zuhören, entspannter arbeiten

Campus Verlag
Frankfurt / New York

alphaskills® und alphaReading® sind eingetragene Marken
von Ruth Wenger, Baar-Zug/Schweiz.

Bibliografische Information der Deutschen Bibliothek
Die Deutsche Bibliothek verzeichnet diese Publikation in der Deutschen
Nationalbibliografie. Detaillierte bibliografische Daten sind im Internet
über http://dnb.ddb.de abrufbar.

ISBN 3-593-37832-9
Copyright © 2005 Campus Verlag GmbH, Frankfurt/Main
Umschlaggestaltung: Guido Klütsch, Köln
Satz: Publikations Atelier, Dreieich
Druck und Bindung: Druckhaus Beltz, Hemsbach
Gedruckt auf säurefreiem und chlorfrei gebleichtem Papier.
Printed in Germany

Besuchen Sie uns im Internet: www.campus.de

Inhalt

Vorwort von Jens Corssen

Ein Paradigmenwechsel im Denken ist angesagt: Während ich in meiner Arbeit als psychologischer Berater besonders darauf aufmerksam mache, dass oft die eigene »Software«, also die persönliche Einstellung zu sich, den anderen und den vielfältigen Situationen des Lebens gegenüber, dem angestrebten Glück und Erfolg im Wege steht, befasst sich Ruth Wenger in ihrem leidenschaftlichen Diskurs mit der »Hardware«, also den gehirnphysiologischen Korrelaten unserer Wahrnehmungs-, Denk- und Verarbeitungsmuster. Und auch hier gilt es für den ambitionierten Nutzer seines Gehirn-Computers loszulassen von eingefahrenen, nicht mehr zeitgemäßen und ihn so beschränkenden Techniken der Informationsverarbeitung.

Informationsverarbeitung und Wissensmanagement sind die wichtigsten Kompetenzfaktoren. Um mit der Menge und Komplexität der tagtäglich auf uns einströmenden Informationen fertig zu werden, brauchen wir neue Ansätze: Brach liegendes Gehirnpotenzial muss aktiviert und vermehrt genutzt werden. Allein die Tatsache, dass wir die Kapazität unseres Gehirns nachweislich nur zu 5 bis 7 Prozent nutzen, sollte Ansporn genug sein, sich mit den Erkenntnissen und Übungen dieses Buches intensiver zu beschäftigen.

Mir hat die Lektüre dieses Buches Spaß gemacht. Ich habe meine Kenntnisse über die gehirnphysiologischen Funktionen und Abläufe aufgefrischt und erweitert und ganz konkrete Anweisungen bekommen, wie man sich auch gehirntechnisch entwickeln kann. Das Nutzen des Alpha-Zustands im Arbeitsalltag zur Steigerung von Präsenz, Schnelligkeit und Qualität ist aus meiner Sicht eine wirksame Bereicherung für alle, die sich den heutigen Anforderungen und Herausforderungen stellen wollen. Der Weg über den alphaPunkt führt zu mehr Kreativität, größerer Effektivität in der Wissensverarbeitung und zu innerer Ruhe.

Dieses Buch ist eine große Hilfe, weil es nicht nur Theorie abhandelt, sondern lernbare Praxis bietet. Es beinhaltet fundiertes theoretisches Wissen, und Ruth Wenger vermittelt aufgrund ihrer eigenen Erfahrungen in der Wirtschaft und ihrer langjährigen Trainingstätigkeit auch, wie dieses Wissen im Arbeitsalltag umgesetzt werden kann.

Jens Corssen
Zürich, August 2005

Vorwort von Gerald Hüther

Überall in der Natur wird von lebenden Systemen mehr an Beziehungs- und Entwicklungsmöglichkeiten bereitgestellt, als dann tatsächlich genutzt und strukturiert wird. Selbst die genetischen Anlagen im Zellkern enthalten viel mehr Sequenzen, als tatsächlich exprimiert, das heißt aktiviert werden (man spricht hier von so genannter non-Sense-DNA). Offenbar handelt es sich bei diesen Überangeboten um eine Art »Spielwiese« der Natur, die für kreative, neue Lösungen benutzt werden kann.

Auch im menschlichen Gehirn wird zunächst, das heißt in den ersten Lebenswochen, ein »Überangebot von Verschaltungsmöglichkeiten« bereitgestellt, das erst im Laufe der Kindheit »nutzungsabhängig« auf das reduziert (strukturiert) wird, was auch wirklich genutzt und gebraucht wird. Und natürlich haben wir zeitlebens die Möglichkeit, neue Erfahrungen zu machen, neue Beziehungen einzugehen und damit auch neue Verknüpfungen in unserem Gehirn herzustellen. Was wir tatsächlich vom Potenzial unseres Gehirns nutzen, ist nur ein Bruchteil dessen, was uns prinzipiell möglich wäre. Das ist vielleicht der interessanteste Aspekt an der gegenwärtig heiß geführten Freiheitsdebatte: Wir haben die Freiheit, sowohl deutlich mehr als auch noch weniger aus dem zu machen, was uns an Möglichkeiten zu jedem Zeitpunkt unseres Lebens prinzipiell zur Verfügung steht.

Ruth Wenger zeigt in ihrem Buch, wie Sie das »Überangebot« Ihres Gehirns nutzen können – ganz konkret und praxistauglich. Nutzen Sie Ihre Freiheit, mit den alphaskills die in Ihrem Arbeitsalltag anfallenden Informationen effizienter zu verarbeiten.

Prof. Dr. rer. nat. Dr. med. *Gerald Hüther*
Göttingen, August 2005

Einleitung

Das Wissen um die Arbeitsweise des menschlichen Gehirns unterliegt einer rasanten Entwicklung. Obwohl fast täglich neue Erkenntnisse alte Theorien umstoßen, ist sich die Gehirnforschung einig, dass man immer noch sehr wenig darüber weiß, wie unser Gehirn wirklich funktioniert.

Die Gehirnforschung ist in einer rasanten Entwicklung.

Buch- und Zeitschriftenpublikationen der letzten Jahre zeigen, dass die Erkenntnisse der modernen Gehirnforschung auf reges Interesse stoßen. Es scheint deutlich zu werden, dass sich in der Entwicklung des Gehirnpotenzials neue Möglichkeiten öffnen. Gleichzeitig ist es ein Gebiet, in dessen Theorien und wiederum in deren Widersprüchen man sich völlig verlieren kann.

Die Erkenntnisse stoßen auf reges Interesse.

Aus Sicht der Bewusstseinsforschung ist das Gehirn lediglich das Umsetzungsinstrument, die eigentliche Schaltzentrale aber ist das *Bewusstsein*. Ohne diese weitere Dimension fehlen der Gehirnforschung die Orientierung und der übergeordnete Zusammenhang. Expeditionen ins unerforschte Gebiet des Gehirns ohne den Kompass auf das Ziel der Reise können leicht in Sackgassen führen, die für das tägliche Leben wenig oder keinen Nutzen bringen: Man kann sich ein Leben lang mit dem Gehirn theoretisch auseinander setzen, ohne in der praktischen Anwendung des eigenen auch nur einen Schritt weiter zu kommen.

Aus Sicht der Bewusstseinsforschung ist das Bewusstsein die Schaltzentrale.

Es ist mein Ziel, mit diesem Buch die wertvollen Erkenntnisse der Gehirnforschung im weiteren Rahmen der Bewusstseinsforschung für den Arbeitsalltag praktisch nutzbar zu machen. Bewusst beschränke ich mich auf wenige, für das Verständnis der alphaskills wichtige Themen aus beiden Wissenschaftsbereichen. Dabei konzentriere ich mich auf praktizierbare Grundprinzipien, die im täglichen Gehirngebrauch im Umgang mit Information hilfreich sind. Ich habe es als Forscherin und Trainerin verfasst, aber auch als Unternehmerin und Managerin. Durch diese verschiede-

Dieses Buch beschränkt sich auf wenige praktizierbare Grundprinzipien, die im täglichen Gehirngebrauch nutzbar sind.

nen Rollen erlebe ich einen besonders reichen und bereichernden Austausch, und ich möchte mich an dieser Stelle bei allem und allen bedanken, das und die mir auf dieser spannenden Reise Wegweiser und Begleiter waren.

Seit fast 30 Jahren befasse ich mich Gehirn- und Bewusstseinsforschung, und immer hat mich am meisten die Umsetzung interessiert: Was bedeutet diese oder jene Erkenntnis für den (Arbeits-) Alltag? Können wir damit unser Potenzial besser nutzen? Ich bin immer wieder von Neuem fasziniert von den Möglichkeiten, die eine umfassendere, gezielte Nutzung des Gehirns öffnet.

In den letzten 10 Jahren habe ich mich intensiv damit auseinander gesetzt, wie ich mein Wissen und meine Erfahrung aus der Gehirn- und Bewusstseinsforschung für die Bewältigung der täglich anfallenden Information nutzbar machen kann. Neben praktikablen Lösungen will ich vor allem die Chancen aufzeigen, die darin liegen, verfügbare Information zu nutzen, indem man sie mit Leichtigkeit und souveränem Können bewältigt.

Die Menge an Informationen, die täglich produziert und verarbeitet werden muss, steigt exponentiell an. Was heute innerhalb eines Tages an Informationen in Sitzungen, Telefonaten, Mailkontakten und an Lesematerial auf fast alle Berufsgruppen einstürmt, könnte leicht dem entsprechen, was ein Mensch vor 100 Jahren in einem ganzen Leben zu bewältigen hatte!

Die Techniken, die uns einen effizienten Umgang mit der Flut an Informationen ermöglichen, sind bescheiden, und oftmals wird nicht einmal von den bereits existierenden Möglichkeiten Gebrauch gemacht. Deshalb ist klar: Es sind neue »Gehirn-Technologien« gefragt. Wenn die Menschen in der Entwicklung ihrer Fähigkeiten im Umgang mit diesen Mengen nicht nachziehen, werden sie die verfügbaren Informationen schon bald nicht mehr effizient nutzen können und drohen in der täglichen Informationsflut einfach unterzugehen.

Vor allem die Zunahme von E-Mails ist für viele eine enorme, zum Teil nur noch in Nachtstunden zu bewältigende Belastung geworden. Wird der E-Mail-Briefkasten nicht täglich zum Teil mehrmals geleert, stapeln sich schnell mehrere Hundert Mails – und häufig erwartet der Absender bei diesem Medium eine Verarbeitung innerhalb weniger Stunden! Beides führt zu einer Kulmination der Situation der heutigen Informationsflut: zu viel, zu schnell, in zu kurzer Zeit.

Doch ein weitaus besorgniserregenderer Aspekt blieb bisher bei der Beschäftigung mit diesem Thema weitgehend unberücksichtigt: Ungelesenes und unverarbeitetes Material erzeugt einen inneren Druck und untergräbt das Kompetenzgefühl. Die negativen Auswirkungen auf die Entscheidungsfähigkeit, Motivation und Gesundheit im Arbeitsalltag lassen sich zwar erahnen, aber kaum quantifizieren.

Ungelesenes Material erzeugt inneren Druck.

Oft gibt es keine Grundlage mehr für fundierte Entscheidungen: Durch die Fülle an Informationen haben viele nicht mehr genügend Zeit, sich mit einer Angelegenheit so auseinander zu setzen, dass eine seriöse Aufnahme und Auswertung der Daten erfolgen könnte. Das erzeugt Unsicherheit und birgt die Gefahr in sich, immer nur zweitbeste Lösungen hervorbringen zu können. Oft macht dies erhebliche Nachbesserungen nötig, die mehr Zeit beanspruchen, als eine »gehirngerechte«, umfassende Entscheidungsfindung im Vorfeld verlangen würde.

Zu wenig Zeit für fundierte Entscheidungen bringt oft nur zweitbeste Lösungen.

Mit den Trainingsprogrammen in diesem Buch möchte ich einen Beitrag dazu leisten, diese Situation zu verbessern, denn es gibt eine Fülle neuer Erkenntnisse aus der Gehirn- und Bewusstseinsforschung, die sich für den Arbeitsalltag nutzen lassen! Und es wird nur die praktische Umsetzung dieser Erkenntnisse sein, die den Umgang mit dieser Flut von Information verbessern wird.

Neue Erkenntnisse aus der Gehirn- und Bewusstseinsforschung können diese Situation wesentlich verbessern.

Die Lösung des Problems liegt also im Menschen selber – in seiner Fähigkeit, im »Super-Computer Gehirn« neue Technologien zu aktivieren und zu nutzen. Denn jegliche Form von Informationsverarbeitung wird über das Gehirn prozessiert: Ob Informationen nun von außen über unsere Sinne zu uns gelangen, oder unseren Gedanken entwachsen – unser Gehirn verarbeitet sie.

Dazu sind neue Gehirn-Technologien nötig.

Der Wechsel von der Schreibmaschine zur relationalen Datenbank in der Datenverarbeitung war ein Quantensprung in der *äußeren* Entwicklung der Informationsverarbeitung – und genau einen solchen gilt es, im eigenen Gehirn nachzuvollziehen. Wir brauchen einen neuen, zeitgemäßen Zugang zu unseren Gehirnfähigkeiten, eine Art »Gebrauchsanweisung für das Gehirn«, um mit den Informationsmengen, der Komplexität und dem Zeitdruck umgehen zu können.

Damit kann der Quantensprung von der Schreibmaschine zur relationalen Datenbank auch im Gehirn nachvollzogen werden.

Der Umgang mit Information bestimmt zu annähernd 100 Prozent den beruflichen Alltag vieler Tätigkeitsbereiche: Aufnahme,

Denn der Umgang mit Information ist eine

Verarbeitung und Nutzung von Information. Deshalb ist ein präziser, schneller und dabei entspannter Umgang damit eine Schlüsselkompetenz unserer Zeit. Wer sich diese Kompetenz erarbeitet, gewinnt Klarheit und Zeit und hat damit einen wichtigen Wettbewerbsvorteil:

- Wer nicht nur die Informationsfülle handhaben kann, sondern dabei auch eine hohe Präsenz und Qualität aufrechterhalten kann, leistet bessere Arbeit.
- Wem es gelingt, innerhalb kürzester Zeit an die relevanten Informationen zu kommen, blitzschnell das Wesentliche vom Wichtigen und das Wichtige vom Unwichtigen zu unterscheiden, der hat einen entscheidenden Vorteil gegenüber seinen Mitbewerbern.
- Und wer diese Tätigkeiten in einem stressfreien Zustand erledigen kann, findet in sich die Grundlagen für klare, umfassende Entscheidungen und Problemlösung.

Die Erleichterungen, die direkt in den (Arbeits-)Alltag einfließen, sind vielfältig und entlasten in erheblichem Maße:

- Über lange Zeitspannen hinweg in einem entspannten Zustand eine gute Aufnahmefähigkeit und hohe Präsenz aufrechtzuerhalten, erhöht die Präzision.
- Keine unaufgearbeiteten Stapel von Lesematerial mehr auf dem Schreibtisch liegen zu haben und die E-Mails auf aktuellem Stand zu haben, entlastet.
- Jederzeit kompetent, ziel- und schwerpunktbezogen Informationen verarbeiten zu können, beruhigt und stärkt das Kompetenzgefühl.
- Entscheidungen sicher und klar fällen zu können, Probleme in der erforderlichen Zeit lösen und innovative Ideen generieren zu können, gibt Sicherheit.
- Dies alles mit Leichtigkeit tun zu können, ist befriedigend und macht Spaß!

Darauf basieren sichere Kompetenz und gesunder Erfolg.

Um diese Fähigkeiten zu erlangen, müssen Sie die Funktionsweise Ihres Gehirns und Ihres Nervensystems kennen. Sie arbeiten eng zusammen und beeinflussen sich gegenseitig – ob förderlich oder hinderlich. In diesem Buch finden Sie fundiertes Wissen zu diesen Themen und handhabbare Anleitungen, wie Sie Ihren Umgang mit Informationen besser und effizienter gestalten können.

Ob Sie 5 Prozent oder 50 Prozent »Schubkraft« Ihres Gehirnpotenzials nutzen, ist ein entscheidender Unterschied: ein Unterschied, als würde ein Fahrrad zur Rakete. Wenn diese Rakete sich in einem widerstandslosen Raum – *einem geordnet funktionierenden Gehirn* – fortbewegen kann, braucht sie kaum noch Eigenenergie. Mit einer präzisen Navigation – *gezielten Vorgehensweisen und Arbeitstechniken* – kann jedes Ziel auf dem direkten Weg und in kürzestmöglicher Zeit erreicht werden. Und wenn präzise Bilder die Reise dokumentieren – *visuell strukturierte Gedächtnisstützen* –, können die Ergebnisse später voll genutzt werden. So zu reisen macht Spaß!

Mit der Nutzung von mehr Gehirnpotenzial wird ein Quantensprung möglich: wie vom Fahrrad zur Rakete.

Genau darum geht es bei den alphaskills: Durch eine verbesserte Nutzung Ihres Gehirnpotenzials werden Sie mit weniger Aufwand mehr erreichen. Sie können schneller, besser und ohne Stress arbeiten.

New Brain Technology heißt: mit weniger Aufwand mehr erreichen.

Anleitung zum Lesen dieses Buches

Vorab eine gute Nachricht für alle eiligen und ungeduldigen Leser und für diejenigen, die normalerweise überhaupt kein Buch in die Hand nehmen: Sie müssen dieses Buch nicht von vorne bis hinten, Seite für Seite, lesen – diese »heilige Kuh« dürfen Sie hier feierlich schlachten! Sie können es kreuz und quer lesen – einfach gerade dort, wo Ihr Interesse Sie hinführt. Die Kernelemente werden immer wieder aufgenommen, und eine Vielzahl von Verweisen hilft Ihnen, wenn Sie einen Zusammenhang an anderer Stelle nachlesen wollen.

Sie müssen das Buch nicht von vorne bis hinten lesen, sondern können überall einsteigen.

Wenn Sie jedoch dem Aufbau des Buches folgen möchten, können Sie dies auf verschiedenen Wegen tun – je nach dem, wie viel Zeit Sie investieren wollen:

Wenn Sie dem Aufbau folgen wollen, gibt es verschiedene Wege:

In **Teil I** erfahren Sie Grundlagen aus der Gehirn- und Bewusstseinsforschung sowie alles über den Alpha-Zustand.

Im *Überflug* in der Randspalte bekommen Sie in 10 Minuten den Gesamtüberblick.

Das gehirnwissenschaftliche Grundwissen erfahren Sie in 1 bis 1¼ Stunden auf der Autobahn, im Haupttext.

Auf Raststätten können Sie das Grundwissen in Ruhe vertiefen.

An den Glühbirnen finden Sie Inspiration.

In den Trainingsprogrammen finden Sie Skill-spezifisches Wissen.

Für die praktische Erarbeitung der alphaskills müssen Sie die schnellen Strecken verlassen.

- Auf der *Überflugspur* in der Randspalte können Sie sich innerhalb von circa 10 Minuten einen Überblick über den gesamten Inhalt verschaffen. Sie überfliegen die Themen, und wenn Sie etwas entdecken, das Sie interessiert, tauchen Sie in den Haupttext ein und lesen, solange es für Sie relevant ist.

- Auf der *Autobahn*, im Haupttext, erfahren Sie jeweils das grundlegende Wissen aus der Gehirn- und Bewusstseinsforschung. Diese spannende Reise dauert etwa 1 bis 1¼ Stunden. Wenn etwas Sie nicht mehr interessiert oder Inhalte zu detailliert sind, wechseln Sie wieder auf die Überflugspur.

- Auf dieser Autobahn finden Sie *Raststätten*: Exkurse, die stets durch ein Symbol gekennzeichnet sind. Sie können dort Halt machen, wann immer Sie möchten, und mit dem Neurobiologen und Hirnforscher Prof. Dr. Gerald Hüther gehirnwissenschaftliche Themen vertiefen. Sämtliche Beiträge in den *Raststätten* stammen aus den im Literaturverzeichnis genannten Werken von Prof. Hüther. Von seinen Anregungen habe ich sehr profitiert und danke ihm dafür herzlich.

- An den Kapitelanfängen und gelegentlich auch zwischendurch finden Sie immer wieder Zitate und Anregungen von großen Denkern und Philosophen, die durch eine *Glühbirne* gekennzeichnet sind. Nutzen Sie diese Quellen der Inspiration, und legen Sie einen kurzen Zwischenstopp zum Auftanken ein.

In **Teil II** finden Sie die Trainingsprogramme, mit deren Hilfe Sie sich die alphaskills autodidaktisch erarbeiten und einzelne Themen vertiefen können. Wenn Sie mehr über den Alpha-Zustand und die Skills

- alphaReading,
- alphaListening,
- alphaTimeQuality

erfahren wollen, beginnen Sie mit der jeweiligen Einführung. Auf der Überflugspur bekommen Sie schnell einen Einblick in die Anwendungsbereiche.

Um sich einen der alphaskills gezielt zu erarbeiten, müssen Sie allerdings die schnellen Fortbewegungsmittel verlassen! Der Skill-Aufbau, also das Erarbeiten und Trainieren eines oder mehrerer alphaskills, erfordert ein langsames, schrittweises Vorgehen, vergleichbar einem *Fußweg*. Die Trainingsprogramme sind die einzigen Passagen des Buches, bei denen sequenzielles Vorgehen notwendig ist. Je nach alphaskill werden Sie dafür mehr oder weniger Zeit investieren müssen.

Zum Skill-Aufbau biete ich Ihnen immer wieder Übungen an, damit Sie das Gelernte gleich trainieren können, um es unmittelbar anschließend in die Praxis umsetzen können. Diese Übungen finden Sie gesammelt in **Teil III** am Ende des Buches. In den Trainingsprogrammen in Teil II bekommen Sie immer wieder konkrete Hinweise, welche Übung Sie wann machen sollten und wo genau Sie sie finden. Der Pfeil in der Überflugspur weist Ihnen den Weg.

Der Skill-Aufbau ist ein Fußweg mit Übungen.

Wie auch immer Sie dieses Buch lesen: Ich wünsche Ihnen dabei viel Erkenntnis, Nutzen und vor allem viel Spaß!

Wie auch immer Sie dieses Buch lesen: Viel Erkenntnis und viel Spaß!

Zwei Anmerkungen zu den Schreibweisen in diesem Buch:

- Die Begriffe »alphaskills®«, »alphaPunkt«, »alphaReading®«, »alphaListening« und »alphaTimeQuality« bezeichnen als Eigennamen Methoden, die ich in meiner Arbeit entwickelt habe.
  Begriffe wie »Alpha-Zustand«, »Alpha-Frequenzen« folgen dagegen der in der gehirnwissenschaftlichen Forschung üblichen Schreibweise.

- Allein der besseren Lesbarkeit wegen habe ich überall im Text die männliche Form verwendet. Selbstverständlich sind Sie als Frau genauso angesprochen!

Teil I

Gehirnwissenschaftliche Grundlagen der Informationsverarbeitung

»In Zeiten der Veränderung wird der Lernende die Erde erben, während die Erfahrenen aufs beste gerüstet sind für eine Welt, die es nicht mehr gibt.«
Eric Hoffer

Kapitel 1

New Brain Technology:
Quantensprung im Gehirn

Die technologischen Entwicklungen in der Datenverarbeitung sind enorm: Noch vor 30 Jahren wurde der Großteil der Information mit Schreibmaschinen verarbeitet. Die Speicher-Schreibmaschine war bereits eine enorme Entwicklung und Erleichterung. Dann tauchten in den 8oer Jahren die ersten PCs auf, und die Welt veränderte sich grundlegend. Auch wenn die Rechner zu dieser Zeit noch monströse Maschinen waren, brachten sie doch ganz neue Möglichkeiten mit sich. Heute können riesige Mengen von Informationen auf einem fingernagelgroßen Chip gespeichert werden. In einer relationalen Datenbank werden Informationen nicht mehr linear verarbeitet, sondern netzwerkartig, ganz ähnlich wie das Gehirn arbeitet, mit unmittelbarem Zugriff und enorm schnellen Tempi. Wer diese Entwicklung miterlebt hat, der weiß, dass man sich dem nicht entziehen konnte.

Die technologische Entwicklung in der Informationsverarbeitung: in 30 Jahren von der Schreibmaschine zur relationalen Datenbank.

Der Sprung von der Schreibmaschine zur relationalen Datenbank ist die äußere Entwicklung: ein Quantensprung von einer digital-sequenziellen langsamen Verarbeitungsform zu einem vernetzten und hyperschnellen Prozessieren von Informationen. Doch wie verarbeiten wir Menschen Information? Wie gebrauchen wir unseren »Supercomputer« Gehirn?

Das heißt: Vom digital-sequenziellen Verarbeiten zum netzwerkartigen Prozessieren.

»Analphabet im Jahre 2000 wird nicht sein, wer nicht lesen und schreiben kann, sondern wer nicht lernen, entlernen und neu lernen kann.« Alvin Toffler

Traditionelle Verarbeitungsmodi: *Old Brain Technology*

Die meisten Menschen lesen noch Wort für Wort – wie eine Schreibmaschine.

Die meisten Menschen sind mit ihren Verarbeitungsmodi noch tief im »Schreibmaschinen-Zeitalter«. Am besten kann man dies beim Lesen nachvollziehen: Beobachten Sie einmal einen Menschen beim Lesen. Sie werden sehen, dass sich seine Augen bewegen wie eine Schreibmaschine: Zeile für Zeile, in der Regel mit vier bis acht kleinen Stopps pro DIN A4-breiter Zeile. Dieser »Schreibmaschinenstil« des Lesens kommt daher, dass die meisten Menschen noch so lesen, wie sie es in der Schule gelernt hatten: Wort für Wort, Zeile für Zeile. Das ist *Old Brain Technology*.

Um Schritt zu halten, sind neue Verarbeitungswege im Gehirn nötig.

Es sind neue Verarbeitungsweisen nötig, um die technologische Entwicklung von der Schreibmaschine zur relationalen Datenbank im eigenen Gehirn zu vollziehen.

Neue Gehirntechnologien erschließen das Gehirnpotenzial

Genies und Menschen mit fotografischem Gedächtnis verfügen über einen umfassenderen Zugang zu ihren Gehirnfähigkeiten.

Genies und Menschen mit fotografischem Gedächtnis verfügen über einen umfassenderen Zugang zu ihren Gehirnfähigkeiten. Die Gehirn- und Bewusstseinsforschung hat diese Phänomene heute weitgehend erschlossen, und sie können erlernt und im Alltag genutzt werden. Die wichtigste Erkenntnis ist, dass diese Menschen vermehrt visuelle und assoziativ-intuitive Gehirnfunktionen aktivieren und nutzen können und damit erstaunliche Resultate erzielen.

Die Umsetzung von *New Brain Technology* ermöglicht einen Quantensprung.

Setzt man diese Erkenntnisse in der Informationsverarbeitung gezielt um, ermöglicht dies einen Quantensprung im eigenen Gehirn. Dabei werden weitaus leistungsfähigere Gehirnregionen in den täglichen Informationsverarbeitungsprozess mit einbezogen, die um ein Vielfaches schneller sind als die digitalen Funktionen des Sprachzentrums. Das ist *New Brain Technology*!

Der Alpha-Zustand ist die Voraussetzung für schnelle, präzise Inhaltsaufnahme.

Die Grundlage sämtlicher alphaskills ist der so genannte Alpha-Zustand – ein entspannter, höchst aufnahmefähiger Wahrnehmungszustand, durch den der Aufnahmeprozess nicht nur mühelos und wesentlich schneller, sondern auch präziser wird.

Wenn das Gehirn geschult wird, in diesem Zustand Informationen über viel leistungsfähigere Gehirnzentren zu verarbeiten, können größte Mengen von Informationen aufgenommen werden, ohne dass der »Arbeitsspeicher« überlastet wird.

Damit können mühelos große Mengen aufgenommen werden.

Mehr, schneller und präziser – und all das ohne Stress. Das klingt vielleicht, als sei es zu schön, um wahr zu sein. Aber erinnern Sie sich: Im Zeitalter der Schreibmaschine war die Vorstellung einer relationalen Datenbank auch zu schön, um wahr zu sein…

»Mehr, schneller, präziser« ist nicht zu schön, um wahr zu sein!

New Brain Technology heißt, die äußere Entwicklung der letzten 30 Jahre in der Informationsverarbeitung im eigenen Gehirn nachvollziehen: vom digital-sequenziellen zum visuell-analogen Verarbeiten. Auch diesem Schritt kann man sich langfristig nicht entziehen – sonst droht einem das gleiche Schicksal wie den Schreibmaschinen!

Das ist das Nachvollziehen der äußeren Entwicklung im eigenen Gehirn!

»Niemand kann sich frei entscheiden, wie und wozu er sein Gehirn benutzen will, solange er nicht die geringste Ahnung davon hat, was in seinem Hirn überhaupt vorgeht und auf welch unterschiedliche Weise er es überhaupt benutzen und strukturieren könnte. Das betrifft sowohl diejenigen, die bisher gar keine Gelegenheit hatten, sich solches Wissen anzueignen, wie auch diejenigen, die mit einer Flut von Informationen solange überschüttet worden sind, bis ihnen irgendwann nicht nur die Übersicht, sondern auch die Fähigkeit verloren gegangen ist, Wichtiges von Unwichtigem und Falsches von Richtigem zu trennen.«

Kapitel 2

Der Alpha-Zustand:
Die Grundlage effizienter
Informationsverarbeitung

Der Mind

Das Wort *Mind* umschreibt den gesamten gehirnphysiologischen Zustand.

Ich gebrauche in diesem Buch den Begriff *Mind*, weil es im Deutschen keinen so umfassenden Begriff gibt: »Denken« ist zu eingeschränkt; »Geist« ist beladen mit Assoziationen zu geisteswissenschaftlichen oder esoterischen Theorien, um die es hier nicht geht. *Mind* dagegen umfasst den gesamten gehirnphysiologischen Zustand: alles, was in der inneren Wahrnehmung passiert.

Ist viel »Lärm« im Mind, kann man sich nicht konzentrieren.

Die Qualität der Aufnahme und Verarbeitung von Informationen hängt stark vom gehirnphysiologischen Zustand ab. Ist viel Unruhe und »Lärm« im Mind, kann man sich nicht konzentrieren, Informationen werden unklar und unpräzise aufgenommen und verarbeitet. Arbeiten die Gehirnfunktionen geordnet und gut zusammen, funktioniert Informationsverarbeitung reibungslos und klar.

Hier ein Beispiel: Auf der gegenüberliegenden Seite sehen Sie eine Darstellung wichtiger Gehirnfunktionen. Selbst wenn Sie die Abbildung 1 genau betrachten, werden Sie sie kaum verstehen, denn hier liegen zwei Bilder übereinander. Genauso sieht es oft im Mind aus:

Ist man mit anderen Gedanken beschäftigt, wird Information nur bruchstückhaft, verzerrt oder gar nicht aufgenommen.

Eine Information kommt von außen. Sie ist wichtig und sollte aufgenommen werden. Aber der Mind ist beschäftigt mit anderen Gedanken – mit dem, was vorher war, oder bereits mit dem, was als nächstes kommen wird – und damit nicht präsent für das, was jetzt aufgenommen werden sollte. Und so wird die Information nur bruchstückhaft, verzerrt oder gar nicht ankommen. Sicher kennen Sie dieses Phänomen aus eigener Erfahrung – und auch die Folgen davon.

Im Alpha-Zustand ist der Mind klar und ruhig.

Wenn Information klar aufgenommen werden soll, muss der Mind frei sein – wie eine leere Leinwand. Entspannte, wache Präsenz ist der ideale Aufnahmezustand. Und genau dies sind die Charakteristika des Alpha-Zustands.

Information kann präzise aufgenommen werden.

Abbildung 1: Wichtige Gehirnfunktionen

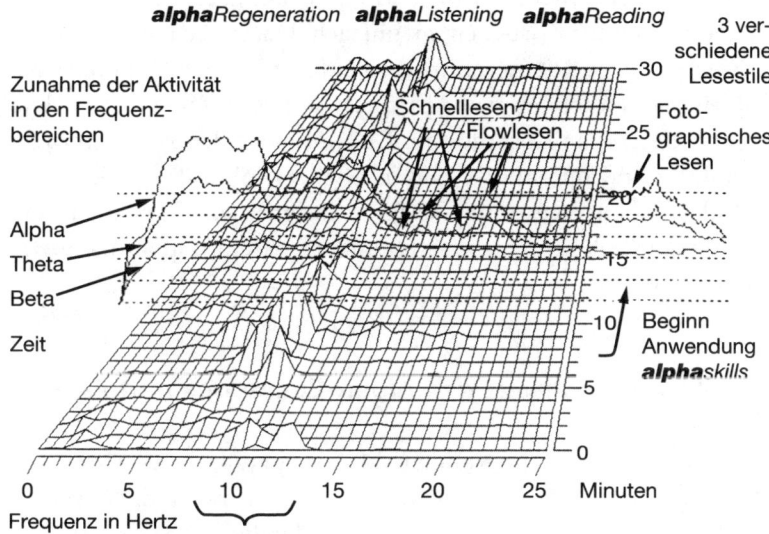

alphaRegeneration **alphaListening** **alphaReading**

3 verschiedene Lesestile

Zunahme der Aktivität in den Frequenzbereichen

Schnelllesen
Flowlesen

Fotographisches Lesen

Alpha
Theta
Beta
Zeit

Beginn Anwendung *alphaskills*

0   5   10   15   20   25   Minuten

Frequenz in Hertz

Alpha-Frequenzbereich 8 – 14 hz

Der Alpha-Zustand

Der Alpha-Zustand ist in der Gehirnforschung ein bekannter und gut erforschter Bewusstseinszustand. Seine Eigenschaften sind:

Der Alpha-Zustand ist in der Gehirnforschung gut erforscht.

- reine Präsenz,
- klare, wache Wahrnehmung
- mentale Ruhe, das heißt wenig oder keine unwillkürliche Gedankenaktivität,
- körperliche Entspannung mit angenehmem, nicht erschlafftem Tonus,
- verfeinerte Wahrnehmung, in der alle Sinne geschärft sind.

Das ist ein optimaler Zustand für die Informationsaufnahme.
Sie können lernen, sich in Sekundenschnelle in diesen erhöhten Wahrnehmungszustand zu versetzen und darin Informatio-

Er ist die Grundlage aller alphaskills.

nen aufzunehmen und deren Verarbeitung zu optimieren: lesen, zuhören, arbeiten, Probleme lösen, Entscheidungsprozesse tätigen etc.

Kurze Entspannungsmomente erhöhen schnelle und stressfreie Informationsverarbeitung.

Wenn Sie im Arbeitsalltag immer wieder den Alpha-Zustand aktivieren, wird nicht nur Ihre Aufnahmefähigkeit ruhig und klar, sondern auch Ihr Körper entspannt sich. Durch die Ruhe im Mind entstehen kurze Regenerationsmomente im Körper. So können Sie Informationen schneller und präziser verarbeiten und dies auch in einem stressfreien Zustand tun. Das optimiert den Arbeitsprozess qualitativ und quantitativ und ermöglicht, über die vielen Stunden des Arbeitstages mühelos Informationen zu verarbeiten und auch noch nach zehn bis zwölf Stunden präsent und aufnahmefähig zu sein.

Objektiver Nachweis des Alpha-Zustandes mittels EEG

Das EEG dokumentiert die Vorgänge im Gehirn.

Das Elektro-Enzephalogramm (EEG) ist ein hilfreiches Mittel, um die Vorgänge im Gehirn zu dokumentieren. Beim EEG werden Elektroden auf der Kopfhaut platziert, die die feinen elektrischen Impulse, die das Gehirn aussendet, in Hertz messen. Die Gehirnaktivität im EEG wird in verschiedene Frequenzspektren unterteilt:

- 1 bis 4 Hertz wird mit Delta bezeichnet,
- 4 bis 8 Hertz wird Theta genannt,
- 8 bis 14 Hertz entspricht dem Alpha-Zustand,
- 12 bis 40 und mehr Hertz nennt man Beta.

Je nach Frequenzbereich und Kombination dokumentieren diese Spektren bestimmte Bewusstseinszustände und lassen Rückschlüsse auf Verarbeitungsmodi und Funktionsweisen des Gehirns zu. (Mehr zur Zuteilung der Frequenz-Spektren im Abschnitt *Bewusstseinsentfaltung durch Erleben des Alpha-Zustandes*, Seite 39).

Abbildung 2 zeigt das EEG einer Person bei der Anwendung der alphaskills. Die horizontale Achse zeigt das Frequenz-Spektrum an (bei dieser Messung von 0-25 Hertz), die vertikale Achse die Zeit von 0 bis 30 Minuten.

Abbildung 2: EEG-Messung bei der Anwendung der alphaskills

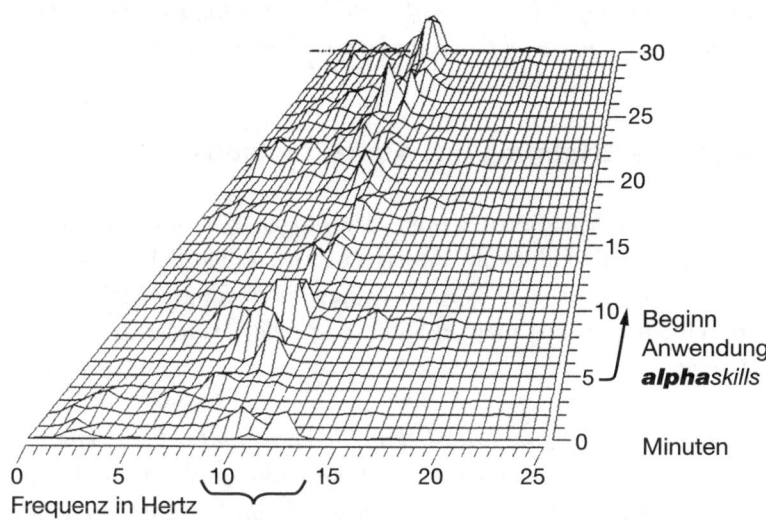

Frequenz in Hertz

Alpha-Frequenzbereich 8 – 14 hz

Nach 5 Minuten beginnt die Person, den Alpha-Zustand zu aktivieren und die alphaskills anzuwenden. Sofort ist deutlich vermehrte Aktivität im Alpha-Bereich, hier zwischen 8 und 10 Hertz, sichtbar.

Der Alpha-Zustand hat eine ganz besondere Funktion in der Bewusstseinsdynamik. Er verbindet die bewussten und die unbewussten Gehirnbereiche. Auf dem Diagramm sind links des Alpha-Bereiches die Bereiche mit niedrigen Frequenzen zu erkennen, der Theta- und der Delta-Bereich, die wir als Traum- und Schlafzustände kennen. Rechts des Alpha-Bereiches ist das Wachbewusstsein, der Beta-Bereich, das tagesbewusste Denken und Wahrnehmen. Der Alpha-Zustand liegt zwischen Schlafen und Wachen, zwischen dem Unbewussten und dem Bewussten. Es ist jener Zwischenbereich, von dem aus wir Zugang zu beiden »Welten« haben; zum Assoziativ-Intuitiven und zum Kognitiv-Rationalen. Dieser »Zwischenraum« hat für eine kompetente, ganzheitliche Informationsverarbeitung eine große Bedeutung.

»Manche Gehirne sind in der Lage, Veränderungen der äußeren Welt sehr feinfühlig bereits dann wahrzunehmen, wenn sie sich gerade erst anbahnen und noch gar nicht eingetreten sind. Sie können das, was auf sie zukommt, vorausschauend abschätzen und

Während der Praxis der alphaskills ist mehr Alpha-Aktivität messbar. Der Alpha-Zustand verbindet bewusste und unbewusste Gehirnbereiche.

sich deshalb viel früher und viel effektiver vor Bedrohungen ihrer inneren Ordnung schützen. Auf diese Weise gelingt es ihnen, Gefahren bereits im Vorfeld zu erkennen und abzuwenden.«

Subjektive Erfahrung des Alpha-Zustands

Der Zugang zum Alpha-Zustand ist leicht zu erlernen und bringt sofort spürbaren Nutzen.

Die objektive Messung ist nur »der Finger, der auf den Mond zeigt«. Es ist die Fähigkeit, diesen Zustand willentlich herbeiführen zu können, die den Nutzen bringt. Hier einige Erfahrungen von Teilnehmern aus meinen Seminaren, vier Stunden nach dem Erlernen:

»sehr entspannt«

»Ich bin sehr entspannt mit Blick in die Ferne und nehme dennoch Einzelheiten wahr. Auch ein Gefühl der Ruhe und Wärme. Es ist, wie wenn ich auf einem Berg sitzen würde und in die Tiefe eines Sees schauen würde.«
B.H., Presse- und Medienverantwortliche

»messerscharf aufmerksam«

»Völlig losgelöst – wie ein Raumschiff im All. Dafür mit dem entsprechenden ›Überblick‹ und gleichzeitig messerscharf aufmerksam.«
H.W., Inhaber-Partner

»Wohlgefühl im Körper«

»Klarheit: Nebel lichtet sich. Ruhe: Staub legt sich. Wohlgefühl im Körper.«
T.I., Kultur-Manager

Der Alpha-Zustand ist leicht zu erlernen und bringt sofort eine spürbare Wirkung. Diese Teilnehmer hatten ihn innerhalb von 30 Minuten über eine Übung erlernt, die Sie im Trainingsprogramm finden werden. Alle Zitierten waren Führungskräfte – Männer und Frauen, die mit beiden Beinen im Leben und im Beruf stehen und täglich vor Bergen von Informationsmaterial sitzen.

Der alphaPunkt

Sie aktivieren den Alpha-Zustand über

Bei den alphaskills lernen Sie, den Alpha-Zustand zu aktivieren, indem Sie mit Ihrer inneren Aufmerksamkeit auf einen Punkt oberhalb des Kopfes gehen. Diesen Punkt nenne ich alphaPunkt, weil er unmittelbar in den Alpha-Zustandes führt.

den alphaPunkt.

Der Ursprung des alphaPunktes

Der praktische Schlüssel zum alphaPunkt kommt aus der Legasthenie-Forschung. Der US-Amerikaner Ronald D. Davis, der selbst ein starker Legastheniker war, hat damit seine eigene Lese- und Rechtschreibschwäche überwunden und Tausenden von Legasthenikern, Kindern und Erwachsenen, einen unschätzbaren Dienst erwiesen. Mehr über ihn und seine praktische Arbeit erfahren Sie in seinem Buch *Legasthenie als Talentsignal* oder auf seiner Website www.davisdyslexia.com.

Der praktische Schlüssel dazu kommt aus der Legasthenie-Forschung.

Legastheniker haben meist ausgeprägte rechtshemisphärische, visuelle Fahigkeiten. Viele von ihnen sind sehr einfallsreich, kreativ und haben eine schnelle Auffassungsgabe. In den Jahren, in denen ich mit Legasthenikern gearbeitet habe, war ich immer wieder von neuem beeindruckt, was das Gehirn für erstaunliche Leistungen vollbringen kann.

Legastheniker haben oft erstaunliche Fähigkeiten.

Viele erfolgreiche und außergewöhnlich kreative Menschen waren Legastheniker: Leonardo da Vinci, Henry Ford, Albert Einstein, Winston Churchill, Walt Disney und viele mehr. Sie haben alle gemeinsame, große Talente: ein ausgeprägtes visuelles Denken und eine außergewöhnliche Kreativität. Sie können innerlich so unmittelbar und lebhaft bildhaft denken und erfahren, dass sie zum Beispiel:

Sie sind meist außerordentlich kreativ und haben ein gemeinsames Talent: visuelles Denken.

- sich Dinge dreidimensional vorstellen und von allen Seiten betrachten können – das sind die erfolgreichen Architekten, Designer, Ingenieure etc.
- ganze Partituren mit zwölf Stimmen gleichzeitig hören – und so erfolgreiche Komponisten, Musiker, Sänger etc. werden.
- in ihrer Imagination ganz erstaunliche Entwicklungen kreieren – diese Menschen werden Entwickler, Erfinder, Künstler, Schauspieler etc.

Legastheniker haben jedoch auch ein gemeinsames Handicap: große Mühe mit Lesen und Schreiben. Ihr starkes Talent wird zum Problem, wenn es zur Verarbeitung vom geschriebenen Wort kommt.

Ihr Handicap ist die schriftliche Sprachverarbeitung.

Für das digitale Lesen und den Aufbau der Rechtschreibung muss Sprache über das Sprachzentrum verarbeitet werden.

Wenn ein Gehirn daran gewöhnt ist, alle Probleme mit den genialen visuellen Verarbeitungsweisen zu lösen, wird es das auch bei Buchstaben, Worten und Sätzen tun wollen. Es fängt an, in der Vorstellung mit den Buchstaben zu spielen – sie von allen Seiten zu betrachten, sie größer, kleiner werden zu lassen etc. Das kann zwar sehr kreativ sein, aber es führt nicht zur Entschlüsselung des Inhaltes. Und wenn dann die Schriftverarbeitung mit einer Forderung verbunden ist wie Lesen und (Recht-)Schreiben, kann dies für alle Beteiligten ein sehr frustrierendes Erlebnis, sogar ein echter Leidensweg, werden.

Sobald Legastheniker lernen, ihre innere Orientierung beim Lesen an dem besagten Punkt zu stabilisieren, wird die fehlende Verschaltung zum Sprachzentrum behoben.

Bei aller Intelligenz, Kreativität und bestem Willen können diese Menschen nicht fehlerfrei lesen und schreiben. Denn die Aufschlüsselung der Schrift findet in einem speziellen Bereich in der linken Gehirnhälfte, im Sprachzentrum, statt. Sobald sie lernen, das Epizentrum ihrer visuellen Vorstellung am besagten Punkt oberhalb des Kopfes zu stabilisieren, kann die fehlende Verschaltung zum Sprachzentrum behoben werden, denn die Position dieses Punktes hat die Eigenschaft, die rechtshemisphärischen visuellen Gehirnfunktionen mit dem linkshemisphärischen Sprachzentrum zu verbinden. (Mehr zu Aufbau und Funktionsweise des Gehirns werden Sie im nächsten Kapitel *Informationsverarbeitung im Gehirn* erfahren, S. 48). Dann können auch starke Legastheniker Schrift mit etwas Übung problemlos verarbeiten. Meine jahrelange Arbeit mit dem Davis Dyslexia Correction Program® hat die Funktionalität dieses Ansatzes immer wieder bestätigt.

Ron Davis' Orientierungstechnik ist der Grundstein der alphaskills.

Die Orientierungstechnik von Ron Davis ist der Grundstein der alphaskills, denn diese Verschaltung im Gehirn ist die Grundlage für die Verarbeitung von Schrift, und auch gute Leser profitieren von der Wirkung dieser Technik. Mit dem alphaPunkt stehe ich also – mit einem Bein zumindest – auf seiner Schulter und möchte ihm dafür danken.

Psycho-physischer Entspannungseffekt

Der alphaPunkt ist der direkteste Zugang zum Alpha-Zustand, den ich kenne.

Bei der tieferen Erforschung dieses Zugangs und aus Rückschlüssen auf persönliche Erfahrungen meiner Bewusstseinsforschung konnte ich erkennen und nachweisen, dass seine Orientierungstechnik einen direkten Zugang zum Alpha-Zustand öffnet, den direktesten, den ich in all den Jahren Forschung kennen gelernt habe. EEG-Messungen bestätigten dies eindeutig.

Im Alpha-Zustand wird der Mind schlagartig ruhig. Dies hat eine unmittelbare Wirkung auf den Körper: Im gleichen Moment wie die mentale Aktivität beruhigt sich auch die körperliche Aktivität – der Körper entspannt sich, und die Atmung wird ruhig und tief.

Die Ruhe im Mind entspannt den Körper.

- Die Herzrate, der Pulsschlag, wird langsamer,
- die Muskelspannung nimmt ab,
- der galvanische Hautwiderstand verstärkt sich.

Diese drei Werte sind Anzeichen von körperlicher Entspannung und korrelieren direkt mit den Messungen des EEG.

Das Besondere daran ist, dass es die *Intensität* der Alpha-Präsenz ist, die diese Wirkung hervorbringt, und nicht die *Dauer* der Anwendung. Ein paar Sekunden genügen! Deshalb ist der Alpha-Zustand bei allen Skills in die Tätigkeit integriert und wird – ohne zusätzlichen Zeitaufwand – 50-100-mal pro Tag oder öfter aktiviert.

Es ist die Intensität des Alpha-Zustandes, die den Nutzen bringt.

Wenn Sie während all der Stunden, in denen Sie täglich Informationen verarbeiten – lesen, zuhören, nachdenken, Probleme lösen, planen etc. –, immer wieder, für Sekunden, in den Alpha-Zustand gehen, werden die kurzen körperlichen und mentalen Entspannungsmomente eine regenerierende Wirkung haben und sich wohltuend auf Ihr Allgemeinbefinden auswirken. Sie werden zu kleinen, extrem wirkungsvollen »Turbo-Pausen«, die die Flexibilität Ihres Nervensystems verbessern und Stress vorbeugen oder abbauen.

Alpha-Sekunden-Pausen haben einen Turbo-Effekt, der Stress reguliert.

Sobald Sie alle drei alphaskills im Alltag in Ihre Informationsverarbeitungsprozesse integriert haben, werden Sie – durch die Kulmination dieser Sekunden-Impulse – über den gesamten Arbeitstag hinweg eine merkbar erhöhte Präsenz und Konzentration im Mind, mehr Energie sowie einen entspannteren körperlichen Zustand erfahren.

Alle Skills zusammen erzeugen eine merkbare Erhöhung der Präsenz, der Konzentration und der Entspannung.

Kopplungsdynamiken

Der alphaPunkt ist an einen bewussten Atemzug gekoppelt: Sie atmen ein, gehen mit Ihrer inneren Aufmerksamkeit auf den al-

Den alphaPunkt koppeln Sie an einen Atemzug.

phaPunkt, atmen aus, nehmen diesen Zustand kurz wahr und üben anschließend Ihre Tätigkeit aus.

Am Anfang werden Sie 10 bis 15 Sekunden brauchen, nach zwei bis drei Tagen genügt ein Atemzug, danach koppelt sich der Alpha-Zustand an die Tätigkeiten.

Das wird am Anfang etwa 10 bis 15 Sekunden in Anspruch nehmen, und Sie werden es ganz bewusst tun müssen. Bereits nach zwei bis drei Tagen intensiver Praxis aber genügt ein bewusster Atemzug, um den Alpha-Zustand zu aktivieren, bevor Sie die entsprechende Tätigkeit aufnehmen. Nach zwei bis drei Wochen Anwendung wird sich das Körpersystem bei dieser Tätigkeit an den Alpha-Zustand »erinnern«, und die Orientierungsverlagerung geschieht von selbst; Sie müssen nicht mehr speziell Ihre Aufmerksamkeit darauf richten, sondern Ihr Körpersystem »denkt« daran. Wenn Sie sich die nötige Zeit und Praxis geben, diesen Prozess gut zu »installieren«, wird er auch einwandfrei funktionieren.

Unzählige Abläufe sind durch so genannte Kopplungsdynamiken verankert und automatisiert worden.

Dieser Automationsprozess ist eine so genannte Kopplungsdynamik im kinästhetisch-somatisch-sensorischen System: Sie haben eine Vielzahl von Handlungen und Abläufen in Ihrem Alltag durch Kopplung bestimmter Handlungen an Gefühle, Gerüche oder andere Sinneserfahrungen in Ihrem Bewusstsein verankert. Diese *Körperintelligenz* bewahrt Sie davor, jedes Mal, wenn Sie in ein Auto steigen, das Autofahren von Grund auf neu erlernen zu müssen oder immer wieder über das Zubinden Ihrer Schuhe nachdenken zu müssen.

Kopplungsdynamiken findet man überall im Alltag. Information ist gekoppelt an:

Orte,

Hier einige weitere Beispiele, die die Kopplungsdynamiken über verschiedene Kanäle illustrieren:

- Im Besprechungszimmer fällt Ihnen ein, dass Sie noch Ihren Kollegen Max anrufen wollten. Sie stehen auf, um zum Telefonieren in Ihr Büro zu gehen. Zwischendurch werden Sie kurz aufgehalten, und am Schreibtisch angekommen, wissen Sie nicht mehr, wen Sie anrufen wollten. Erst zurück im Besprechungsraum erinnern Sie sich: »Max wollte ich anrufen!« Der Auftrag an das Gehirn war mit dem Ort gekoppelt.

Tageszeiten und Zustände,

- Eine Studentin lernt immer zwischen 8 Uhr abends und 2 Uhr morgens. In einer Prüfung soll sie morgens um 8 Uhr ihr Wissen aktivieren – und weg ist es. Am Abend fällt ihr alles wieder ein: Ihr Lernstoff war an die Tageszeit und den Lernzustand gekoppelt (in der Gehirnforschung nennt man das *State Oriented Memory*).

- Sie möchten jemanden anrufen, haben jedoch seine Nummer vergessen. Als Sie am Tastentelefon sitzen, erinnern Sie sich an die Tastenkombination – das Erinnern der Nummer ist an die Fingerbewegung gekoppelt. Das ist eine kinästhetische Kopplung.

kinästhetische Vorgänge,

- Während Sie auf dem Nachhauseweg an das gestrige Kerzenlicht-Dinner mit Ihrem Schatz denken, überkommt Sie ein warmes Gefühl: eine somatische Erinnerung.

somatische Erinnerungen,

- Sie hören ein bestimmtes Lied und erinnern sich an Ihre Jugend, als dieses Stück »in« war; oder Sie riechen ein Parfum und erinnern sich an eine bestimmte Gegebenheit in Ihrem Leben. Beides sind sensorische Kopplungen.

Sinneserfahrungen.

Wenn Sie nun einen für Ihre Informationsverarbeitung förderlichen Zustand trainieren und verankern, ist das nur ein weiterer kinästhetisch-somatischer Automatismus, zusätzlich zu den unzähligen anderen, die Sie in Ihrem Leben und in Ihrer Karriere bereits erlernt und gemeistert haben.

Was Sie hier lernen, ist nur eine zusätzliche Fertigkeit zu den unzähligen, die Sie bereits gemeistert haben.

»Manche Herausforderungen bewältigen wir, indem wir bestimmte Verschaltungen zur Steuerung komplexer Bewegungsabläufe benutzen. Es ist also nicht verwunderlich, dass wir jede anfangs noch so schwierige Handlung, wenn sie uns einmal gelungen ist, das nächste Mal schon viel besser und irgendwann sogar ganz mühelos vollziehen. Sie wird Schritt für Schritt zu einer gebahnten Routine, die am Ende keinerlei Anstrengung, keine neuartige Anforderung und auch keine Aktivierung unseres noradrenergen Systems mehr verursacht [das heißt, keine Ausschüttung von Stresshormonen verursacht].«

Lernen geht schnell, stabilisieren braucht Zeit

Das Erlernen des Alpha-Zustandes geht schnell: In einer halben Stunde können Sie den Zugang erlernen und die ersten grundlegenden notwendigen Stabilisierungsübungen machen. Um ihn aber für das Lesen, Zuhören und Arbeiten funktional zu machen, das heißt ihn jederzeit erzeugen, in Tätigkeiten integrieren und bei deren Ausübung aufrechterhalten zu können, brauchen Sie etwas mehr Zeit.

Das Erlernen des Alpha-Zustandes geht schnell. Um ihn funktional zu machen, brauchen Sie mehr Zeit.

S. 89 ➡

Wenn Sie jetzt so neugierig geworden sind, dass Sie den alphaPunkt gleich erlernen wollen, blättern Sie bitte zum Trainingsprogramm auf Seite 89. Sie sollten allerdings 30 bis 45 Minuten Zeit und das nötige Material (einen Jonglier- oder Tennisball und ein Stoppuhr) zur Hand haben und sich in einem ungestörten Umfeld befinden. Wenn eine dieser Voraussetzungen nicht gegeben ist, verschieben Sie Ihr Vorhaben lieber auf einen späteren Zeitpunkt. Es lohnt sich, diese Grundlage sorgfältig zu erlernen, denn auf ihr bauen alle alphaskills auf!

Präsenz und Konzentration

»Das Geheimnis allen geistigen Schaffens ist die Sammlung.« Othmar Spann

Präsenz und *Konzentration* sind nicht das Gleiche:

Präsenz ist reines Bewusstsein. Konzentration ist gerichtete Aufmerksamkeit.

- *Präsenz* ist Bewusstsein, klare ungerichtete Aufmerksamkeit. Sie entspricht dem Alpha-Zustand.
- *Konzentration* dagegen ist gerichtete Aufmerksamkeit, die Focussierung auf etwas Bestimmtes. Sie ist eine Beta-Aktivität im Gehirn.

Normale Konzentration ist eine Beta-Aktivität.

Die meiste Menschen kennen Konzentration nur als Beta-Prozess, das heißt als willentliche Ausrichtung der Aufmerksamkeit auf ein Wahrnehmungsobjekt. Das ist mit der Zeit meist mit Anstrengung verbunden, je nachdem, wie ruhig oder aktiv der Beta-Bereich ist.

Der Alpha-Zustand kann während der Konzentration aufrechterhalten werden.

Durch die Praxis der alphaskills trainieren Sie, den Alpha-Zustand während verschiedenster Tätigkeiten aufrechtzuerhalten, so auch während der Konzentration, die dadurch mühelos wird. Je intensiver und klarer Ihre Alpha-Präsenz, umso stärker und klarer Ihre Beta-Konzentration. Wird Konzentration von Präsenz getragen, ist dies ein energiereicher Zustand, der mühelos über lange Zeit aufrechterhalten werden kann. Es ist »der Zen des Arbeitens«.

Hier die Erfahrung einer Seminarteilnehmerin, unmittelbar nach dem Seminar:

»Ich habe die drei Bücher in zwei Stunden gelesen, und es hat Freude gemacht. Resultat: Viel mehr Spaß, kein Zwang, Ent-

spanntheit, gute Laune, Energie für die übrige Arbeit und selbstverständlich viel Informationsaufnahme in kurzer Zeit mit besserem Erinnerungswert, weil ich beim Lesen voll präsent war.«
S.K., Leiterin Personal- und Organisationsentwicklung

Mentale Fitness: hohe Denkleistung

Das Erlernen der alphaskills ist zu vergleichen mit einem mentalen Fitness-Programm: Ihr Arbeitsplatz, Ihr Büro, Ihr Sitzungszimmer wird damit zum mentalen Fitnessstudio, die verschiedenen Tätigkeiten der Informationsverarbeitung sind die Trainingsbereiche, die spezifischen Skills die Trainingsgeräte; Ihre täglichen Arbeitszeiten sind Ihre Trainingszeiten. Wenn Sie alle alphaskills einsetzen, machen Sie täglich ein ausgewogenes, ganzheitliches Trainingsprogramm für Ihr Gehirn.

Die alphaskills sind gezieltes mentales Fitnesstraining am Arbeitsplatz.

Gezieltes Training schult den Mind. Ohne Praxis von Alpha-Präsenz oder Konzentration hat der tagesbewusste Mind die Tendenz zu mehr oder weniger starker unwillkürlicher Aktivität. Das sind ungewollte Gedanken, Bilder etc. – all jene Nebenprogramme, die beim konzentrierten Denken und Arbeiten stören. Sie sind wie unkontrollierte Muskelbewegungen, die weder Sinn noch Nutzen haben und nur Energie verbrauchen – das Gegenheil von gezieltem Training!

Unwillkürliches Denken entspricht unkontrollierten Muskelbewegungen: Energieverschwendung!

Mit der Aktivierung des Alpha-Zustandes wird es ruhig im Beta-Bereich; das heißt, die Aktivität des Mind beruhigt sich, und es sind nur noch wenige oder keine unwillkürlichen Gedanken im Mind. Aus dieser Ruhe und Präsenz ist klares und voll konzentriertes Denken möglich. Ob es nun Informationsaufnahme oder -verarbeitung ist: Was immer man aus diesem Zustand heraus geistig und mental tut, es wird kraftvoll und effizient sein.

Im Alpha-Zustand beruhigt sich diese nutzlose gedankliche Aktivität. Konzentration ist von Präsenz getragen und damit kraftvoll und klar.

Und nicht zu vergessen: Während Sie den Alpha-Zustand trainieren, befinden Sie sich mit Ihrer inneren Aufmerksamkeit genau an der Schnittstelle zwischen dem Bewussten und Unbewussten. Damit trainieren Sie »in beiden Welten« und verbinden sie. Dies erweitert Ihren Denkhorizont, denn Denken ist ein ständiger Abgleich und Austausch von unbewusstem und bewusstem Wissen. Solange Sie Ihr Gehirn lediglich im Beta-Bereich nutzen, ist das, als würden Sie nur einen Teil Ihres Körpers trainieren und den Rest

Mit alphaskills trainieren Sie den Austausch von bewusstem und unbewusstem Wissen.

verkümmern lassen: Daraus ergibt sich keine Spitzenleistung. Integrieren Sie jedoch aus dem Alpha-Zustand heraus auch assoziativ-intuitive Impulse in Ihre kognitiv-rationalen Denkprozesse, werden Sie mentale Höchstleistungen erbringen!

Das Einzigartige am alphaPunkt

Der Alpha-Zustand ist ein natürlicher Entspannungszustand und die Basis aller Entspannungsmethoden.

Der Alpha-Zustand ist ein natürlicher Bewusstseinszustand, den jeder Mensch beim Einschlafen und Aufwachen durchläuft, aber meistens nicht bewusst erfährt. Wenn man die Augen schließt, der Körper zur Ruhe kommt und in einen Entspannungszustand gerät, ohne dabei einzuschlafen, dann sind im Gehirn Alpha-Wellen messbar. Der Alpha-Zustand ist auch die Basis von Visualisierungs-, Entspannungs- oder Meditationstechniken. Diese Methoden werden liegend oder sitzend, mit geschlossenen Augen ausgeübt. Sie können für kreative innere Arbeit und körperliche oder mentale Regeneration genutzt werden. Es sind jedoch keine brauchbaren Ansätze für den Arbeitsalltag, weil Sie dafür einige Minuten Zeit brauchen und nicht auf die Informationsaufnahme von außen ausgerichtet sind.

Der Zugang zum Alpha-Zustand über den alpha-Punkt hat drei einzigartige Aspekte:

Und genau dies ist der erste Grund, warum der hier vermittelte Zugang zum Alpha-Zustand über den alphaPunkt so einzigartig ist. Sie aktivieren den Alpha-Zustand

- in einem normalen körperlich aktiven Zustand,
- mit offenen Augen,
- in Sekundenschnelle,
- durch die Ausrichtung der inneren Aufmerksamkeit auf den alphaPunkt.

1. Er ermöglicht, in der täglichen Aktivität mit offenen Augen in Sekundenschnelle den Alpha-Zustand aktivieren.

Damit können Sie ihn während des Arbeitsprozesses jederzeit für Sekunden oder Minuten herbeiführen und nutzen. Und selbst dies werden Sie nach einiger Zeit nicht mehr bewusst tun müssen, weil der Alpha-Zustand bei den alphaskills durch kinästhetische Kopplungsdynamiken (siehe Seite 31 ff.) an die Tätigkeiten der Informationsverarbeitung gekoppelt ist.

2. Er verbindet das Sprachzentrum mit dem visuellen Zentrum und

Was den alphaPunkt weiterhin so besonders macht, ist seine Position oberhalb des Kopfes. Das hat einen gehirnwissenschaftlichen Hintergrund: Wie bereits erwähnt verschalten sich durch die

Ausrichtung der inneren Aufmerksamkeit auf diesen Punkt die Funktionen des visuellen Gehirnzentrums mit denen des Sprachzentrums. Dies ist für die sprachliche Informationsverarbeitung von entscheidender Bedeutung (Seite 64). **optimiert damit die Sprachverarbeitung.**

Und zum dritten hat der alphaPunkt einen bedeutenden Effekt auf die Wahrnehmung und Fähigkeit, Ihr Gehirn umfassender zu nutzen: Indem Sie eine Orientierungsebene oberhalb und außerhalb des Kopfes schaffen, kreieren Sie eine Meta-Ebene für sämtliche Prozesse, die im Gehirn laufen. Die Entwicklung dieser vierten Dimension im Kopf ist ein entscheidender Schritt in der Gehirn- und Bewusstseinsentfaltung des Menschen. **3. Er schafft eine Meta-Ebene, von der aus sämtliche Prozesse im Gehirn reguliert werden können.**

Die vierte Dimension des Gehirns

Das menschliche Gehirn ist – extrem vereinfacht – aufgebaut wie eine russische Holzpuppe, eine »Babuschka«. In der Reihenfolge ihres Erscheinens in der Entwicklungsgeschichte unterscheidet man drei Ebenen: das *Stammhirn*, das *limbische System* und das *Großhirn*. **Es gibt im Gehirn drei Ebenen, die sich in ihrer Funktion unterscheiden:**

Abbildung 3: Aufbau des menschlichen Gehirns

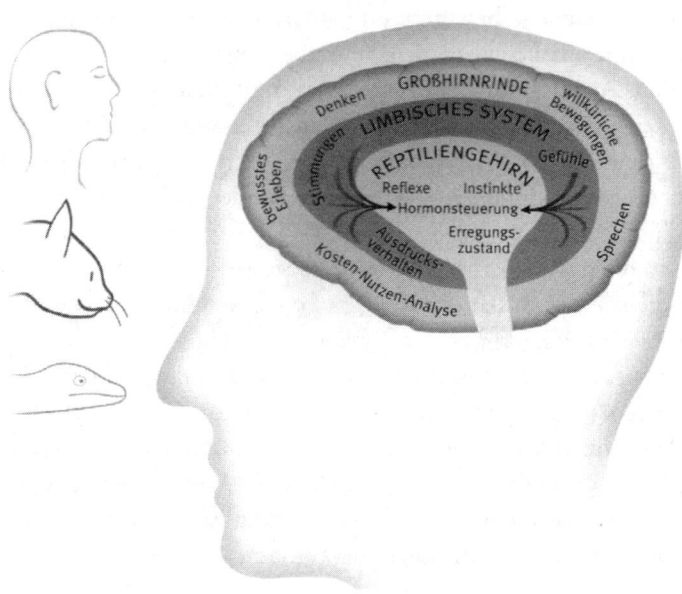

Das älteste Gehirn, das Stammhirn, reguliert die instinktiven Impulse.

Das *Stammhirn* ist das älteste Gehirn. Es ist so alt wie die Reptilien, mehr als 500 Millionen Jahre, und reguliert die Grundfunktionen von Instinkt und Überleben: Flucht, Kampf und Erstarrung. Hätten wir nur dieses Hirn, könnten wir nicht entscheiden, ob eine Gefahr real ist oder nicht, und würden auf jede Bedrohung mit Kampf, Flucht oder Erstarrung reagieren. Genau genommen tut dies das Nervensystem ständig, doch wir haben noch zwei »andere Gehirne«, die diese Instinktreaktionen regulieren.

Das limbische Gehirn ist zuständig für Gefühle, Lernen und Gedächtnis.

Vor 200 bis 300 Millionen Jahren entwickelte sich das *limbische System*. Es ist unter anderem zuständig für Gefühle, Lernen und Gedächtnis und hat die Funktion – im Austausch mit anderen Teilen des Gehirns – die Emotionen zu regulieren. Informationen, die von außen kommen, werden mit entsprechenden gefühlsmäßigen Stimmungen angereichert. Der Hippokampus, der Informationen auch zeitlich ordnet und verarbeitet, bestimmt, was im Langzeitgedächtnis verankert wird.

Der Neo-Kortex ermöglicht das Denken, Entscheidungen und Planen, ist aber nur die Spitze des Eisbergs.

Das *Großhirn*, auch *Neo-Kortex* genannt, ist der jüngste Teil des Gehirns: Er ist erst circa 50 Millionen Jahre alt. Der Neo-Kortex ist eine »menschliche Errungenschaft«; er ist das Gehirn, das uns Menschen von den Tieren unterscheidet. Hier wird Sprache verarbeitet, hier werden Entscheidungen getroffen, Informationen und Erfahrungen verglichen, bewertet und analysiert. Neue Informationen werden mit alten abgeglichen, und sogar wenn das limbische System eine Angelegenheit mit starken Emotionen besetzt, kann der Neo-Kortex sie neu bewerten und instinkt- oder affektorientierte Reaktionen regulieren. Deshalb können wir auch in brenzligen Situationen einen »kühlen Kopf« bewahren oder in Konflikten »sachlich vorgehen«. Das logisch-rationale Denken ist aber immer nur »die Spitze des Eisbergs« des Denkprozesses und – ob man es will oder nicht – mehr oder minder gefärbt von irrationalen Werten.

Der Alpha-Zustand ist eine vierte Dimension, eine neutrale Plattform, von der aus sämtliche Ebenen wahrgenommen werden können.

Um »den ganzen Eisberg« ins Bewußtsein zu bringen, ist ein weiterer Entwicklungsschritt nötig. Es muss eine »neutrale Plattform«, sozusagen eine vierte Dimension im Gehirn, geschaffen werden, von der aus Denkprozesse ganzheitlich wahrgenommen und die emotionalen, assoziativ-intuitiven Aspekte bewusst einbezogen werden können. Der Alpha-Zustand ist jene vierte Bewusstseinsdimension, von der aus man

- Instinkt und Affekt wahrnehmen,

- sich seiner Gefühle und Emotionen gewahr werden,
- die mentale Tätigkeit, das heißt die Gedanken, bewusst erfahren kann.

Diese vierte Dimension im Gehirn hat eine integrierende und verbindende Wirkung auf alle Ebenen des Mensch-Seins.

»Der Mensch ist nicht Human Being, sondern Human Becoming.«   Heinz von Foerster

Bewusstseinsentfaltung durch Erleben des Alpha-Zustandes

Die Fähigkeit zu denken ist nicht der Höhepunkt der Entwicklungsgeschichte des menschlichen Gehirns: Der wichtigste Schritt entsteht vielmehr durch die Vernetzung im Gehirn, durch den Bewusstwerdungsprozess des Gehirnbesitzers. Er beginnt mit der Erfahrung dieser vierten Bewusstseinsdimension, dem Alpha-Zustand, in dem Bewusstsein als reine Präsenz erlebt wird.

Der nächste Entwicklungsschritt beginnt mit der Erfahrung dieser vierten Bewusstseinsdimension.

»Mit Bewusstsein meine ich die Fähigkeit, uns unserer eigenen Empfindungen und Wahrnehmungen, unseres ›In-der-Welt-Seins‹ gewahr zu werden. Hierbei werden die primären Verarbeitungsprozesse, die den Leistungen des Gehirns zugrunde liegen, ihrerseits zum Gegenstand kognitiver Prozesse gemacht und die Ergebnisse dieser Metaanalyse auf einer höheren Ebene erneut repräsentiert. Um Bewusstsein zu entwickeln, muss sich das Gehirn gewissermaßen selbst beobachten können. Durch den Aufbau von Metaebenen, auf denen interne Prozesse reflektiert und analysiert werden, kann ein Gehirn die Fähigkeit erlangen, sich seiner eigenen Wahrnehmungen und Intentionen bewusst zu werden, sich selbst, sein So-geworden-Sein und seine Rolle und seine Stellung in der Welt zu begreifen.«

Die Bewusstseinszustände, die wir üblicherweise kennen, sind der Wachzustand, der Schlaf und der Traum. Wir erleben sie in der Regel als sich abwechselnde Zustände: Entweder man ist im Tiefschlaf, träumt oder ist wach.

Im EEG entspricht jeder dieser Zustände einem definierten Frequenzbereich. Allerdings ist zu erwähnen, dass im Gehirn keiner

Wachzustand, Schlaf, Traum sind die bekannten Bewusstseinszustände. Sie entsprechen verschiedenen Frequenzbe-

dieser Frequenzbereiche *in einer Ausschließlichkeit* messbar ist, das heißt ohne gleichzeitige Aktivität in anderen Frequenzbereichen, auch wenn wir wachen, schlafen und träumen als »getrennt« erfahren. Man könnte jedoch vereinfacht sagen, dass

Delta – Tiefschlaf,
Theta – Traum,
Beta – Wachbewusstsein.

- der Delta-Bereich (1-4 Hertz) dem traumlosen Tiefschlaf,
- der Theta-Bereich (4-8 Hertz) dem Traumzustand,
- der Beta-Bereich (12-40 Hertz und darüber) dem Tagesbewusstsein, dem mentalen Wachzustand, entspricht.

Der Alpha-Zustand ist ein vierter Bewusstseinszustand.

Der Alpha-Zustand (8-12 Hertz) entspricht ruhevoller Wachheit, reinem Bewusstsein ohne Inhalt. Er ist ein vierter Bewusstseinszustand, obwohl er von den meisten Menschen nicht bewusst als solcher erfahren wird – ähnlich wie das Traumbewusstsein.

Die vier Bewusstseinszustände unterscheiden sich nach zwei Kriterien: Aktivität und Wachheit.

Jeder dieser vier Bewusstseinsmodi kann nach zwei Kriterien unterschieden werden: *Aktivität* und *Wachheit*. Man ist entweder wach oder nicht wach, aktiv beziehungsweise bewusst oder passiv beziehungsweise unbewusst.

Abbildung 4: **Die vier Bewusstseinsmodi**

	wach	
	ja	nein
aktiv — ja	Tagesbewusstsein	Traumbewusstsein
aktiv — nein	Alpha-Zustand	Schlaf

Das Bewusstseinspotenzial entwickelt sich durch vermehrte, geordnete Vernetzung.

Das Gehirnpotenzial entwickelt sich durch Vernetzung. Es werden Verbindungen zwischen dem logischen und dem analogen Denken, dem Bewussten und dem Unbewussten, geschaffen. Gehirnbereiche und Funktionen werden miteinander verbunden, und es entstehen übergeordnete größere Einheiten. Das Bewusstseinspotenzial entwickelt sich, indem diese Bereiche mehr und mehr als ein geordnetes Ganzes zusammenarbeiten.

Dieser Prozess beginnt mit der Aktivierung des

Dieser Prozess beginnt mit der bewussten Erfahrung des vierten Bewusstseinszustandes, des Alpha-Zustandes. Diese reine Präsenz ohne Gedanken – Bewusstsein ohne Fluktuation – kann im Wechsel mit den drei anderen Bewusstseinszustände aufrechterhalten werden. Sie ist wie die Leinwand, auf der der Film des Wachens, Träumens und Schlafens läuft. Aus dieser Erfahrung beginnen sich alle Bewusstseinszustände zu integrieren, und sämtliche Aspekte des Denkens fügen sich zu einem kohärenten Ganzen zusammen.

Alpha-Zustandes.

Abbildung 5: Wechsel der Bewusstseinsmodi

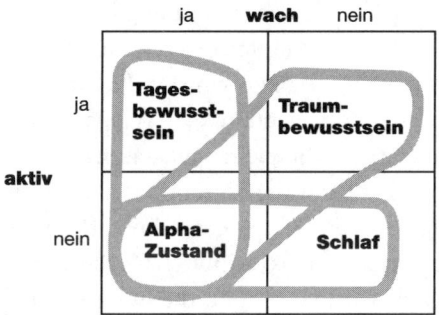

Man könnte den Alpha-Zustand als »*Grundzustand des Bewusstseins*« bezeichnen oder als reines Bewusstsein. Er ist das ordnende Prinzip im Mind, das Verbindung, so genannte Kohärenz, schafft.

Er ist das ordnende Prinzip, das Kohärenz schafft.

Kohärenz-Messungen im EEG

Kohärenz ist eine Messgrösse für den Grad der Verbindung und geordneten Funktionsweise eines Systems. Ein Supraleiter zum Beispiel ist ein höchst geordnetes System. Seine Eigenschaften sind »widerstandsloser Fluss«. Er ist der ideale Leiter, weil Information unmittelbar übertragen wird; man könnte sagen, sie ist gleichzeitig überall vorhanden. Dies kann als Analogie gut auf das Gehirn übertragen werden: Je geordneter die verschiedenen Frequenzbereiche und Funktionen zusammenarbeiten, umso mehr Kohärenz ist im Gehirn messbar. Das Gehirn ist gut vernetzt und die Information gelangt widerstandslos von einer Zelle zur anderen. Auf die tägliche Informationsverarbeitung hat dies einen entscheidenden Einfluss:

Ein kohärentes Gehirn funktioniert wie ein Supraleiter: Information fließt ohne Reibungsverlust.

• Es steigert das Tempo, die Effizienz und die Qualität der Informationsverarbeitung erheblich. Ein kohärentes Gehirn funktioniert wie ein Supraleiter.

Das steigert die Effizienz und Qualität der Informationsverarbeitung.

Und es erweitert die tagesbewusste Wahrnehmung.

- Kohärenz im Gehirn erweitert die tagesbewusste Wahrnehmung. Dadurch können größere Zusammenhänge erkannt werden, was eine Grundlage für umfassende Denkprozesse und weitsichtige Entscheidungen bildet.

Die folgenden EEG-Messungen wurden über verschiedene Zeiträume bei Menschen gemacht, die bewusstseinserweiternde Methoden praktiziert haben.

Die Zunahme an Kohärenz im Gehirn durch Alpha-Praxis kann gut anhand des EEG dokumentiert werden: Die folgenden Messungen kommen aus der Bewusstseinsforschung. Sie wurden mit einer Gruppe von Personen gemacht, die über verschiedene Zeiträume hinweg zweimal täglich Tiefenentspannung bzw. Meditation praktiziert haben. Diese Techniken intensivieren und vertiefen den Alpha-Zustand. Den Versuchspersonen wurden Elektroden an vier Bereichen auf der Kopfhaut angelegt: links und rechts, vorne und hinten. Immer, wenn in allen vier Bereichen gleichzeitig eine vermehrte Aktivität gemessen wurde, hat der Computer, je nach Intensität, einen mehr oder weniger hohen »Berg« gezeichnet. Die vertikale Achse ist die Zeitachse, 40 Minuten (10 Minuten Vorbereitung, 20 Minuten Praxis, 10 Minuten Ausklang), und die horizontale Achse bezeichnet das Frequenzspektrum, 0-25 Hertz.

Abbildung 6: Kohärenz der Hirnaktivitäten nach zwei Wochen

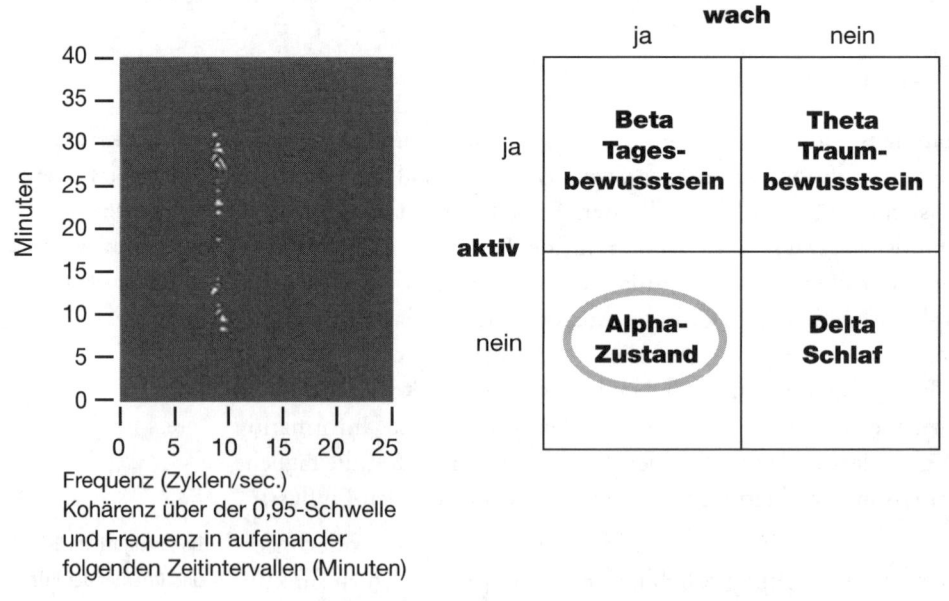

Frequenz (Zyklen/sec.)
Kohärenz über der 0,95-Schwelle und Frequenz in aufeinander folgenden Zeitintervallen (Minuten)

Quelle: Psychosomatic Medicine 46 (1984), S. 267–276.

Es ist signifikant hohe Kohärenz im Low-Alpha-Bereich bei 8 bis 10 Hertz zu sehen, allerdings auch ausschließlich in diesem Frequenzspektrum und nur während der Ausübung der Tiefenentspannung. Das bedeutet, dass die Person in der Lage ist, während 20 Minuten in einem entspannten Zustand einen hohen Grad von Präsenz aufrechtzuerhalten.

Alpha-Kohärenz ist während der Praxis ersichtlich.

Nach 4 Monaten Praxis beginnt sich die Kohärenz im Alpha-Bereich auszudehnen und hält auch nach der Praxis, sitzend mit offenen Augen, an.

Abbildung 7: Kohärenz der Hirnaktivitäten nach vier Monaten

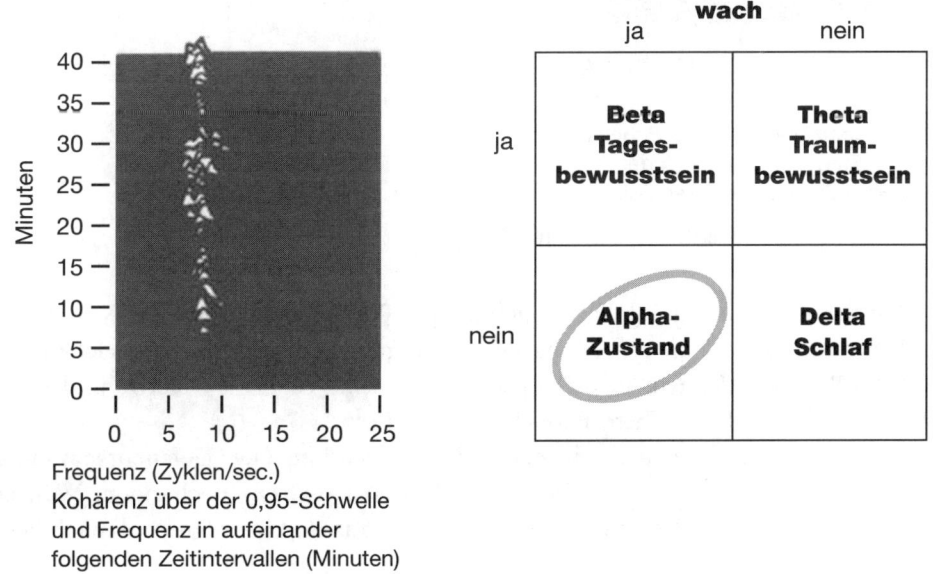

Frequenz (Zyklen/sec.)
Kohärenz über der 0,95-Schwelle
und Frequenz in aufeinander
folgenden Zeitintervallen (Minuten)

Quelle: Psychosomatic Medicine 46 (1984), S. 267–276.

Das heißt, dass sich die Alpha-Präsenz intensiviert hat und auch nach der Ausübung der Techniken aufrechterhalten werden kann. Es ist die gleiche Wirkung im Gehirn, die Sie nach vier bis sechs Stunden Anwendung mit dem alphaPunkt erzeugen werden (siehe EEG-Messungen alphaPunkt, Seite 101).

Die Alpha-Kohärenz bleibt auch nach der Praxis erhalten.

Abbildung 8: Kohärenz der Hirnaktivitäten nach zwei Jahren

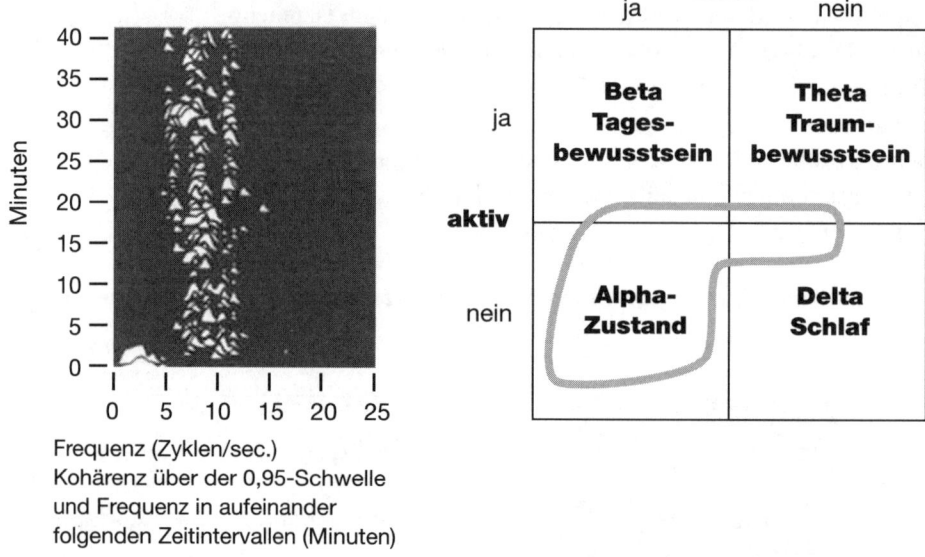

Frequenz (Zyklen/sec.)
Kohärenz über der 0,95-Schwelle
und Frequenz in aufeinander
folgenden Zeitintervallen (Minuten)

Quelle: Psychosomatic Medicine 46 (1984), S. 267–276.

Alpha-Kohärenz breitet sich aus in den Low-Beta- und High-Theta-Bereich.

Nach 2 Jahren regelmäßiger Praxis beginnt sich die Kohärenz in die an den Alpha-Bereich angrenzenden Frequenzbereiche auszudehnen: in den Low-Beta-Bereich, 12 bis 13 Hertz, und in den High-Theta-Bereich, 6 bis 8 Hertz.

Bereits vor Beginn der Anwendung der Tiefenentspannungsmethode ist ein hohes Maß an Kohärenz vorhanden. Während der Praxis dehnt sie sich leicht aus und bleibt auch danach bestehen.

Kohärenz im Alpha- und Beta-Bereich: klares Denken und starke Konzentration.

Wenn sich die Kohärenz in den Beta-Bereich (12 Hertz und darüber) hinein ausdehnt, heißt das, dass sich klare Präsenz verbindet mit dem Wachbewusstsein, dem mentalen, kognitiv-rationalen Denken. Auf dieser Grundlage wird die Denkfähigkeit klar und präzise, die Konzentration mühelos und stark.

Kohärenz im Alpha- und Theta-Bereich: Assoziativ-intuitives Denken wird ins Tagesbewusstsein integriert.

Dehnt sie sich in den Theta-Bereich (4-8 Hertz) aus, kommen die sonst unbewussten assoziativ-intuitiven Denkbereiche, die dem prä-kognitiven oder Traumbewusstsein entsprechen, ins Bewusstsein und können in das mentale, kognitiv-rationale Denken mit einbezogen und nutzbar gemacht werden.

Abbildung 9: Kohärenz der Hirnaktivitäten nach 15 Jahren

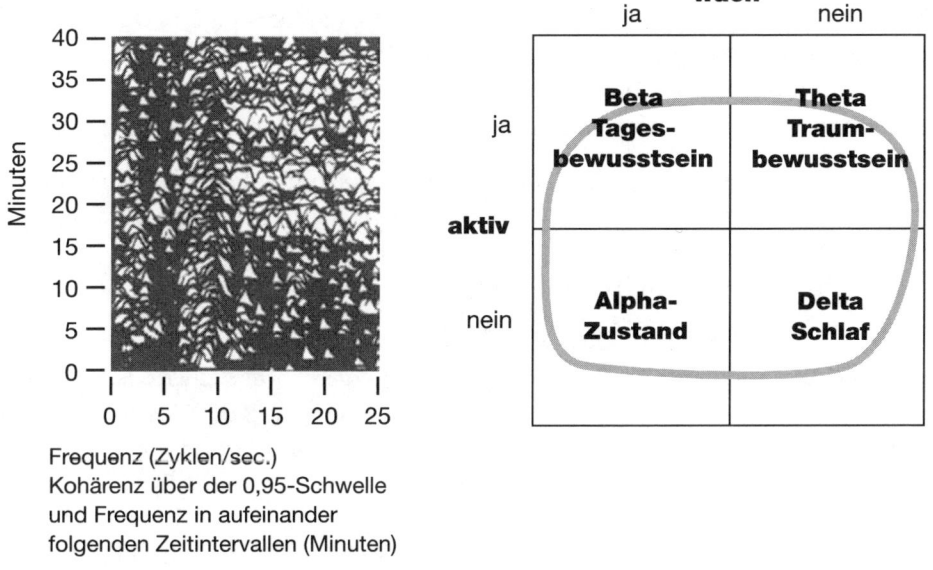

Frequenz (Zyklen/sec.)
Kohärenz über der 0,95-Schwelle
und Frequenz in aufeinander
folgenden Zeitintervallen (Minuten)

Quelle: Psychosomatic Medicine 46 (1984), S. 267–276.

Abbildung 9 zeigt Messungen an Personen, die seit 15 Jahren praktizieren. Nach circa 5 Minuten Ausübung der Tiefenentspannung werden aktive Elemente, mental und körperlich, in die Praxis mit einbezogen.

Es ist sichtbar, dass sich die Kohärenz über das gesamte Frequenzspektrum ausgedehnt hat und auch vor und nach der Praxis in hohem Maße vorhanden ist. Je weiter sie sich in den Frequenzen ausbreitet, umso mehr funktioniert das Gehirn wie ein geordnetes Ganzes – wie ein Supraleiter: Informationen fließen ohne Widerstand und werden auf verschiedenen Ebenen gleichzeitig wahrgenommen und verarbeitet – man könnte auch hier sagen: Sie sind überall gleichzeitig vorhanden. Präsenz und Konzentration werden gleichermaßen aufrechterhalten. Solch ein Gehirn ist voll vernetzt. Präsenz, klares Bewusstsein, ist in allen Bereichen des Bewussten und Unbewussten vorhanden. Bewusstsein wird als Kontinuum erfahren.

Die Kohärenz breitete sich in alle Frequenzbereiche aus, während der Praxis und in der Aktivität.

Diese außergewöhnliche Messung zeigt sehr deutlich, was sich über die Jahre regelmäßiger Praxis im Gehirn verändern kann.

Andere Untersuchungen im Rahmen dieser Studien haben eine erhöhte Alpha-Aktivität im präfrontalen Neo-Kortex gemessen.

Der Alpha-Zustand: Grundlage Informationsverarbeitung | **45**

Dieser Teil des Gehirns ist vorwiegend zuständig für Planen und Entscheiden.

Vermehrte Alpha-Kohärenz schafft mehr Klarheit im kognitiv-rationalen tagesbewussten Denken.

Dies hat einen direkten Einfluss auf das tagesbewusste, logisch-rationale Denken: Denken, Planen und Entscheiden wird von der vierten Dimension aus gestützt und getragen. Bezogen auf die tägliche Informationsverarbeitung bedeutet das, dass man

- kognitiv-rationale Gedankenprozesse klarer vollziehen kann,
- assoziativ-intuitive Impulse früher und eindeutiger wahrnimmt,
- Ideenfindungs-, Entscheidungs- und Problemlösungsprozesse umfassender lenken kann.

Das bringt eine große Sicherheit in die Informationsverarbeitung.

Damit sind die Voraussetzungen geschaffen, über das kognitiv-rationale tagesbewusste Denken hinaus weitere Wahrnehmungsebenen in die Verarbeitung jeglicher Art von Informationen mit einzubeziehen, und es kommt eine große Klarheit und Sicherheit in diese Tätigkeiten und Prozesse.

Die Versuchspersonen aus Abbildung 9 waren in ein Langzeitprojekt eingebunden und haben täglich bis zu zwei Stunden bewusstseinserweiternde Methoden ausgeübt. Das ist nicht der Ansatz der alphaskills.

Die alphaskills gehen den Weg der kleinen Schritte und integrieren die Alpha-Praxis in den Arbeitsalltag.

Die arbeitsbezogenen alphaskills gehen den Weg der kleinen Schritte. Jeden Tag, viele, viele Male aktivieren Sie während Ihrer Tätigkeiten den Alpha-Zustand. Damit setzen Sie den gleichen Prozess in Gang: Sie aktivieren den Alpha-Zustand und verbinden ihn mit Beta- (tagesbewusster Aktivität) und Theta-Aktivitäten (assoziativ-intuitiven Prozessen):

- Ihr Denken wird klarer,
- Ihre Konzentration wird mühelos und verbessert sich,
- Ihr logisches und analoges Denken ist gleichermaßen an Denkprozessen beteiligt,
- auch Ihre emotionale und spirituelle Intelligenz wird mit einbezogen,
- Informationsverarbeitung wird für Sie in allen Bereichen schneller, effizienter und qualitativ besser.

Der Nutzen ist von Anfang an spürbar.

All dies ist von Anfang an spürbar, und mit der Zeit vertiefen sich diese Qualitäten. Das ist das faszinierende Entwicklungspotenzial, das den alphaskills innewohnt!

Zwar brauchen diese Entwicklungen Zeit; wenn Sie aber Ihre tägliche Informationsverarbeitung nutzen können, um diese Fähigkeiten zu trainieren, verbinden sich Arbeit und Gehirnentwicklung. Und genau das geschieht mit den alphaskills. Durch den regelmäßigen Gebrauch der Skills erweitert sich das bewusste Fassungsvermögen Ihres Geistes, Ihr Bewusstsein – und das wird Sie auch über die Tätigkeiten der Informationsverarbeitung hinaus bereichernd begleiten.

Über die Jahre der Anwendung der alphaskills entwickeln sich die Gehirnfähigkeiten.

Kapitel 3

Informationsverarbeitung im Gehirn

Die Gehirnforschung unterliegt einer rasanten Entwicklung.

Wie in der Einleitung bereits gesagt, ist die Gehirn- und Bewusstseinsforschung in einer rasanten Entwicklung. Was heute eine neue Erkenntnis ist, mag morgen bereits überholt sein.

»*Jahrzehntelang war man davon ausgegangen, dass die während der Hirnentwicklung ausgebildeten neuronalen Verschaltungen und synaptischen Verbindungen unveränderlich seien. Heute weiß man, dass das Gehirn zeitlebens zur adaptiven Modifikation und Reorganisation seiner einmal angelegten Verschaltungen befähigt ist und dass die Herausbildung und Festigung dieser Verschaltungen ganz entscheidend davon abhängt, wie und wofür wir unser Gehirn benutzen.*

Vor einigen Jahren konnte sich noch kein Hirnforscher vorstellen, dass psychosoziale Einflüsse in der Lage wären, die Struktur des Gehirns in irgendeiner Weise zu verändern. Heute sind die meisten von ihnen davon überzeugt, dass die im Lauf des Lebens gemachten Erfahrungen strukturell im Gehirn verankert werden.

Bisher hielt man es für völlig selbstverständlich, dass der Mensch sein großes Gehirn zum Denken besitzt. Forschungsergebnisse der letzten Jahre haben jedoch deutlich gemacht, dass der Bau und die Funktion des menschlichen Gehirns in besonderer Weise für Aufgaben optimiert sind, die wir unter dem Begriff ›psychosoziale Kompetenz‹ zusammenfassen. Unser Gehirn ist demnach weniger ein Denk- als vielmehr ein Sozialorgan.«

Die Ausführungen beschränken sich auf anwendbare Grundprinzipien.

In den folgenden Ausführungen möchte ich Ihnen grundlegendes Wissen aus der Gehirnforschung in einfacher und verständlicher Form und immer bezogen auf die Informationsverarbeitung vermitteln. Ich beschränke mich dabei bewusst auf jene Aspekte, die Funktionsweise und Tragweite der alphaskills verständlicher machen. Jedes Thema könnte noch viel weiter und gründlicher ausgeführt werden. Mein Anliegen ist jedoch, Sie mit diesen Erkenntnissen zu motivieren, die Trainingsprogramme in Teil II des Buches zu absolvieren und daraus praktischen Nutzen zu ziehen.

»Das größte unerforschte Gebiet auf der Welt ist der Raum zwischen unseren Ohren.«   William O'Brian

Das Potenzial des Gehirns: Was unser Gehirn einschränkt und was es entwickelt

Stellen Sie sich vor, Sie kaufen ein Auto, dessen Tachometer eine Leistung von 200 km/h verspricht, tatsächlich jedoch nicht schneller als 10 bis 15 km/h fährt. Würden Sie da nicht zum Händler zurückgehen und sich beschweren? Würden Sie nicht wissen wollen, wie Sie die restlichen 185 bis 190 km/h aktivieren können? Diese Analogie trifft ziemlich genau auf unser Gehirn zu – und Sie sind gerade dabei, sich zu beschweren und die wesentlichen Fragen zu stellen!

Wenn Potenzial nicht genutzt wird, sollte man sich fragen: Warum?

»Wer seinen Computer nicht richtig bedienen kann, wird ihn zwangsläufig zu einer etwas komfortableren Schreibmaschine oder einem etwas komplizierteren Gameboy reduzieren und ihn auch so betrachten. Mit seinem Gehirn geht es einem im Prinzip genauso. Der einzige Unterschied ist, dass es dabei nicht so bleibt wie es ist, sondern allmählich auch noch so wird, wie man es benutzt. Eben: wie ein Gameboy oder eine Schreibmaschine. Denn das Gehirn entwickelt sich zu dem, wozu man es braucht.«

Wir nutzen nur einen kleinen Teil unseres Bewusstseins- und Gehirnpotenzials. In den 50er Jahren sprach man in der Gehirnforschung von 50 Prozent, in den 60ern von 25 Prozent, in den 70ern von 10 bis 15 Prozent. Heute ist man bei 5 bis 7 Prozent angelangt, und mit einer Abweichungstoleranz von 3 Prozent sind sich die Wissenschaftler über diese Größe einig.

Der Mensch nutzt nur 5 bis 7 Prozent seines Bewusstseinspotenzials.

Grafisch dargestellt, sind 5 bis 7 Prozent eines Ganzen etwa so viel:

Abbildung 10: Wir nutzen nur einen kleinen Teil unseres Gehirns

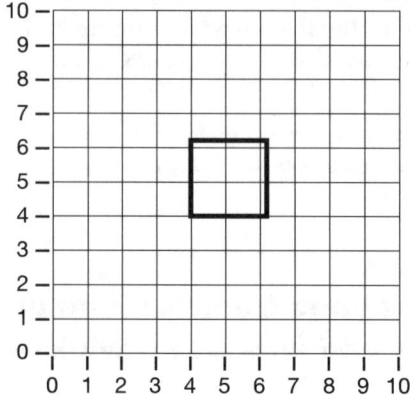

Da verwundert es nicht, dass viele Menschen angesichts der täglichen Mengen zu verarbeitender Informationen das Gefühl haben, ihr Kopf sei zu klein und könne die Menge der Information nicht mehr aufnehmen und verarbeiten.

Aber der Kopf – respektive das Bewusstsein und das Gehirn – ist nie zu klein. Mit so viel brachliegendem Potenzial muss es an etwas anderem liegen. Dazu gibt es viele verschiedene Annahmen und ebenso vielfältige Wege, das Potenzial zu aktivieren. Ich führe hier zwei Theorien an, die für das Verständnis der Informationsverarbeitung hilfreich sind, und gehe auf die Lösungsansätze ein, die mithilfe der alphaskills praktisch umgesetzt werden können.

Informationsverarbeitung im Gehirn

Nervenzellen im Gehirn, auch Neuronen genannt, sind darauf spezialisiert, Signale zu übertragen. Der Zellkern, der Körper der Zelle, hat viele Arme – empfangende und gebende. Jeder dieser Arme kann sich in unzählige Finger verzweigen; die Fingerkuppen entsprechen in dieser Analogie den Synapsen. Machen Sie bitte auf der folgenden Raststätte einen kurzen Zwischenhalt. Dr. Hüther wird Ihnen auf anschauliche Weise den komplexen Vorgang der synaptischen Informationsübertragung verständlich machen.

Nervenzellen im Gehirn sind auf Signalübermittlung spezialisiert.

»Ein elektrischer Impuls im Gehirn muss auf seinem Weg von einer Nervenzelle zur nächsten jedes Mal eine Art Fähre benutzen. Wenn eine Nervenzelle erregt wird, bereitet sich der Impuls zwar blitzartig auf ihrer gesamten Oberfläche bis zu den Enden ihrer mehr oder weniger langen, oft vielfach verzweigten Fortsätze aus, aber dort, kurz vor der nächsten Nervenzelle, ist Schluss. Hier klafft ein zwar nur mit dem Elektronenmikroskop zu sehender Spalt, der aber wie ein durchschnittenes Stromkabel jede weitere Ausbreitung der Erregung unterbricht. Jetzt geht es nur noch mit einem Trick weiter. Von jeder Nervenzellendigung (das ist das deutsche Wort für eine Synapse) wird immer dann, wenn ein elektrischer Impuls ankommt, eine chemische Substanz, ein Neurotransmitter, abgegeben. Dieser Botenstoff schwimmt durch den Spalt, gelangt auf die andere Seite zur nächsten Nervenzelle und löst dort eine erneute Erregung aus. So springt die Erregung von einer Nervenzelle zur nächsten, breitet sich über die Verzweigungen immer weiter aus und kann überall dorthin gelangen, wo diese Äste hinführen, von einem in ein anderes oder gar in mehrere andere Netzwerke. In diesen Netzen können mehrere Erregungen gleichzeitig eintreffen und sich gegenseitig aufschaukeln. Bestimmte Nervenzellen dieser Netze geben Botenstoffe ab, die die Erregbarkeit nachgeschalteter Nervenzellen entweder vermindern oder erhöhen. So können die eingehenden Erregungen sowohl abgebremst als auch ver-

Die Synapsen übertragen die Information mit Hilfe von Neurotransmittern.

stärkt und damit in bestimmte Bahnen gelenkt werden. Das Netz von Verbindungen zwischen den Milliarden von Nervenzellen ist nicht nur viel dichter als jedes Wegenetz, das wir uns vorstellen können, es hat auch viel mehr Verzweigungen. Es gibt kleinere, lokale Netzwerke mit besonders engen Verschaltungen, in denen ganz bestimmte Informationen verarbeitet werden. Diese lokalen Netze sind mit anderen lokalen Netzen über Nervenfasern verbunden und bilden so größere, komplexe Netzwerke. Zwischen denen der rechten und der linken Hirnrinde gibt es enge Verschaltungen, ebenso wie zwischen denen in höher- und tiefergelegenen Hirnregionen.«

Jedes Neuron kann 10 000 Signale empfangen und ebenso viele weiterleiten.

Ein Neuron kann über seine empfangenden Arme Informationssignale von etwa 10 000 Neuronen empfangen und selbst über seine gebenden Arme Signale an etwa 10 000 Neuronen weiterleiten – daraus ergibt sich ein unglaubliches Ausmaß an möglichen Verbindungen und eine schier unvorstellbare Komplexität!

Die assoziative Verarbeitung ordnet die Informationen in kortikalen Karten und verbindet sie im neuronalen Netzwerk.

Man könnte nun meinen, dass die Menge an synaptischen Verbindungen verantwortlich dafür ist, wie viel Potenzial seines Gehirns man nutzt. Das ist jedoch nur zum Teil der Fall: Genauso entscheidend ist die Art und Weise, in der das Gehirn verarbeitet. Die Informationen werden assoziativ in so genannten kortikalen Karten geordnet und über ein Netzwerk miteinander verbunden. Dies erzeugt eine »Gehirnlandschaft«, eine neuronale Topografie. Die kortikalen Karten können in verschiedensten Bereichen des Gehirns liegen; über das neuronale Netz können sie assoziativ jederzeit wieder aktiviert und situativ genutzt werden.

Ganzheitliche Informationsverarbeitung aktiviert brachliegendes Gehirnpotenzial.

Um diese Gehirnlandschaften »reicher« zu gestalten, müssen wir

- Informationen mit allen Sinnen aufnehmen,
- sie gehirngerecht ankern,
- viele und neue Informationen aufnehmen,
- Detailinformation in größeren Zusammenhängen erarbeiten.

Neuronale Plastizität ist bis ins hohe Alter möglich.

Dann entstehen neue Verbindungen und Vernetzungen. Die Gehirnforschung nennt dies *neuronale Plastizität*, und dieser Prozess ist nie abgeschlossen – auch im hohen Alter nicht.

»Inzwischen hat sich herausgestellt, dass das Gehirn auch im Erwachsenenalter noch in hohem Maße strukturell formbar ist. Zwar

können sich Nervenzellen nach der Geburt nicht mehr teilen (bis auf wenige Ausnahmen), sie sind jedoch zeitlebens in der Lage, ihre komplexen Verschaltungen an neue Nutzungsbedingungen anzupassen.«

Doch nun zurück zu den wesentlichen Fragen: Was schränkt Bewusstsein und Wahrnehmung ein und was entwickelt sie? Wie können wir unser Gehirnpotenzial entfalten und vermehrt nutzen?

Stress im Nervensystem schränkt ein

Stress ist ein bedeutender Faktor, der Bewusstsein und Wahrnehmung einengt und die Aufnahme und Verarbeitung von Information erschwert oder gar blockiert.

Stress erschwert oder blockiert Informationsverarbeitung.

Stress erzeugt eine Aktivierung des sympathischen Nervensystems. Es werden Hormone ausgeschüttet, die den Körper in »Alarmbereitschaft« bringen. Für das Nervensystem spielt es dabei keine Rolle, ob eine bedrohliche Situation real ist oder eingebildet. Jeder Zustand, der eine Überforderung irgendeiner Art beinhaltet – bewusst oder unbewusst –, löst eine mehr oder minder starke Stressreaktion aus: Der Atem geht schnell und flach, die Herzfrequenz steigt und die Muskeln sind gespannt.

Er aktiviert das sympathische Nervensystem.

Was geschieht im Gehirn unter Stress? Bei Stress, sei er nun durch Hektik, Angst, Schreck oder Schmerz ausgelöst, wird die normale Funktion der Synapsen gestört. Es werden unter anderem Adrenalin und Noradrenalin ausgeschüttet, und sobald der Gehalt dieser Hormone im Gehirn ansteigt, fehlt es an Transmitter-Substanzen, sodass der Informationsfluss gestört oder gar unterbrochen wird: Die Impulse gelangen nicht mehr über den Spalt zwischen den Synapsen, die Zellen werden nicht weiter aktiviert, und die Information wird nicht oder nur teilweise weitergeleitet (siehe Abb. 11, Seite 54).

Das stört die normale Funktion der Synapsen. Der Informationsfluss wird gehemmt.

Wie wirkt sich das auf die Informationsverarbeitung aus? Stress ist ein Zustand von Aufregung im Nervensystem. Diese Unruhe erzeugt »Lärm« im Mind, das heißt, sie verursacht viele unwillkürliche Gedanken. Man ist unkonzentriert und fühlt sich gehetzt. Information wird unpräzise aufgenommen und verarbeitet. Das ist Alarmstufe 1.

Stress erzeugt unwillkürliche Gedankenaktivität und erschwert die Konzentration.

Abbildung 11: Synapsen unter Stress

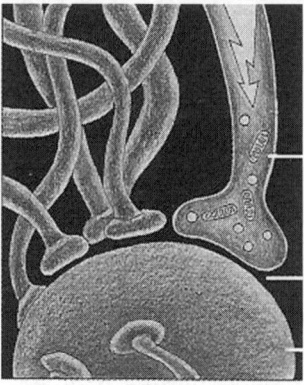

Es fehlt an Transmitter-Substanz, bzw. Bläschen platzen nicht.

Impuls gelangt nicht über den Spalt.

Angrenzende Gehirnzelle wird nicht aktiviert.

© Mit freundlicher Genehmigung aus Frederic Vester: Denken, Lernen, Vergessen, dtv München, 30. Auflage 2004.

Verstärkt sich der Stress, entstehen Gedankenlücken oder Denkblockaden.

Verstärkt sich der Stress, schaltet das Nervensystem auf Alarmstufe 2. Es werden instinkt- oder affektorientierte Funktionen im Stammhirn und limbischen System aktiviert, die die Tätigkeit des Neo-Kortex in den Hintergrund schieben. Es entstehen Gedankenlücken oder Denkblockaden. Diese Momente, in denen man sich beim besten Willen nicht mehr an etwas erinnern kann, hat sicher jeder von uns in irgendeiner Form schon kennen gelernt, zum Beispiel in einer Prüfung: Die Information, obwohl vorhanden, kann nicht aktiviert und genutzt werden.

Das parasympathische Nervensystem führt die Homöostase herbei.

Normalisiert sich die Lage oder ist die Situation gemeistert, gibt das parasympathische Nervensystem die Signale zur Entwarnung – und sämtliche Aktivierungen werden wieder auf den Normalzustand, die so genannte *Homöostase*, »heruntergefahren«. Der Atem beruhigt sich, das Herz schlägt wieder normal, die Muskeln entspannen sich, und der Neo-Kortex beginnt wieder zu funktionieren. Das ist der natürliche Zyklus der Aktivierung und Deaktivierung eines gesunden Nervensystems; es funktioniert wie ein Gummiband: Nach Anspannung kommt Entspannung.

Hält Stress zu lange an, kann dies nicht mehr geschehen, und man spricht von Dauerstress.

Wenn das Nervensystem jedoch zu lange in einem Zustand von Spannung bleibt, wird die Deaktivierung immer schwieriger – wie ein Gummiband, das immer nur in der Anspannung gehalten wird, »leiert« es aus und verliert seine natürliche Flexibilität. Das System kann nicht mehr deaktivieren, sondern verharrt im Stressmodus der sympathischen Aktivierung. Entspannung und Regeneration sind, oft auch nachts, nicht mehr möglich. Die Homöostase ist ernsthaft gestört; man spricht von Dauerstress.

Unter Dauerstress ist der Adrenalinspiegel kontinuierlich hoch und senkt sich auch in den Ruhephasen, zum Beispiel in der Nacht, nicht mehr auf ein gesundes Normalmaß ab. Das Nervensystem ist in einem ständigen Alarmzustand. Der Körper produziert unter anderem fortwährend Cortisol, was die Zuckerproduktion anregt. Dauert dieser Zustand zu lange an, kann die Insulinproduktion nicht mehr mithalten, und der Körper kann das massive Ungleichgewicht nicht mehr regulieren – das System kollabiert. Die Symptome reichen von Schwierigkeiten, schnell und klar zu denken, ständiger Müdigkeit und Antriebslosigkeit, über Angstzustände, eine ununterbrochene unwillkürliche Gedankenflut (»Racing Mind Syndrom«) bis hin zu stressbedingtem hohem Blutdruck und -zucker und all die körperlichen Stresssymptome, die zu einem klassischen Burnout gehören.

> **Dauerstress erzeugt Burnout-Symptome. Informationsverarbeitung ist erschwert und meist auch ineffizient oder unpräzise.**

Die Entscheidungs- und Handlungsfähigkeit wird dadurch erheblich beeinträchtigt. Die Verarbeitung von Informationen ist schwierig und meist auch ineffizient oder unpräzise: Man kann Inhalten nur mit großer Anstrengung folgen und muss Texte mehrmals lesen, um sie aufzunehmen.

Beruhigungsmittel, Beta-Blocker oder andere Medikamente sind auf Dauer keine Lösung für Burnout – er muss auf die gleiche Weise abgebaut werden, wie er sich aufgebaut hat: über lange Zeit mit der kontinuierlichen »Einnahme eines Gegenmittels«.

Ein entspanntes, flexibles Nervensystem öffnet die Wahrnehmung

Das Gegenmittel gegen Stress heißt Entspannung. Ein entspanntes, flexibles Nervensystem öffnet die Wahrnehmung und ermöglicht eine schnelle und präzise Informationsverarbeitung.

> **Das Gegenmittel gegen Stress ist Entspannung.**

Was geschieht dabei im Gehirn? Im entspannten Zustand sind die Transmitter-Substanzen aktiviert. Die Impulse gelangen störungsfrei von einer Synapse zur nächsten und können die angrenzende Gehirnzelle anregen: Die Information wird schnell und präzise übertragen.

> **Im entspannten Zustand gelangt die Information störungsfrei von einer Synapse zur nächsten.**

Abbildung 12: Synapsen im entspannten Zustand

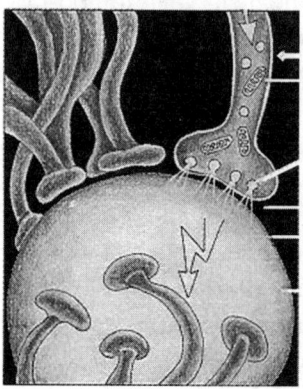

Synapse (Querschnitt)

Mitochondrion

Platzende Bläschen mit Transmitter-Substanz

Transmitter ergießen sich in den Spalt, machen Zellmembran durchlässig.

Ionen wandern durch die Zellmembran.

Angrenzende Gehirnzelle wird aktiviert.

© Mit freundlicher Genehmigung aus Frederic Vester: Denken, Lernen, Vergessen, dtv München, 30. Auflage 2004.

Der Mind ist ruhig und klar und Konzentration mühelos.

Wie wirkt sich das auf die Informationsverarbeitung aus? Befindet sich das Nervensystem in einem entspannten Zustand, ist der Mind ruhig, der Körper entspannt und energiereich. Am Morgen nach einer erholsamen Nachtruhe fällt den meisten Menschen die Verarbeitung von Informationen am leichtesten. Die Wahrnehmung ist klar, die Konzentration mühelos, und man ist locker und energiereich.

Der Wechsel schafft ein flexibles Nervensystem.

Der Wechsel von Aktivität und Ruhe ist die Grundlage für ein flexibles Nervensystem, das resistent gegen Stress ist.

Bei den alphaskills entstehen eine Vielzahl von arbeitsintegrierten, kurzen Entspannungsmomenten in Körper und Mind.

Mit der Anwendung der alphaskills schaffen Sie eine Vielzahl von zusätzlichen kurzen, intensiven Entspannungsmomenten, was einen kontinuierlichen Wechsel von Ruhe und Aktivität in Ihren Arbeitsalltag bringt. Dies beugt zum einen Stress vor und hält Ihren Körper auf einem höheren Energieniveau, sodass Sie auch geistig-mental frisch und energiereich bleiben.

Dauerstress kann durch regelmäßige kleine Alpha-Pausen reguliert werden

Zum anderen können Sie so auf lange Sicht auch Dauerstress abbauen. Die Intensität der mentalen Ruhe im Alpha-Zustand beruhigt die ständige Aktivität im Mind und schafft kurze Regenerationsmomente. Das durchbricht den Teufelkreis der Überaktivierung im Nervensystem. Die körperliche Spannung kann sich langsam lösen, und die gestörten biochemischen Prozesse normalisieren sich. Die physiologischen Voraussetzungen für klare, gute Informationsverarbeitung sind wieder hergestellt.

Gehirnentwicklung und Informationsverarbeitung

Bis zur Geburt ist der größte Teil des menschlichen Gehirns ausgebildet. Die restlichen Zellen und ihre festen Verbindungen entwickeln sich in den ersten Lebenswochen, und nach drei Monaten ist das eigentliche Zellwachstum weitestgehend abgeschlossen.

» Wie alle lernfähigen Gehirne ist auch das Gehirn des Menschen am tiefstgreifenden und am nachhaltigsten während der Phase der Hirnentwicklung programmierbar. Die wichtigsten Installationen in Ihrem Hirn sind also bereits lange, bevor Sie dieses Buch lesen konnten, erfolgt. Wichtige, während der frühen Kindheit und im Jugendalter gemachte Erfahrungen haben zur Stabilisierung bestimmter neuronaler Verschaltungen geführt. Nachdem noch bis vor wenigen Jahrzehnten die Überzeugung herrschte, dass ein Umbau der während der Hirnentwicklung einmal angelegten Verschaltungen im adulten Gehirn nicht mehr stattfindet, wissen wir heute, dass das Gehirn auch im Erwachsenenalter noch in hohem Maße zu struktureller Plastizität fähig ist. Zwar können sich Nervenzellen im Anschluss an die intrauterine Reifung des Gehirns (mit wenigen Ausnahmen) schon vor der Geburt nicht mehr teilen, sie bleiben jedoch zeitlebens zur adaptiven Reorganisation ihrer neuronalen Verschaltungen befähigt (»experience dependent plasticity«).«

Die weitere Entwicklung im Gehirn geschieht also nicht mehr durch Zellwachstum, sondern durch die Verbindungen der Zellen und hängt weitestgehend davon ab, wie und wozu man sein Gehirn einsetzt.

Die Dichte der neuronalen Verbindungen ist mit sechs bis zehn Monaten am höchsten und nimmt danach langsam ab. Nach dem Alter von sechs bis sieben Jahren geht sie stark zurück und pendelt sich auf eine Dichte ein, die sich auch im Erwachsenenalter kaum mehr verändert (siehe Abb. 13, Seite 58).

Warum ist das so? Es gibt viele Begründungen; zwei davon sind für das Verständnis der alphaskills von Bedeutung.

Reduktion durch Spezialisierung Eine Theorie geht davon aus, dass die Reduzierung der synaptischen Verknüpfungen mit der Entwicklung der sprachlichen Fähigkeiten zu tun hat.

Die Weiterentwicklung geschieht durch neuronale Verknüpfungen.

Die Dichte neuronaler Verbindungen ist mit sechs bis zehn Monaten am höchsten und nimmt dann ab.
Gründe:

Theorie 1:
Reduktion zur Spezialisierung auf die Sprachverarbeitung.

Abbildung 13: Dichte der neuronalen Verbindungen

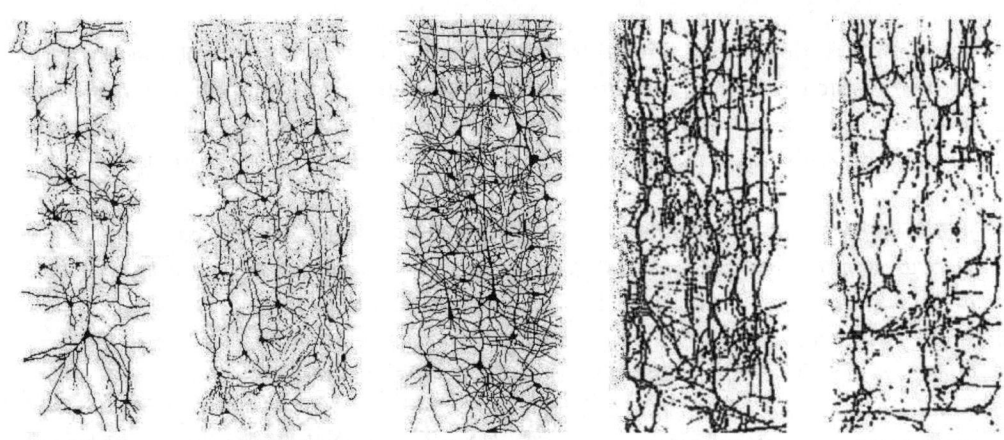

| Bei der Geburt | nach 3 Monaten | nach 6 Monaten | nach 6 Jahren | nach 14 Jahren |

Quelle: Georg Hüther; außerdem: Manfred Spitzer: Selbstbestimmen. Heidelberg 2003

In der präverbalen Phase kann man die größte Zunahme an Verknüpfungen im Gehirn beobachten. Mit acht bis zehn Monaten beginnt ein Kind, Sprache zu verstehen und sich mehr und mehr auf sprachliche Informationen auszurichten. Mit einem bis anderthalb Jahren beginnt es zu reden, und Sprache dominiert zunehmend sein Leben. Wenn im Schulalter die Schrift hinzukommt, nimmt die Sprache als Ausdrucks-, Kommunikations- und leistungsbelohntes Medium den größten Raum ein.

Sprachlastigkeit ist eine Überbetonung *eines* Teils des Gehirns.

Diese Spezialisierung, die uns zu Menschen macht, ist gleichzeitig eine starke Einschränkung, denn Sprache ist ein Konzept und wird fast ausschließlich in der linken Gehirnhälfte verarbeitet. Sie belebt das Gehirn ganz anders als originär bildhaftes Denken, mit dem ein Kind in der präverbalen Phase unmittelbar verbunden ist (siehe Seite 64 ff., Bild- und Sprachverarbeitung). Schrift wird sogar nur über einen sehr kleinen Teil innerhalb des Sprachzentrums verarbeitet, der zwar die Fähigkeit hat, Wörter zu entziffern, aber gleichzeitig den größten Begrenzungen unterworfen ist. Sprache ist eine notwendige Konditionierung zum Mensch-Sein, aber auch eine Überbetonung *eines* Teils des Gehirns und eine Reduzierung durch Spezialisierung;

Sie kann durch ganzheitliche Wort- und Schriftverarbeitung auf-

Gegenmaßnahme: Entwicklung durch Vielseitigkeit Die Schlussfolgerung aus dieser Theorie ist, dass die tägliche Informationsverarbeitung möglichst »gehirnumfassend« gestaltet werden sollte. Durch ganzheitlichere Verarbeitungsweisen von Wort und Schrift kann und sollte diese linkshemisphärische Dominanz konstruktiv und »gehirn-entwicklungsfördernd« ergänzt werden. Das heißt:

gelöst werden.

- Lesematerial und Präsentationen visuell unterstützen: Farben, Zeichnungen, Bilder benutzen;
- beim Lesen Mind Mapping statt linearer Notizen nutzen (Seite 146 ff.);
- wo immer möglich visuelles Lesen einsetzen: beim Inhaltslesen und in der Vorbereitung (mehr dazu Seite 120 ff.);
- auditive Informationen visuell unterstützen: Bilder, schriftliche Unterlagen, Ideen skizzieren; Mind Mapping beim Zuhören statt linearer Notizen;
- im Arbeitsalltag immer wieder durch Alpha-Pausen den »verbalen Dialog im Kopf« unterbrechen.

Sie werden alle diese Elemente in Teil II als praktisch nutzbare Arbeitstechniken für Ihren Alltag wieder finden.

Reduktion zugunsten der Funktionalität Eine weitere Theorie besagt, dass der Grund für die Abnahme der synaptischen Verbindungen nach dem ersten Lebensjahr die Schaffung *neuronaler Pfade* sei. Alles, was ein Mensch erlernt und automatisiert, auch immer wiederkehrende Gedanken oder Gefühle, schafft Pfade im Gehirn, auf denen die Impulse gewohnheitsmäßig »reisen«. Zugunsten dieser Funktionalität würden die synaptischen Verbindungen auf die bei erwachsenen Menschen vorhandene Anzahl reduziert.

Theorie 2:
Reduktion zur Schaffung
neuronaler Pfade für
erhöhte Funktionalität
im Alltag.

»... *Die dabei in ihrem Hirn aktivierten Verschaltungen werden immer effizienter verknüpft und gebahnt, bis aus den anfänglichen kleinen ›Nervenwegen‹ allmählich feste Straßen und schließlich sogar breite ›Autobahnen‹ entstanden sind. Aus der primären Bewältigungsstrategie ist dann ein eingefahrenes Programm geworden, das das gesamte weitere Denken, Fühlen und Handeln der betreffenden Menschen bestimmt.«*

Aus gehirnwissenschaftlichem Standpunkt ist diese Reduzierung jedoch nicht nötig. Denken ist ein ständiger Prozess des Abgleichens und Ergänzens. Neue Information wird mit Bekanntem verglichen, mit verwandten Gebieten verknüpft und ins Netzwerk in-

Aus allen Quellen Neues
zu entwickeln, schafft
neue Verknüpfungen,
ohne die Funktionalität

tegriert. Diesem Prozess sind grundsätzlich keine Grenzen gesetzt, und er steht auch nicht im Widerspruch mit der Schaffung und Erhaltung von funktionalen neuronalen Pfaden. Die Begrenzung beginnt dort, wo man zu wenig Neues aufnimmt. Wenn man in immer gleichen Bahnen denkt, schafft das zwar starke neuronale »Autobahnen«, sämtliche anderen »Denkpfade« verkümmern aber. Dann funktioniert das Gehirn vielleicht gut, es findet aber keinerlei Entwicklung mehr statt: Was nicht bekannt ist und im Gehirn nicht abgeglichen werden kann, wird sofort verworfen.

Viel Offenheit ist nötig, damit sich das Gehirn weiterentwickeln kann.

Gegenmaßnahme: Entwicklung durch Offenheit gegenüber dem Neuem Wenn man diese einengende, meist unbewusste Selektion zugunsten der Entwicklung des Gehirns unterbinden will, muss man die klare Entscheidung treffen, auch Unbekanntes und Ungewohntes zuzulassen. Mit diesem Auftrag wird das Gehirn Neues, »Unmögliches« nicht mehr zurückweisen und hat mehr Ressourcen zum Abgleichen beim Denkprozess. Ich hatte mich als ganz junger Mensch entschieden, dass für mich grundsätzlich alles möglich ist – dass es allerdings sehr vieles gibt, das ich nicht verstehe. Mit dieser Haltung konnte ich Dinge annehmen, deren Zusammenhänge ich erst viel später erkennen und erklären konnte. Viele Verbindungen in meiner Arbeit zwischen experimenteller Arbeit in der Bewusstseinsforschung, wissenschaftlichen Ergebnissen der Gehirnforschung und Integration in die Arbeitswelt sind daraus entstanden.

© Mit freundlicher Genehmigung: www.cartoon-agentur.de

Wir brauchen also mindestens so viel Offenheit wie diese beiden Hühner, damit das Gehirn sich weiter entwickeln kann. Wenn auch »Unmögliches möglich sein darf«, laufen im Gehirn neue Prozesse ab.

Wenn auch Unmögliches möglich sein darf, laufen im Gehirn neue Prozesse ab.

Informationsflut als Chance – Gehirnentwicklung als Weg

»Euer Gehirn ist wie ein schlafender Riese.« Tony Buzan

Die Tatsache, dass im Arbeitsalltag riesige Mengen an Informationen bewältigt werden müssen, birgt eine große Chance in sich: Wir müssen neue Wege suchen, um damit fertig zu werden. Wir müssen unser Gehirn neu entdecken und anders gebrauchen. In den Trainingsprogrammen in Teil II bekommen Sie eine Gebrauchsanleitung für Ihr Gehirn. Wenn Sie die alphaskills erlernen und umsetzen, werden Sie in der Lage sein, Ihre Gehirnfähigkeiten so zu entwickeln, dass Sie enorme Mengen an Informationen stressfrei aufnehmen und verarbeiten können. Sie dürfen beruhigt sein: Es ist nie zu viel. Es spielt für das Gehirn auch keine Rolle, ob die Informationen bewusst oder unterschwellig aufgenommen werden. Es gilt: »Alles, was reinkommt, wird verarbeitet.« Die Information wird in kortikalen Karten geordnet und in neuronalen Netzwerken eingebunden; Bestehendes wird ergänzt, und neue Verbindungen werden geschaffen. Dann steht das Wissen auf Abruf zur Verfügung.

Zur Bewältigung der steigenden Informationsmenge und -dichte brauchen wir neue Wege, mit denen wir mehr unseres Gehirnpotenzials nutzen können.

Mit der Integration von assoziativ-intuitiven Fähigkeiten in die Informationsverarbeitung – wie Sie es hier trainieren können – schaffen Sie die besten Voraussetzungen, unmittelbaren Zugriff auf Ihr inneres Wissensnetzwerk zu haben. Mit gehirngerechter Verankerung können Sie die gespeicherte Information jederzeit wieder abrufen und situativ optimal nutzen.

Assoziativ-intuitive Fähigkeiten sowie gehirngerechtes Verankern von Information begünstigen den Wissenszugriff.

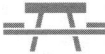

» Wer sich auf einen schwierigen Weg macht, beginnt sein Gehirn wesentlich komplexer, vielseitiger und intensiver zu benutzen als jemand, der selbstzufrieden dort stehen bleibt, wo er entweder zufälligerweise gelandet oder vom Druck oder vom Sog der Verhältnisse hingespült worden ist. Und da Art und Intensität der Nutzung des Gehirns darüber entscheiden, wie viele Verschaltun-

gen sich zwischen den Milliarden von Nervenzellen ausbilden, welche Verschaltungsmuster dort stabilisiert werden können und wie komplex diese neuronalen Verschaltungen sich miteinander verbinden, trifft man mit der Entscheidung, wie und wofür man sein Gehirn benutzen will, immer auch eine Entscheidung darüber, was für ein Gehirn man bekommt. Wir besitzen kein zeitlebens lernfähiges Gehirn, damit wir uns damit bequem im Leben einrichten, sondern damit wir uns mit Hilfe dieses Gehirns auf den Weg machen können, nicht nur am Anfang, sondern zeitlebens. Selbstverständlich haben wir die Freiheit, jederzeit dort stehen zu bleiben, wo es uns gefällt, und fortan nur noch diejenigen Verschaltungen zu benutzen, die bis dahin in unserem Gehirn entstanden sind.«

Verarbeitungsmodi des Gehirns

Bei der Sprachverarbeitung sind im Gehirn viele Spezialisten beteiligt.

Stellen Sie sich Ihr Gehirn vor wie eine geniale Werkstatt mit unzähligen Abteilungen, die sich an der Produktion Ihres Leben beteiligen. Es gibt Generalisten, Spezialisten und für sämtliche Funktionen auch die nötigen Werkzeuge. Bei der Verarbeitung von Sprache und Schrift sind die *digitalen Spezialisten* am Werk. Werden diese gezielt von den *visuellen Generalisten* unterstützt, die den ganzen Produktionsablauf im Blick behalten, können sie ihren Job um ein Vielfaches effizienter und nachhaltiger erledigen. Schauen wir uns dazu die entsprechenden Abteilungen etwas genauer an.

»Ich würde eher ohne Hemd und Schuhe gehen... als auch nur für eine Minute die zwei Hälften meines Kopfes zu verlieren.« Rudyard Kipling

Linke und rechte Gehirnhälfte

Die linke Hälfte ist für Analyse, die rechte für Synthese zuständig.

Das Gehirn ist in zwei Hälften aufgeteilt und über einen Nervenfaserbalken, das *Corpus Callosum*, verbunden. Die beiden Gehirnhälften erfüllen zwei polar entgegengesetzte, sich ergänzende Funktionen: Analyse und Synthese.

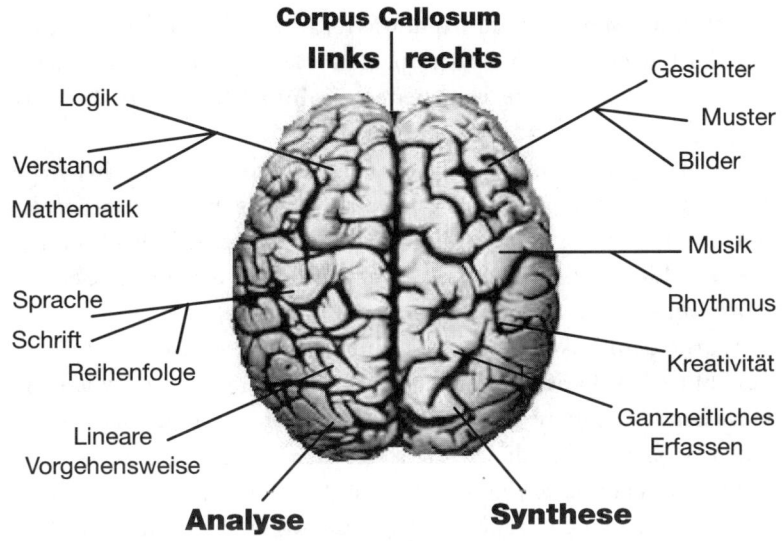

Corpus Callosum
links | rechts

Logik
Verstand
Mathematik

Sprache
Schrift
Reihenfolge

Lineare
Vorgehensweise

Analyse

Gesichter
Muster
Bilder

Musik
Rhythmus
Kreativität

Ganzheitliches
Erfassen

Synthese

Diese Betrachtungsweise ist in mancherlei Hinsicht eine grobe Verallgemeinerung, denn das Gehirn ist viel komplexer aufgebaut, als dass man es funktional einfach in links und rechts aufteilen könnte. Ausfallende Funktionen können von anderen Gehirnbereichen übernommen werden, auch wenn sie in der anderen Hemisphäre liegen; diese Fähigkeit bezeichnet man als *neuronale crosslaterale Plastizität*. Aber grundsätzlich stimmt diese Aufteilung in linke und rechte Hälfte, und sie erleichtert das Verständnis der Bild- und Sprachverarbeitung im Gehirn.

Die Stärke der *linken Gehirnhälfte* ist die *Analyse* – Sprache, Mathematik, Logik, das Linear-Sequenzielle. Die Stärke der *rechten Gehirnhälfte* ist die *Synthese* – das Bildhafte, Musische, Rhythmische, Ganzheitliche. Das Corpus Callosum verbindet die beiden. Es besteht aus über 200 Millionen Nervenbahnen, und ohne diese »Brücke« würden die beiden Gehirnhälften wie zwei separate, weitgehend unabhängig von einander existierende Welten funktionieren. Hier ein Beispiel aus der Gehirnforschung:

Split-Brain-Patienten sind Epileptiker, bei denen das Corpus Callosum chirurgisch unterbrochen wird, damit die elektrischen Entladungen, die bei epileptischen Anfällen zu Krämpfen im Gehirn führen, sich nicht über das gesamte Gehirn ausbreiten kön-

Dies ist ein vereinfachtes, aber brauchbares Konzept der funktionalen Aufteilung im Gehirn.

Das Corpus Callosum verbindet die beiden Hirnhälften.

Experimente mit Split-Brain-Patienten haben gezeigt, dass sie Bilder erkennen und den Sinn

von Worten verstehen, aber die beiden Ebenen nicht verbinden können.

nen. Dies hat keinen unmittelbaren Einfluss auf den IQ, die Sprache und das Verhalten dieser Menschen. Es hat jedoch drastische Auswirkungen auf die Informationsverarbeitung, da der Informationsaustausch zwischen den beiden Hemisphären nicht mehr stattfindet. Jede Hälfte verarbeitet die Information auf ihre Art und völlig unabhängig von der anderen.

In einem Experiment wurden Gegenstände und geschriebene Worte so präsentiert, dass sie jeweils nur von einem Auge beziehungsweise von einer Gehirnhälfte aufgenommen werden konnten (visuelle Eindrücke im rechten Auge werden in der linken Gehirnhälfte verarbeitet und umgekehrt).

Wurde dem linken Auge und damit der rechten Gehirnhälfte eines Split-Brain-Patienten ein Hammer und Nägel gezeigt, wusste er, was damit zu tun war. Wurden seinem rechten Auge, also seiner linken Gehirnhälfte, die Worte »Hammer« und »Nägel« gezeigt, konnte er ebenfalls erklären, was das ist und wozu man es braucht.

Wurde er jedoch aufgefordert, diese aus einer Menge verschiedener Gegenstände auszuwählen, nachdem die Worte »Hammer« und »Nägel« nur seiner rechten Gehirnhälfte gezeigt worden waren, so konnte er sie nicht bestimmen. Seine rechte Hirnhälfte hätte die Gegenstände erkennen und auswählen können, konnte aber die Worte nicht verstehen und zuordnen. Bild und Bedeutung kommen ohne die Kommunikation über das Corpus Callosum im Gehirn nicht zusammen.

Bild- und Sprachverarbeitung

Originäres Denken geschieht in Bildern, vorwiegend in der rechten Gehirnhälfte.

Sprache ist ein lineares Konzept, das vorwiegend

Wenn Sie das Wort *Katze* hören, was geschieht in Ihrem Mind? Sie sehen eine Katze vor Ihrem inneren Auge – ja? Wie sieht diese Katze aus? Sicher könnten Sie eine genaue Beschreibung der Katze machen, die Sie jetzt gerade vor sich sehen.

Sie sehen nicht die Buchstaben »K« »A« »T« »Z« »E«. Sprache ist ein Konzept, die Sekundärverarbeitung eines inneren Bildes, das die Substanz enthält. Das Wort »Bild« ist die einfachste, aber nicht die präziseste Beschreibung für diese innere Wahrnehmung. Was sich im Mind formiert, bevor wir es in Sprache ausdrücken, ist nicht ein Bild, wie man es an der Wand hängen hat oder etwas, das landläufig als *Visualisierung* bekannt ist. Es ist mehr eine Art

»empfindungsmäßiger Eindruck« – eine *Gestalt* – die sich im Innern formiert, bevor man die Worte darum herum baut. Wenn man »um Worte ringt«, ist diese Gestalt noch eine vage Ahnung. Bis man ein »klareres Bild hat« und es in Worten ausdrücken kann, läuft ein Prozess, bei dem diese Gestalt sich konkretisiert. Bitte achten Sie in den nächsten Tagen einmal darauf: Sie werden erfahren, was hier beschrieben ist.

in der linken Hemisphäre verarbeitet wird. »Innere Bilder« oder die Gestalt enthalten die Substanz, den Inhalt. Die Sprache umschreibt sie.

Diese Gestalt im Bewusstsein enthält die Substanz; es ist die Ebene des ursprünglichen oder originären Denkens. Sprache ist die Umschreibung dessen und formiert den Inhalt in bedeutungstragenden Lauten

So könnte man vereinfacht sagen: Originäres Denken geschieht in Bildern, Sprache ist eine Konzeption bedeutungtragender Laute.

In Ihrem Gehirn sind dies zwei ganz verschiedene »Werkstätten«, die vollkommen unterschiedlich arbeiten:

Bildverarbeitung	Sprachverarbeitung
• assoziativ	• linear, sequenziell
• Bilder tragen die Substanz.	• Worte sind bedeutungstragende Laute.
• Bilder werden vorwiegend in der rechten Gehirnhälfte verarbeitet.	• Sprache wird über das Sprachzentrum in der linken Gehirnhälfte verarbeitet.
• Bilder bestehen zwar aus einer Vielzahl einzelner Elemente, werden aber als Ganzheit erkannt.	• Sämtliche Worte sind eine Zusammensetzung aus 26 Buchstaben und müssen sequenziell verarbeitet werden.
• Bilder werden unmittelbar erkannt. Dieser Prozess ist sehr schnell.	• Sprache muss zuerst »entziffert« werden, bevor der Inhalt verstanden wird. Das beansprucht mehr Zeit.

Ein geschriebenes oder gesprochenes Wort ist für die rechte Gehirnhälfte zunächst nur eine Ansammlung von Buchstaben, ein

Bei der Sprachverarbeitung müssen beide

Gehirnhälften beteiligt
sein, um den Inhalt zu
verstehen

Bild, oder eine Abfolge von Silben, Töne. Erst ein ganz spezifischer Teil des Sprachzentrums in der linken Gehirnhälfte kann das Wort entschlüsseln. Ist der Inhalt verstanden worden, ist man »im Bilde«– das geschieht wieder vorwiegend rechts. Der Prozess der Sprachverarbeitung ist also ein intensiver Austausch zwischen der rechten und der linken Gehirnhälfte, ein Abgleich zwischen Bild und Wort.

Digitales und visuelles Verarbeiten

Bildverarbeitung ist
ganzheitlich und schnell,
Sprachverarbeitung ist
digital und langsam.

Bilderkennung ist ein unmittelbarer Prozess und geht sehr schnell; Spracherkennung dagegen ist ein Sekundärprozess und braucht daher mehr Zeit. Während das Sprachzentrum digital verarbeitet, werden Bilder ganzheitlich aufgenommen. Diese beiden Abteilungen unserer Gehirnwerkstatt sind wie zwei Welten, die mit völlig unterschiedlichen Voraussetzungen arbeiten.

Präzise Sprachverarbei-
tung bedingt sequen-
zielle Verarbeitung und
ist limitiert auf fünf bis
sieben Digits oder zwei
bis drei Wortgruppen pro
Sekunde.

Sprache verläuft geradlinig in der Zeit und besteht aus Sätzen, in denen ein Wort dem anderen folgt. Um einen Satz auf der kognitiven Ebene verstehen zu können, muss er in einer minimalen logischen Abfolge aufgenommen werden können. Auch in der Wiedergabe einer Inhaltsgestalt ist man an die sequenzielle Abfolge der Worte gebunden, ansonsten macht Sprache auf der tagesbewussten Ebene keinen Sinn. Das ist eine Limitierung, an die nur das Sprachzentrum gebunden ist. Deshalb kann es im digital-sequenziellen Modus lediglich fünf bis sieben Digits oder zwei bis drei Wortgruppen pro Sekunde verarbeiten. Wenn mehr Information hereinkommt, gibt es einen »Stau«: Man liest und hört, nimmt aber den Inhalt nicht mehr auf.

Unterschwellig verar-
beitet das Gehirn 32
Bilder pro Sekunde. Ein
Bild wird als Ganzes
wahrgenommen und
kann in einer 24stel
Sekunde bereits be-
wusst erkannt werden.

Ein Bild wird als Ganzes wahrgenommen und erkannt. Die bildhafte Verarbeitung ist assoziativ und hat einen holographischen Charakter. Auch wenn nur ein Teil des Bildes zu sehen ist, wird – bei einem gewissen Vertrautheitsgrad – das Bild im Gehirn komplettiert und als Ganzes »gesehen«. Wenn ein Reiz auf der Retina eine 24stel Sekunde anhält, kann er bereits bewusst wahrgenommen werden. Hält er weniger lang an, fällt er in die Kategorie des Unterschwelligen; er wird vom Gehirn aufgenommen, aber im Tagesbewusstsein nicht registriert. (Mehr darüber erfahren Sie in der Trainingseinheit »Foto-Lesen«, Seite 125).

Was bedeutet das für die Informationsverarbeitung? Die digitale Informationsverarbeitung im Gehirn ist am langsamsten. Visuelle Verarbeitungsmodi nutzen die um ein Vielfaches schnelleren »visuellen Prozessoren« und können problemlos große Mengen verarbeiten. Beim so genannten Foto-Lesen werden sogar die Gesetzmäßigkeiten *subliminaler* (unterschwelliger) Informationsverarbeitung eingesetzt und im Rahmen unserer Möglichkeiten genutzt. Beim Verstehen von Sprache tritt die holographische Funktion des Gehirns in Aktion. Deshalb genügen beim Reden oft einige Wortfetzen oder Fragmente eines Satzes, um den Inhalt zu verstehen. Auch beim Lesen kann man anhand von ein paar Buchstaben meist den Sinn des Wortes bewusst machen. Hier ein Beispiel:

Afugrnud enier Sduite an enier elingshcen Unvirestiät ist es eagl, in wlehcer Rienhnelfoge die Bcuhtsbaen in eniem Wort sethen, das enizg wclhltge dbaei ist, dsas der estre und lzete Bcuhtsbae am rcihgiten Paltz snid. Der Rset knan ttolaer Bölsdinn sien, und man knan es torztedm onhe Porbelme lseen. Das ghet dseahlb, wiel wir nchit Bcuhtsbae für Bcuhtsbae enizlen lseen, snodren Wröetr.

Sie konnten den Text problemlos lesen, nicht wahr? Sie haben seinen Inhalt verstanden, obwohl Sie ihn gar nicht »richtig« lesen konnten. Die Augen sind einfach über den Text gezogen, und der Inhalt hat sich formiert. Damit hat sich das Ziel vom so genannten *Inhaltslesen* erfüllt.

Warum ging das so leicht? Sie haben diesen Text vorwiegend mit den visuellen Gehirnfunktionen verarbeitet, und dennoch ist in Ihrem Mind die Gestalt des Inhaltes entstanden. Es ist eine Verlagerung des Leseprozesses in die rechte Gehirnhälfte und ein »Tanz« zwischen bewusst-kognitiven digitalen und assoziativ-intuitiven visuellen Fähigkeiten. Darauf baut das *visuelle Lesen* auf.

Die Möglichkeiten des *visuellen Lesens* habe ich das erste Mal in meiner Forschungsarbeit mit Legastheniker/innen kennen gelernt. Ich erinnere mich an ein 13-jähriges Mädchen, das auf eine Buchseite schauen und mir in kürzester Zeit sagen konnte, was da steht – sie konnte jedoch keine zwei Sätze laut lesen. Sie kannte nur den visuellen Modus des Lesens, über die rechte Gehirnhälfte. So geht es vielen Legasthenikern: Sie haben außerordentlich gute visuelle Fähigkeiten, sind oft sehr kreativ und verstehen alles schnell – nur »richtig« Wort für Wort lesen können sie nicht. Sie können die Sprache nicht digitalisieren. Deshalb gelingt es ihnen in der Regel auch nicht, eine korrekte Rechtschreibung aufzubauen (siehe Seite 29 f., *Der Ursprung des alphaPunkts*).

Die Verarbeitung von präzisen Daten ist ein digitaler Prozess.

Es ergeht ihnen beim normalen Lesen wie Ihnen, wenn Sie den vorangegangenen Text *datagenau* lesen, das heißt Buchstabe für Buchstabe entschlüsseln wollen. Um das zu tun, müssten Sie den Leseprozess bis auf den Buchstaben digitalisieren, und es wäre dennoch fast unmöglich, es präzise zu tun. Da Sie den Text auch so verstanden haben, würde es Ihnen davon abgesehen auch sinnlos vorkommen – es sei denn, Sie müssten ihn korrigieren …

Inhalte können mit visuellem Lesen viel schneller aufgenommen werden.

Beim Inhaltslesen, wenn es nur darum geht, einem Text die darin enthaltenen Informationen zu entnehmen, ist der digitale Ansatz genauso sinnlos! Die meisten Menschen kennen jedoch bei der schriftlichen Verarbeitung der Sprache nur das linkshemisphärische *digitale Lesen*, das heißt sie digitalisieren den Prozess, indem sie Wort für Wort lesen. Das ist ein langsamer und mühsamer Weg, der eigentlich nur für die Aufnahme von Zahlen und präzisen Informationen nötig ist.

Normale Leser können mit visuellem Lesen viel gewinnen.

Sobald Sie lernen, vermehrt visuelle Fähigkeiten in den Sprachverarbeitungsprozess mit einzubeziehen, können Sie Inhalte mit *visuellem Lesen* ein Vielfaches schneller und müheloser aufnehmen und umfassender verstehen.

Dazu ist eine »Gebrauchsanweisung« für unser Gehirn nötig.

Da nun die rechtshemisphärischen Funktionen so effizient und schnell sind, warum werden sie denn nicht gezielt genutzt? Bisher fehlt den meisten Menschen das nötige praktische Wissen. Denn dazu braucht man eine klare Gebrauchsanweisung für das Gehirn, und Sie sind eben dabei, sie anzufordern.

»Das Ziel muss man früher kennen als die Bahn.«

Jean Paul

Die Nutzung unbewusster Prozesse

Im Alltag sind oft unbewusste Prozesse im Gang.

Die meisten Menschen nutzen, wie bereits gesagt, nur einen Bruchteil ihres Gehirnpotenzials bewusst. Der Rest entzieht sich ihrer tagesbewussten Wahrnehmung. Das heißt jedoch nicht, dass er nicht vorhanden und nicht aktiv ist. Im Alltag laufen ständig unbewusste Prozesse ab; hier ein Beispiel:

Sie möchten ein neues Auto kaufen. Eine bestimmte Marke beginnt Sie zu interessieren – und plötzlich fallen Ihnen diese Autos überall auf. Es gibt nicht mehr davon auf der Straße als vorher, aber Sie nehmen sie nun plötzlich wahr: Ihre Augen steuern sie ganz von selbst an.

Wie kommt es dazu? Die Intention, das Ziel, ist Auslöser dieses Phänomens: Jede Intention ist für das Gehirn ein Auftrag. Es wird alles daran setzten, diesen Auftrag zu erfüllen, und alle Prozesse arbeiten auf seine Umsetzung hin. Auch wenn der tagesbewusste Mind sich schon längst wieder mit etwas anderem beschäftigt, arbeiten die unterschwelligen Prozesse weiter daran. Ziehen Sie also in Erwägung, eine bestimmte Automarke zu kaufen, werden unbewusst ablaufende Prozesse in Ihrem Gehirn Ihre Augen auf jedes dieser Autos lenken, das in Ihr Gesichtsfeld kommt. Das geschieht völlig unwillkürlich.

> **Eine Intention ist für das Gehirn ein Auftrag, der unbewusste Prozesse auslöst.**

Es ist möglich, diese schnellen und effizienten rechtshemisphärischen Prozesse für die tägliche Informationsverarbeitung bewusst zu nutzen.

> **Dies kann man nutzen: Sie brauchen...**

Dazu bedarf es erstens einer klaren Intention. Sie müssen Ihrem Gehirn einen *Auftrag* geben. Wenn Sie bei jedem Verarbeitungsprozess innerhalb von wenigen Sekunden ein Ziel bestimmt haben, können Sie Ihr Gehirn arbeiten lassen!

> **... erstens ein klares Ziel,**

Zweitens benötigen Sie einen *offenen, rezeptiven Aufnahmezustand*. Die unbewussten Prozesse sind extrem schnell, und Sie brauchen einen erhöhten Wachheitsgrad und Präsenz, um Information bei hohen Tempi aufzunehmen. Das erreichen Sie, indem Sie den Alpha-Zustand aktivieren.

> **... zweitens einen rezeptiven Aufnahmezustand,**

Die dritte Voraussetzung ist: Sie müssen das Loslassen üben. Es sind die *unterschwellig arbeitenden Fähigkeiten*, die den Auftrag am effizientesten ausführen. Wenn Sie Ihr Ziel definiert haben, müssen Sie die unbewussten Prozesse »laufen lassen«.

> **... drittens die Fähigkeit, loszulassen und das Unbewusste arbeiten zu lassen.**

Die Nutzung dieser direkten Verschaltung im Gehirn können Sie trainieren, indem Sie diese drei Schritte ganz bewusst machen:

> **Die Nutzung unbewusster Prozesse kann trainiert werden.**

- Ziel setzen,
- Alpha-Zustand aktivieren und
- loslassen.

Mit den alphaskills werden Sie lernen, sie bei verschiedenen Tätigkeiten der täglichen Informationsverarbeitung einzusetzen.

Die Nutzung unbewusster Prozesse bringt in der täglichen Informationsverarbeitung Erleichterung und großen Nutzen:

- Beim Lesen können Sie sie zum Orten von Informationen in Texten nutzen. Das ist eine elegante Abkürzung, die viel Zeit freisetzt.
- Beim Zuhören lassen Sie im Alpha-Zustand die innere Orientierung dem Inhalt folgen, um die Aufnahme zu präzisieren und auch subtilere Aspekte aufnehmen zu können.
- In der Entscheidungsfindung und Problemlösung geben Sie Ihrem Gehirn kleine Pausen vom mentalen Denken und schaffen damit die Voraussetzung für die nötigen neuronalen Verknüpfungen, die zur Lösung führen.

Gedächtnis und Erinnern

Bei den geschilderten Möglichkeiten, Informationen schneller, leichter und in großen Mengen mühelos aufzunehmen, drängt sich die Frage auf: Wie bekommt man wieder Zugriff auf diese Fülle an Informationen? Denn ohne die Fähigkeit, erlangtes Wissen wieder aktivieren zu können, würde jede noch so schnelle Informationsaufnahme keinen Sinn machen! Die Verbesserung des Behaltenswertes darf deshalb auf keinen Fall auf Kosten der Temposteigerung zurückbleiben.

Erinnern ist ein assoziativer Verknüpfungsprozess, bei dem zahlreiche, auch unterschwellig arbeitende Gehirnregionen beteiligt sind.

Wenn Sie zum Beispiel das Wort *Meer* hören – was passiert da in Ihrem Mind?

Sie werden wahrscheinlich eine Vielzahl von Erinnerungen haben: Bilder von Ihren letzten Ferien, der Sand unter Ihren Füßen, das Gefühl des Windes auf der Haut, der Geschmack des Eises vom Strandverkäufer, das Gekreische der Kinder. Wenn Sie genügend Zeit hätten und die Intensität verstärken würden, könnten Sie die Erinnerungen wieder riechen, fühlen, schmecken etc. Vielleicht würden Sie auch plötzlich vom Eis auf die Einladung am nächsten Wochenende kommen und sich Gedanken über den Nachtisch machen, den Sie servieren wollen, und ein neues Rezept kreieren samt der Einkaufsliste … An einem Wort sind eine Unmenge von Erinnerungen, Bilder, Wissen, Ideen, Empfindungen oder Bilder geankert.

Was geschieht dabei im Gehirn? Ein Reiz aktiviert bestehende neuronale Netzwerke oder schafft neue Verknüpfungen. Das heißt, er nutzt die eingefahrenen neuronalen Pfade oder setzt ein Feuerwerk von Verbindungen in Gang, was ganz andere, neue Kombinationen von gespeicherten Informationen ermöglicht. Welche der beiden Möglichkeiten geschieht, hängt weitestgehend von Ihrer Intention ab:

Ein Reiz kann sie aktivieren.

Bei den Erinnerungen an die letzten Ferien lässt das Gehirn die Assoziationsketten der Eindrücke zurückkommen, einschließlich somatischer Erinnerungen an den Wind auf der Haut.

Erinnerungen sind assoziative Prozesse im neuronalen Netzwerk.

Die Richtungsänderung auf die Einladung bringt einen kreativen Auftrag mit sich: die Idee für den Nachtisch. Dabei entstehen die nötigen Verknüpfungen, die die Idee eines völlig neuen, kreativen Desserts entstehen lassen.

Über gut funktionierende neuronale Pfade stellen Sie zum Schluss noch alle Zutaten zusammen und erstellen die Einkaufsliste für das Fehlende.

So funktioniert, leicht vereinfacht, Gedächtnis und Erinnern.

Aktiv- und Passiverinnerung

»Gedächtnis ist, woran wir erinnert werden.«
Anonym

Es gibt zwei verschiedene »Erinnerungsspeicher«: das Aktiv- und das Passivgedächtnis.

Es gibt zwei Speicher:

Wenn Sie etwas hören oder lesen und anschließend darüber reden können, haben Sie die Information im Aktivgedächtnis verfügbar. Wird die Information nicht mehr gebraucht, sinkt sie ins Passivgedächtnis ab.

das Aktiv- und das Passivgedächtnis.

Information geht also nie verloren – sie sinkt nur ab ins Passivgedächtnis, das viel größer und umfassender ist als das Aktivge-

Das Passivgedächtnis ist viel größer als das Aktiv-

gedächtnis.

Es braucht einen Impuls, um das Wissen wieder ins Aktivgedächtnis zu bringen.

Gezielte Ankersysteme setzen bewusste Impulse, um das Gedächtnis zu stützen.

dächtnis. Es ist ein unvorstellbar großer Erinnerungs- und Erfahrungsschatz. Alles Wissen und jede Erfahrungen, die wir je gemacht haben, ist im Passivgedächtnis gespeichert. Das Wissen »sitzt« einfach da und wartet, bis es aufgerufen wird.

Sicher kennen Sie aber auch die Erfahrung, dass Sie etwas aufnehmen, sich danach beim besten Willen nicht mehr daran erinnern können, bis Ihnen jemand ein Stichwort gibt: »Ach ja, genau – jetzt erinnere ich mich …« Das Stichwort hat die Information im Passivgedächtnis aktiviert, sodass Sie sie im Aktivgedächtnis wieder zur Verfügung hatten.

»Gedächtnis« ist die Fähigkeit, Wissen aus dem schier unerschöpflichen Reservoir des Passivgedächtnises wieder hervorzuholen. Bei jedem Erinnern von Wissen ist es ein Reiz, der die Aktivierung der Verknüpfungen in Gang setzt: Ein Stichwort, eine Frage, ein Problem, ein Gedanke – irgend etwas holt die Information aus dem Inneren heraus. In diesem Sinne ist das Eingangszitat »Gedächtnis ist, woran wir erinnert werden« eine präzise Beschreibung dessen, wie Erinnerung im Gehirn funktioniert. So ein Impuls kann von außen oder von innen kommen. Und um das Gedächtnis zu stützen und den Erinnerungswert von Informationen zu erhöhen, können solche Impulse auch bewusst durch spezielle Ankersysteme geschaffen werden.

Gedächtnis stützen und Behaltenswert steigern

Der Behaltenswert kann durch Wiederholung oder bewusste Verknüpfungen gesteigert werden.

Ankermethoden schaffen Verknüpfungen und erleichtern das Aktivieren von Wissen.

Der bekannteste Weg, das Wissen zu festigen, ist die Wiederholung. Indem man etwas mehrmals bewusst aufnimmt, prägt es sich im Bewusstsein ein. Dabei entstehen neuronale Pfade, über die das Wissen wieder erinnert werden kann. Bei der Menge der täglich anfallenden Informationen im Arbeitsalltag ist dies jedoch keine praktikable Vorgehensweise: Wo sollten wir die Zeit hernehmen, Informationen mehrmals zu lesen oder hören, wenn es kaum für einmal reicht?

Der effizienteste Weg, den Behaltenwert zu steigern, ist die Schaffung bewusster Verknüpfungen im neuronalen Netzwerk durch gezielte Verankerung der Informationen. Das neuronale Netzwerk wird, wie bereits gesagt, über Assoziationen belebt. Inhalte werden über verschiedene Sinneskanäle miteinander verbunden und verankert – zum Beispiel Eselsbrücken oder den berühmten Knoten im Taschentuch. Dies sind rechtshemisphärische Ankertechniken. An einem solchen Anker können ganze Flotten von Informationen verkettet sein. Wenn Sie sich erinnern wollen, lichten Sie den Anker, und über die assoziativen Ankertaue wird Ihr Gehirn die volle Fracht des Wissens wieder zurückbringen.

Abbildung 15: Die Sinneskanäle

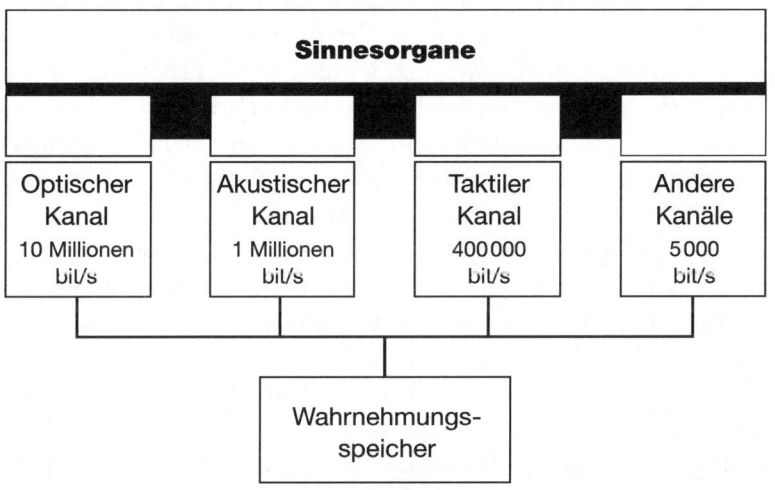

© Mit freundlicher Genehmigung aus Tony Buzan: Kopftraining. Anleitung zum Kreativen Denken. Goldmann, ein Unternehmen der Verlagsgruppe Random House GmbH, übersetzt von Martin Schulte, München 1998.

Sobald der visuelle Kanal beteiligt ist, haben Sie den stärksten Verbündeten für die Gedächtnisbildung engagiert. Bilder sind viel leichter zu erinnern als Worte! Je auffälliger sich Informationen visuell präsentieren, umso mehr »Eindruck« machen sie, und umso leichter werden sie zu aktivieren sein.

Der visuelle Kanal ist der stärkste Verbündete für das Gedächtnis.

Eindrücklich aufnehmen Wird eine Information aufgenommen, ist sie für einige Sekunden oder Minuten im Aktivgedächtnis vorhanden und sinkt dann ins Passivgedächtnis ab. Hat sie »Eindruck gemacht«, indem sie wiederholt, visuell präsentiert, unmittelbar genutzt oder weiterverarbeitet wurde, wird sie leicht wieder abrufbar sein. Wurde sie jedoch nicht »eindringlich« aufgenommen, als uninteressant oder langweilig empfunden, wird sie schwerlich wieder zu aktivieren sein.

Hat eine Information »Eindruck gemacht«, wird sie leicht wieder zu aktivieren sein.

**Bildhafte Ankermetho-
den schaffen einen Aus-
gleich im Gehirn zu der
»linkslastigen« Sprach-
verarbeitung.**

Intellektuelles Fachwissen hat oft einen hohen Abstraktionsgrad und wird meist ausschließlich über die Sprache vermittelt und weiterverarbeitet. Dabei sind vorwiegend linkshemisphärische Gehirnfunktionen aktiv – die rechte Gehirnhälfte, die assoziativ bildhaft verarbeitet, wird dabei wenig gefordert. Wollen Sie das Wissen im Aktivgedächtnis festigen, brauchen Sie einen »Verstärker«. Visuell strukturierte Notizen machen im Gehirn den stärksten Eindruck und können im Arbeitsalltag diesen nötigen Ausgleich im Gehirn bewirken. Denn sobald die rechte Gehirnhälfte beteiligt wird, kann auch höchst abstraktes Wissen in einen bildhaften Rahmen gebracht, eindrücklicher verarbeitet und leichter erinnert werden.

**Die alltagskonformste
visuelle Ankermethode
ist Mind Mapping.**

Die einfachste und in der Praxis am besten nutzbare Methode der visuellen Wissensverankerung für die Wirtschaft ist das von Tony Buzan entwickelte Mind Mapping. Es gibt auch andere visuelle Notizformen: Clustering, Fischgrat-Technik, Spidernet-Notes etc., aber Mind Mapping ist die am weitesten verbreitete Methode. Sie ist sehr einfach und bietet eine große Vielfalt von Strukturierungsmöglichkeiten.

S. 258 ff.

Wenn Sie Mind Mapping noch nicht kennen, erarbeiten Sie sich bitte jetzt die Grundprinzipien auf Seite 258 ff., und lesen Sie erst danach hier weiter. Dann werden Sie aus den folgenden Ausführungen größeren Nutzen zu ziehen.

**In einem Mind Map wer-
den nur Stichworte auf-
geschrieben.**

Sie erstellen ein Mind Map für Ihre rechte Gehirnhälfte. Deren assoziative Funktionen brauchen nur sehr wenige Impulse, zu viele Worte oder gar Sätze schränken sie eher ein. In einem Mind Map schreiben Sie deshalb nur Stichworte auf. Um sich an einen Elefanten zu erinnern, müssen Sie daher nur ein Haar vom Schwanz des Elefanten aufs Papier bringen!

**Die Aufnahme von
sprachlichem Wissen ist
ein intensiver Austausch
zwischen linken und
rechten Gehirnregionen.**

Gehirngerecht erinnern Wenn Sie etwas lesen, nehmen Sie die Schriftsymbole als Bilder visuell rechtshemisphärisch auf. Diese Bilder werden im Sprachzentrum in der linken Gehirnhälfte entschlüsselt. Dabei formiert sich die Gestalt des Inhaltes und wird bildhaft rechts gespeichert. Beim Erinnern wird die Gestalt rechts assoziativ aktiviert und, wenn nötig, links wieder sprachlich umgesetzt.

**Erinnern ist ein cross-
lateraler, assoziativer
Prozess.**

Erinnern ist also ein *cross-lateraler* oder *interhemisphärischer*, *assoziativer Prozess*, der ohne die rechte Gehirnhälfte gar nicht funktionieren würde. Gehirngerechtes Erinnern geht deshalb von den rechtshemisphärischen Gehirnfunktionen aus. Mit einem

Mind Map kreieren Sie in der rechten Gehirnhälfte einen bildhaften Anker als Rahmen, an den Ihr Gehirn das dazugehörige linkshemisphärische Wissen anhängen kann.

Um dieses Wissen wieder hervorzubringen, dient das Bild des Mind Maps als Impuls. Es aktiviert über die rechte Gehirnhälfte den assoziativen Rahmen für den Erinnerungsprozess und holt den damit verknüpften Inhalt ins Aktivgedächtnis zurück: Sie ziehen am Haar vom Schwanz des Elefanten – und der Elefant kommt wieder zum Vorschein.

Bildhaftes Verankern fördert die Assoziation.

Es gibt noch andere Gründe, warum Mind Maps den Erinnerungswert erhöhen:

- Mind Maps sind Stichwortnotizen. Um ein Stichwort aufs Blatt bringen zu können, machen Sie einen zusätzlichen Verarbeitungsprozess: Sie müssen das aufgenommene Wissen in Ihrem Mind zusammenfassen und ein treffendes Wort dafür finden. Diese »Schlaufe« im Gehirn intensiviert und festigt die Aufnahme der Information und prägt Sie ins Aktivgedächtnis.

  Stichwortnotizen bedingen einen zusätzlichen Verarbeitungsprozess.

- Der Erinnerungswert von Mind Maps ist höher als der von linearen Notizen. Lesen ist ein passiver Prozess, und Sie nehmen das Wissen von außen auf. Wenn Sie lineare Notizen aktivieren, werden Sie diese zwangsläufig wieder lesen müssen. Dies ist wiederum ein passiver Aufnahmeprozess, und die Information kommt wieder von außen. Wie wollen Sie wissen, was Sie wissen, wenn die Quelle des Wissens immer außen ist?

  Das erhöht den Erinnerungswert gegenüber von linearen Notizen.

- Bei Mind Maps notieren Sie nur Stichworte. Anhand der Stichworte aktivieren Sie assoziativ über das Bild das dazugehörige Wissen. Das ist ein aktiver Prozess von innen. So beleben Sie die Quelle des Wissens in Ihrem Innern – und Sie wissen, dass Sie es wissen!

  Das Wissen hinter den Stichworten hervorzuholen, ist ein aktiver Prozess, der das Gedächtnis stärkt.

Entscheidungen, Problemlösung und kreative Ideenfindung

Wann finden Sie Lösungen zu Fragen und Problemen? Vielen Menschen kommen sie beim Joggen, beim Sport, unter der Dusche, am Morgen beim Aufwachen oder mitten in der Nacht – in all jenen

Entscheidungen, Lösungen und neue Ideen kommen oft genau dann,

wenn man nicht drüber nachdenkt.

Momenten, in denen sie eigentlich etwas ganz anderes tun und sich auf der kognitiven Ebene nicht mit dem Problem auseinander setzen.

Sie kommen aus dem assoziativ-intuitiven Bereich.

Angestrengtes Nachdenken oder ständiges mentales Kreisen um die Aufgaben- oder Problemstellung ist oft sogar hinderlich. Denn während mentale Prozesse Beta-Aktivität im Gehirn verursachen, kommen Ideen und Lösungen oft als Delta- und Theta-Impulse aus dem assoziativ-intuitiven Bereich. Der Alpha-Zustand stellt die Verbindung zwischen diesen beiden Ebenen her und gibt dem Gehirn den nötigen »mentalen Freiraum«, sodass die assoziativ-intuitiven Impulse ins Tagesbewusstsein gelangen können.

Alpha-Pausen sind Pausen vom mentalen Denken.

Im Trainingsprogramm *alphaTimeQuality* in Teil II werden Sie genau diesen Aspekt wieder finden: Sie werden lernen, in »leeren Zeiträume«, in denen Sie nicht mental gefordert sind, den Alpha-Zustand zu aktivieren. Damit entstehen kurze Momente der Unterbrechung des mentalen Denkens. Diese leeren Zeiten im Mind ermöglichen dem Gehirn, ungestört von der Überlagerung des Denkens seine Arbeit zu machen.

Die cross-laterale Verbindung unterstützt kreative Denkprozesse jeglicher Art.

So können bewusst vermehrt assoziativ-intuitive Impulse in die Entscheidungsfindung, die Problemlösung und die Ideenfindung mit einbezogen werden. Es gibt dazu spezifische Vorgehensweisen, die alle darauf basieren, vom sprachlich dominierten Denken zum rechtshemisphärischen Assoziieren zu wechseln. Alles, was die verschiedenen Bewusstseinsebenen verbindet und die cross-lateralen Prozesse fördert, unterstützt kreative Denkprozesse jeglicher Art.

Das ganze Gehirn für ganzheitliche Lösungen

Rein logisch-rational geführte Prozesse sind gefährlich einseitig.

Das logisch-rationale Denken ist, wie bereits erwähnt, nur »die Spitze des Eisberges« (*Die vierte Dimension des Gehirns*, Seite 37). Es ist deshalb nicht ratsam, sich ausschließlich auf diese Ebene und Denkfunktion zu verlassen. Unser Gehirn arbeitet assoziativ. Auch rein logisch-rationalem Denken liegen analoge und assoziative Prozesse zu Grunde. Werden diese Prozesse negiert oder ausgeschlossen, bewegt man sich auf gefährlichem Terrain. Weitere Experimente mit den schon beschriebenen Split-Brain-Patienten machen dies deutlich:

Ein Patient wurde über seine rechte Gehirnhälfte aufgefordert, aufzustehen, ohne dass die linke Hirnhälfte davon Kenntnis bekam. Er erhob sich. Auf die Frage, die ausschließlich der linken Gehirnhälfte gestellt wurde, weshalb er stehen würde, antwortet er: »Ich kann Sie besser sehen, wenn ich stehe.«

Bei Split-Brain-Patienten findet die linke Gehirnhälfte immer eine vermeintlich logische Erklärung; sie sagt nie: »Ich weiß es nicht.«

In einem weiteren Versuch bekam die rechte Hirnhälfte den Auftrag »Winken Sie mit der Hand«. Er winkte. Auf die Frage an die linke Gehirnhälfte, warum er gewinkt habe, kam die Antwort: »Ich dachte, ich hätte eben einen Bekannten gesehen.«

Es wurden viele Experimente dieser Art gemacht, immer mit dem Ergebnis, dass die linke Gehirnhälfte für alles eine Erklärung hatte, obwohl jeder Impuls von einem Auftrag der Experiment-Leiter ausging. Nie kam nur auch annähernd eine Antwort wie: »Ich weiß es nicht …«. Immer war der Proband der Meinung, den wahren Grund seines Verhaltens zu kennen, obwohl jede Aussage eine reine – wenn auch logische – Spekulation war.

Vor allem unter Druck ist die linke Gehirnhälfte nur allzu schnell bereit, eine plausible Lösung zu präsentieren. Ohne die nötige Tiefe im Verarbeitungsprozess, die durch das Einbeziehen der assoziativ-intuitiven Aspekte entsteht, besteht leicht die Gefahr, dass diese Lösung nur die zweitbeste ist, die mit all ihren Konsequenzen unter Umständen mehr Zeit und Geld kosten kann als ein bewusst ganzheitliches, gehirngerechtes Vorgehen.

Deshalb sollten logisch-rationale Gedankengänge assoziativ-intuitiv ergänzt oder »überprüft« werden.

Je klarer Sie die Verarbeitungsweisen Ihres Gehirns kennen und gehirngerecht steuern können und je umfassender Sie Ihr Gehirn gebrauchen, umso sicherer, effizienter und richtiger werden Sie Entscheidungen fällen, Probleme lösen und neue, innovative Ideen entwickeln können.

Je ganzheitlicher Sie Ihr Gehirn gebrauchen, umso präziser die Lösungen.

Kapitel 4

Neue Dimensionen im Umgang mit Information

Die Erforschung des Gehirnpotenzials ist eine Wissenschaftsdisziplin; die praktische Anwendung dieser Erkenntnisse ist Gehirntechnologie. Die alphaskills sind das Produkt der Umsetzung neuer gehirnwissenschaftlicher Erkenntnisse; sie sind *New Brain Technology* für die tägliche Informationsverarbeitung.

Wenn meine Ausführungen über die daraus resultierenden Möglichkeiten in Teil I Ihr Interesse geweckt haben, dann werden Sie im Teil II alles nötige Wissen und die Anleitungen finden, um sich diese neue Dimension im Umgang mit Information zu erarbeiten. Sie werden damit mehr von Ihrem Gehirnpotenzial beim Lesen, Zuhören und Verarbeiten von Information einsetzen und einen Quantensprung Ihrer Fähigkeiten herbeiführen!

Die alphaskills sind sicher aufgebaut wie eine Pyramide:

Abbildung 16: Die Pyramide der alphaskills

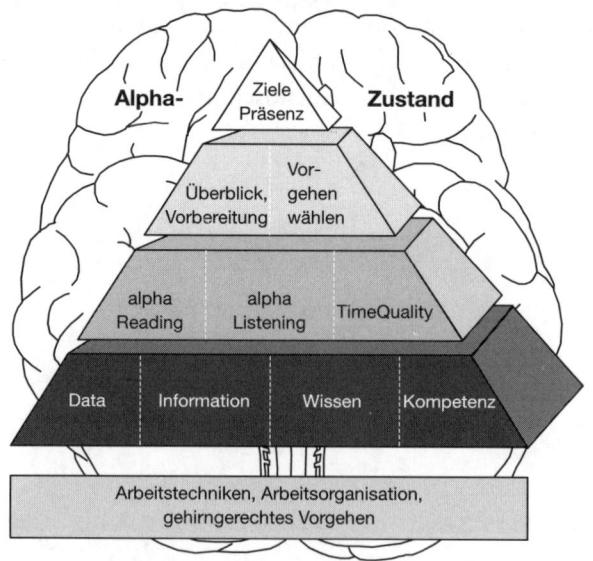

Allen alphaskills liegt der *Alpha-Zustand* zugrunde, der einen erweiterten Einsatzes Ihrer Gehirnfähigkeiten ermöglicht. Er ist das Sesam-öffne-dich zu Ihrem Gehirnpotenzial.

Allem zugrunde liegt der Alpha-Zustand.

- Die Fähigkeit, Informationen mit *Ziel und Schwerpunkten*, mit einer klaren Intention zu verarbeiten, gibt allen Skills eine klare Ausrichtung.

Klare Ziele geben dem Verarbeitungsprozess die Richtung.

- *Optimale Aufnahme- und Verarbeitungsstile* für sämtliche Arten der Informationsverarbeitung ermöglichen Mühelosigkeit und Effizienz. Sie werden im Kapitel *alphaReading* verschiedene Lesestile kennen lernen, im Kapitel *alphaListening* verschiedene Zuhörmodi vorgestellt bekommen und im Kapitel *alphaTimeQuality* alles über arbeitsintegrierte Anwendungsformen erfahren.

Optimale Aufnahmestile ermöglichen mühelose Effizienz.

- Die Basis der Pyramide ist die *Erkenntnis, dass Information Struktur hat* und dass der Nutzen nur klar bestimmt werden kann, wenn Sie wissen, auf welcher Ebene Sie die Information brauchen oder verarbeiten. Dadurch präzisieren Sie Ihre Ergebnisse und sparen Zeit.

Erkennen der Struktur von Information präzisiert das Ergebnis und spart Zeit.

- Spezifische Arbeitstechniken, klare Arbeitsorganisation sowie die Kenntnis um die Funktionsweise Ihres Gehirns ermöglichen bei jedem Informationsverarbeitungsprozess ein adäquates Vorgehen.

Arbeitstechniken und gehirngerechtes Vorgehen steigert die Effizienz.

Informationsverarbeitung wird so zu einem differenzierten Prozess mit allen nötigen Voraussetzungen und zu einem Tanz zwischen links- und rechtshemisphärischen Fähigkeiten, bewussten und unbewussten Gehirnfunktionen und kognitiven und unterschwelligen Prozessen, zu dem Sie selbst die Choreografie schreiben. Damit lenken Sie jeden Informationsverarbeitungsprozess gekonnt, mit Leichtigkeit und optimalem Nutzen.

Damit lenken Sie jeden Verarbeitungsprozess gekonnt, mit Leichtigkeit und optimalem Nutzen.

Die Trainingsprogramme

Im Teil II finden Sie Trainingsprogramme für die drei alphaskills:

Es gibt drei Trainingsbereiche: Lesen, Zuhören, Zeitqualität.

- alphaReading,
- alphaListening,
- alphaTimeQuality.

alphaReading und
alphaListening sind
Arbeitstechniken, alpha-
TimeQuality unterstützt.

alphaReading und alphaListening sind Arbeitstechniken, alpha
TimeQuality hat für die tägliche Informationsverarbeitung eine
unterstützende Wirkung, baut Stress ab und optimiert die Entscheidungsfindung, Problemlösung und kreative Ideenfindung.

Abbildung 17: Alpha-Zustand und alphaskills

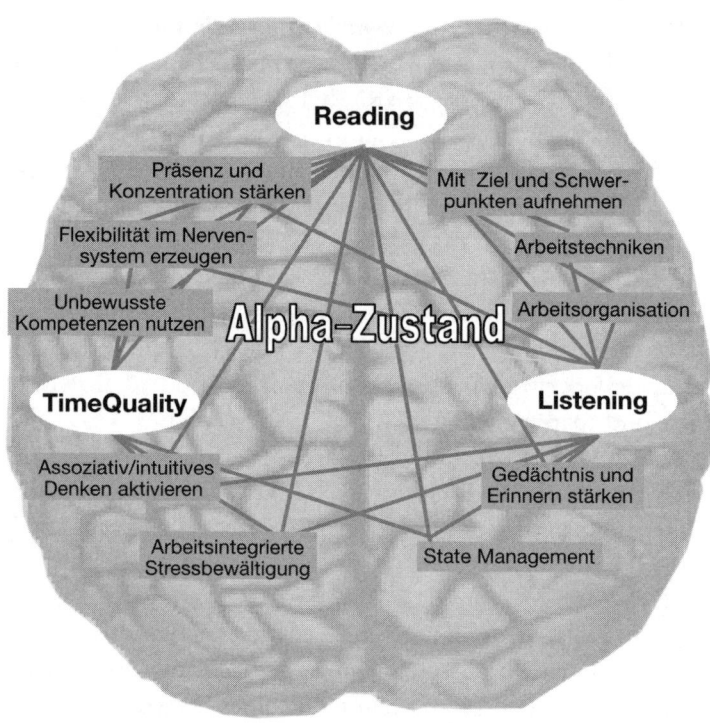

Die Skills sind miteinan-
der vernetzt.

Die alphaskills sind gut miteinander vernetzt und verstärken sich
gegenseitig. Mit der Umsetzung aller drei Skills erzielen Sie den
grössten Nutzen.

In den verschiedenen Trainingsprogrammen erlernen Sie die
praktischen Elemente. Lesen Sie bitte unbedingt vor dem Beginn
die »Einleitung zu den autodidaktischen Trainingsprogrammen«.

Teil II

Trainingsprogramme

»Disziplin heißt, sich an das zu erinnern,
was man wirklich will.«
Anonym

Kapitel 5

Einleitung zu den autodidaktischen Trainingsprogrammen

Jedes der folgenden Trainingsprogramme besteht aus mehreren Teilen:

Jedes Trainingsprogramm besteht aus:

- In einem *einführenden Teil* erfahren Sie mehr über den betreffenden alphaskill: über den Zugang zum Alpha-Zustand (S. 86 ff.), über alphaReading (S. 107 ff.), alphaListening (S. 169 ff.) und alphaTimeQuality (S. 195 ff.). allgemeinen Informationen im einführenden Teil,
- Danach beginnt das eigentliche *Trainingsprogramm*. mehreren Trainingseinheiten,
- Stets gebe ich Ihnen zuerst eine *Übersicht über die Trainingseinheiten* und beschreibe den *Nutzen* und das *Vorgehen*. Diese Ausführungen können Ihnen als Entscheidungsgrundlage dienen, falls Sie noch nicht wissen, mit welchem der drei alphaskills Sie einsteigen wollen.
- Zu Beginn jeder *Trainingseinheit* erfahren Sie, was das *Ziel* und wie groß der *Zeitaufwand* ist und welche *Materialien* Sie für diese Einheit benötigen. Übersicht über Ziel, Zeitaufwand und Material,
- Jede Trainingseinheit endet mit Anregungen zur *Umsetzung in Ihrem Arbeitsalltag*, einer *Zusammenfassung* und mit der Klärung von *Zweifeln, Schwierigkeiten und den meistgestellten Fragen* zum Skill-Aufbau. Wenn Sie sich von den dort gestellten Fragen angesprochen fühlen, dann wissen Sie: Sie sind nicht alleine damit. Das hilft, Geduld mit sich selber und Vertrauen in den Aufbau der neuen Fähigkeiten zu haben. Ich schule die alphaskills seit vielen Jahren und kann Ihnen versichern: Noch jeder Teilnehmer hat sie gelernt. Anleitung zur Umsetzung, Zusammenfassung und Schwierigkeiten, Zweifel und Fragen.

Beginnen Sie auf jeden Fall mit dem Erlernen des Zugangs zum Alpha-Zustand. Das ist die Grundlage aller Anwendungsbereiche! Beginnen Sie mit dem Erlernen das Alpha-Zustandes.

Autodidaktisches Lernen verlangt eine klare Zielsetzung, gutes Zeitmanagement und viel Disziplin. Autodidaktisches Lernen verlangt:

Planung,

Erarbeitung der Grund-
kenntnisse,

Lesen entsprechend des
eigenen Hintergrundwis-
sens,

strukturierte Vorgehens-
weise beim Skill-Aufbau,

dass Teilziele Schritt für
Schritt erreicht werden,

unmittelbare Umsetzung
im Arbeitsalltag.

Dann werden Ihre Fort-
schritte Sie motivieren
und belohnen.

Persönliche Ansprache
ist eine Unterstützung.

Beantworten Sie für sich
Fragen, die ich stelle –
das macht das Wissen
bewusster.

- Planen Sie Ihre persönliches Trainingsprogramm nach Ihrer verfügbaren Zeit. Sie finden bei jeder Trainingseinheit Zeitangaben für den Infoteil und für den Skill-Aufbau.
- Bei einigen Sequenzen finden Sie einen Verweis auf Teil I des Buches. Wenn Sie den entsprechenden Abschnitt nicht gelesen haben, empfehle ich Ihnen, ihn im Haupttext nachzulesen.
- Lesen Sie bei den Trainingseinheiten Ihren persönlichen Grundkenntnissen entsprechend: Wenn Ihnen eine Thematik vertraut ist, können Sie sich auf die *Überflugspur* beschränken. Unvertraute Inhalte lesen Sie auf der *Autobahn*, im ausführlichen Haupttext.
- Beim eigentlichen Skill-Aufbau sollten Sie den gesamten Text genau lesen und vor allem alle Übungen (aus Teil III) machen! Halten Sie sich an die Zeitvorgaben und messen Sie Ihre Zeiten, wo ich Sie darum bitte, damit Sie einerseits Ihren Fortschritt verfolgen können und andererseits einen Indikator haben, wann Sie das vorgegebene Ziel erreicht haben.
- Bitte gehen Sie nicht weiter, bevor Sie das vorgegebene Ziel erreicht haben. Jeder Schritt baut auf dem anderen auf, und wenn Sie einen auslassen, wirkt sich das mit größter Wahrscheinlichkeit im späteren Verlauf des Trainings ungünstig aus.
- Sie müssen nur während der Trainingseinheiten üben. Danach können Sie das Gelernte unmittelbar in Ihrem Alltag anwenden!

Zu einem erfolgreichen Training gehören auch Motivation und Belohnung. Die Trainingseinheiten sind so aufgebaut, dass Sie bei jedem Schritt einen Lernerfolg verbuchen können. Der Nutzen, den Sie bei der sofortigen Anwendung im Alltag erfahren werden, wird Sie belohnen.

In den vielen Jahren Schulungstätigkeit habe ich immer wieder die Erfahrung gemacht, dass eine persönliche Begleitung beim Skill-Aufbau dieser neuen, zum Teil unvertrauten Skills eine sehr große Hilfe ist. Deshalb werde ich Sie im Trainingsprogramm immer wieder direkt ansprechen:

- Bitte nehmen Sie die Fragen, die ich Ihnen im Trainingsprogramm und bei den Übungsauswertungen stellen werde, ernst: Halten Sie kurz inne und beantworten Sie diese Fragen innerlich oder auf Papier. Das macht das Wissen bewusster.

- Wenn ich Sie bitte, innere Prozesse zu verfolgen, nehmen Sie sich die nötige Zeit. Das macht Ihre eigenen Erfahrungen fassbar und klarer.

Beobachten Sie die inneren Prozesse – das macht sie fassbarer.

Weitere Lernformen

Sollten Sie von sich wissen, dass autodidaktisches Lernen für Sie kein gangbarer Weg ist, oder im Verlauf des Trainings merken, dass Sie nicht die erforderliche Disziplin aufbringen, gibt es noch weitere Lernformen, die Ihnen vielleicht mehr entgegenkommen:

Es gibt auch andere Lernwege:

- Wenn Sie am besten mit anderen zusammen lernen, ist ein Seminar die beste Trainingsform für Sie. Sie investieren zwei bis drei Tage und können anschließend alle Skills – ohne weiteres Üben – direkt in Ihrem Arbeitsalltag nutzen. Information dazu finden Sie auf www.alphaskills.ch/seminare

Seminare,

- Arbeiten Sie gerne mit einem direkten Gegenüber oder in einem kleinen Rahmen? Dann ist Private Coaching für Sie eine ideale Lernform. In 12 bis 16 Stunden Privatseminar erarbeiten Sie sich die Skills und können diese, mit minimalem Übungsaufwand, in Ihrem Arbeitsalltag umsetzen. Mehr dazu unter www.alphaskills.ch/privatecoaching

Private Coaching,

- Wenn Sie am besten auditiv aufnehmen, oder Mühe haben, diszipliniert zu arbeiten, ist der computergeführte Lehrgang eine gute Alternative zum Buch. Er ermöglicht eine klar geführte, vertiefte Form des autodidaktischen Lernens. Die Lernschritte müssen in den erforderlichen Zeitfenstern vollzogen werden, und das sichert einen höheren Lernerfolg. Mehr Information am Schluss des Buches und unter www.alphaskills.ch/cd.

computergeführter Lehrgang mit auditivem Kanal.

Kapitel 6

Der Alpha-Zustand

Es gibt alphaskills für das Lesen, Zuhören und die Optimierung der Zeitqualität.
Bei jedem der alphaskills sind vermehrt Alpha-Wellen messbar.

Es gibt alphaskills für das Lesen, das Zuhören und die Optimierung der Zeitqualität. Grundlage aller alphaskills ist die Aktivierung der Alpha-Gehirntätigkeit.

Die folgende Messung zeigt, über einen Zeitraum von 20 Minuten, die Veränderung der Gehirnwellen bei der Anwendung der verschiedenen Skills. Bei dieser Messung wurden die Aktivitäten aus dem gesamten EEG in den folgenden Frequenzbereichen gefiltert:

- Alpha zwischen 8 und 12 Hertz,
- Theta zwischen 6 und 8 Hertz (High-Teta) und
- Beta zwischen 12 und 25 Hertz (Low-Beta).

Abbildung 18: Gehirnaktivitäten während Ausübung der alphaskills

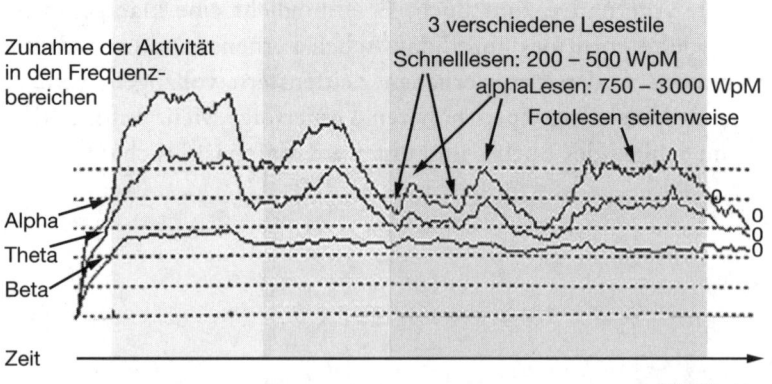

Theta-Aktivität läuft mit.

Bei der Ausübung aller Skills ist die Alpha-Gehirntätigkeit hoch und Theta-Aktivität läuft mit; im Beta-Bereich ist dagegen kaum

Aktivität messbar. Dies entspricht einem wachen klaren Mind (Alpha-Zustand), ohne störende Gedanken (wenig Beta-Aktivität), mit erhöhter assoziativ-intuitiver Wahrnehmung (Theta- zusammen mit Alpha-Aktivität).

- Am stärksten ist die Alpha-Gehirnaktivität bei der Tiefenentspannung von alphaRessourcenManagement. Dieser Ansatz wird hier nicht vermittelt, das es sich nicht um eine Arbeitstechnik handelt. Sie sitzen mit geschlossenen Augen ruhig da, intensivieren den Alpha-Zustand und vertiefen die Entspannung.

  Am stärksten ist die Alpha-Aktivität bei der Tiefenentspannung.

- Bei alphaListening ist die Alpha-Aktivität signifikant hoch. Zuhören ist ein passiver Prozess, bei dem die Alpha-Präsenz explizit praktiziert werden kann.

  Aber auch beim Zuhören ist sie signifikant hoch.

- Bei alphaReading ist während der Ausübung der visuellen Lesetechniken vermehrt Alpha-Aktivität messbar: Visuelles Lesen wechselt sich ab mit digitalem Lesen, das klar eine Beta-Gehirntätigkeit ist, weshalb die Alpha-Aktivität stark schwankt.

  Beim visuellen und digitalen Lesen wechseln sich Alpha- und Beta-Aktivität ab.

- Beim so genannten Foto-Lesen ist die Alpha-Aktivität sehr hoch, weil dies eine rein visuelle Aufnahmeform ist.

  Foto-Lesen ist ein rein visueller Alpha-Prozess.

- alphaTimeQuality kann nicht gemessen werden, da die Ausübung an Tätigkeiten gekoppelt ist, die in Bewegung stattfinden, was ein völlig anderes, nicht vergleichbares EEG ergibt.

  TimeQuality kann nicht gemessen werden, da der Körper dabei in Bewegung ist.

Kapitel 7

Trainingsprogramm
Alpha-Zustand

Übersicht über die Trainingseinheiten

Trainingseinheit: Den alphaPunkt erlernen

Ziel
- Wahrnehmung für innere Vorgänge sensibilisieren
- Innere Aufmerksamkeit willentlich führen
- Zugang zum Alpha-Zustand erlernen und über den Atem verankern und aktivieren

Zeitaufwand
- Infoteil lesen: 5 Minuten
- Skill-Aufbau: 15 Minuten

Material
- Jonglier- oder Tennisball
- Stoppuhr

> »Neue Wahrnehmungsorgane entstehen als Resultat von
> Notwendigkeit. Deshalb, oh Mensch,
> erhöhe die Notwendigkeit,
> auf dass deine Wahrnehmung zunehme.«   Rumi

Skill-Aufbau: Den Zugang erlernen

Um den Zugang zum Alpha-Zustand zu erlernen, müssen Sie für einen kurzen Moment das verstandesorientierte Denken und den Intellekt beiseite lassen und andere Fähigkeiten aktivieren. Denn wenn Sie erweiterte Regionen des Gehirns eröffnen und nutzen wollen, gilt es, zuerst einmal das Vertraute zu verlassen.

Zuerst gilt es, die kognitive Denkschiene zu verlassen.

Sie sind gewohnt, Ihre Aufmerksamkeit vorwiegend nach außen zu richten – vor allem im Arbeitsalltag, wenn es darum geht, Informationen aufzunehmen; lesen, zuhören etc. Das ist auch richtig so, aber um einen Zugang zum Alpha-Zustand zu erzeugen, müssen Sie sich Ihrer *inneren Aufmerksamkeit* bewusst werden und lernen, diese willentlich zu führen.

Sie müssen sich die innere Aufmerksamkeit bewusst machen und sie willentlich führen lernen.

Anhand der folgenden Wahrnehmungsübung können Sie nachvollziehen, was ich mit »innerer Aufmerksamkeit« meine:

Hier eine Wahrnehmungsübung dazu.

Lesen Sie dazu die Anleitung im Haupttext.

Ich nehme an, Sie sitzen in einem Raum, der eine Tür und ein Fenster hat. Während Sie lesen, sind Ihre Augen auf diese Buchseiten gerichtet. Nachdem Sie diesen Absatz mit den Instruktionen gelesen haben, lassen Sie bitte Ihre Augen absichtslos auf der Buchseite ruhen und richten Ihre innere Aufmerksamkeit auf die Türe. Sie werden bemerken, dass etwas von Ihnen zur Türe hingeht. Probieren Sie anschließend das gleiche mit dem Fenster: Lassen Sie die Augen auf der Buchseite ruhen und richten Sie die innere Aufmerksamkeit auf das Fenster.

Bitte machen Sie diese Übung jetzt.

Der Zugang zum Alpha-Zustand geht über die Körperintelligenz, den kinästhetisch-somatischen Sinn.

Konnten Sie nachvollziehen, dass etwas zur Tür oder zum Fenster geht? Dieses »Etwas« ist Ihre innere Aufmerksamkeit. Nun werden Sie einen »Orientierungspunkt« für diese innere Aufmerksamkeit schaffen, über den Sie den gewünschten Aufnahmezustand, den Alpha-Zustand, herbeiführen können. Bitte gehen Sie Schritt für Schritt vor und lassen Sie sich genügend Zeit. Es handelt sich dabei nicht um eine »Kopfübung«, sondern Sie werden Ihre Körperintelligenz, den kinästhetisch-somatischen Sinn, ansprechen (mehr dazu Seite 31, *Kopplungsdynamiken*).

Bitte lesen Sie die Anleitung im Haupttext, und machen Sie die Übungen.

Bitte machen Sie die nachfolgenden Übungen an einem Ort, an dem Sie ungestört und unbeobachtet sind. Einige Übungen würden für Außenstehende nicht nachvollziehbar sein und ungewöhnlich aussehen. Bitte lesen Sie zunächst die ganze Anleitung durch, und beginnen Sie erst dann mit der Übung.

Der erste Schritt ist zunächst eine Sensibilisierungsübung, damit Sie Vertrauen in Ihre subtilen Fähigkeiten gewinnen können.

- Nehmen Sie den Ball zur Hand und stehen Sie aufrecht.
- Lassen Sie den Ball von einer Hand in die andere gehen; nehmen Sie dabei sein Gewicht wahr. Machen Sie dazu eine kleine, wippende Bewegung, also ob Sie sein Gewicht schätzen wollten. Dies wird Ihnen helfen, die Präsenz des Balles in Ihrer Hand bewusster erfahren zu können.

- Lassen Sie anschließend den Ball in der führenden Hand – bei den meisten ist es die rechte – zur Ruhe kommen und schließen Sie die Augen.
- Bitte nehmen Sie nun wahr, woran Ihre Hand erfährt, dass sie einen Ball hält:
  - an der Form, die der Ball der Hand gibt,
  - am Gewicht, indem Sie die Schätzbewegung wiederholen.
- Drücken Sie den Ball fest, und lassen Sie ihn wieder los. Wiederholen Sie das: drücken, loslassen.
- Dann lassen Sie Ihre Hand ganz ruhig werden und nehmen die Berührungspunkte der Hand und des Balles war: die Textur des Balles auf der Haut, ob es sich dort vielleicht wärmer anfühlt, ob es kribbelt oder wie immer Sie diesen Kontaktpunkt empfinden.
- Wenn Sie für sich die Indikatoren definieren können, wie Ihre Hand erfährt, dass sie einen Ball hält, nehmen Sie ihn mit der anderen Hand heraus und lassen Sie ihn auf den Boden fallen. Die führende Hand bleibt in der Form, die ihr der Ball gegeben hat.

Holen Sie nun diesen Ball mithilfe Ihrer kinästhetisch-somatischen Erinnerung zurück in Ihre Hand. Geben Sie Ihrer Hand genügend Zeit, um sich empfindungsmäßig an den Ball zu erinnern, bis es sich anfühlt, als ob Sie den Ball noch in der Hand halten würden. Wiederholen Sie dazu die obigen Schritte:

- Spüren Sie die Form des Balles in der Hand.
- Holen Sie die Erinnerung an sein Gewicht zurück, indem Sie die Schätzbewegung wiederholen.
- Tun Sie so, als würden Sie den imaginären Ball drücken, und lassen Sie wieder los. Wiederholen Sie das: Druck mimen – loslassen.
- Erinnern Sie sich dann an die Berührungspunkte der Hand und des Balles: die Textur des Balles auf der Haut, war es da wärmer, hat es gekribbelt?

Vielleicht dauert es nur einige Sekunden, vielleicht eine halbe Minute – auf jeden Fall werden Sie nach kurzer Zeit das Gefühl haben, als hätten Sie den Ball wieder in der Hand. Bitte machen Sie jetzt diese Übung.

Nun haben Sie eine kinästhetisch-somatische Erinnerung erlebt. Wenn Sie diese Übung nicht nachvollziehen konnten, versuchen Sie es später nochmals.

Wenn Sie den imaginären Ball in Ihrer Hand nachempfinden konnten, haben Sie eine kinästhetisch-somatische Erinnerung erlebt, die empfindungsmäßige Erfahrung einer Vorstellung.

Wenn Sie diese Übung nicht nachvollziehen konnten, versuchen Sie es später nochmals, bevor Sie im Trainingsprogramm weitergehen. Vielleicht waren Sie gestresst oder haben sich nicht die nötige Zeit gelassen? Vielleicht haben Sie Vorstellungen oder Erwartungen, was Sie fühlen sollten und konnten sich nicht genügend darauf einlassen, wie es tatsächlich war? Wie auch immer: Geben Sie nicht auf. Es ist eine neue Erfahrungsebene, die Sie in Ihre Wahrnehmung bringen.

Skill-Aufbau: Den alphaPunkt »installieren«

Lesen Sie wiederum zuerst die ganze Anleitung, und beginnen Sie erst dann mit der Übung.

Bitte lesen Sie die Anleitung im Haupttext, und machen Sie die Übungen.

Wiederholen Sie zunächst Schritt für Schritt die Sensibilisierungsübung aus dem vorhergehenden Unterkapitel. Schließen Sie dazu die Augen, und lassen Sie sich genügend Zeit, die Schritte empfindungsmäßig nachvollziehen zu können.

- Wenn Ihre Hand sich gut an den imaginären Ball erinnern kann, stellen Sie sich vor, er sei Lichtes, Leichtes, etwas Angenehmes, Schwereloses.
- Stellen Sie sich nun eine Verbindungslinie vor, die von einem Buch, das Sie in normaler Lesedistanz in Ihrer Hand halten, in einem 45-Grad-Winkel, zwischen Ihren Augen hindurchführen und 8 bis 10 Zentimeter hinten oberhalb Ihres Kopfes wieder herauskommen würde. Platzieren Sie dieses angenehme, schwerelose, lichte, leichte »Etwas« nun genau am Endpunkt dieser Linie, an diesem Ort:

Abbildung 19: Position des alphaPunktes

- Suchen Sie diesen Ort. Gehen Sie mit Ihrer Hand genau dort hin. Wenn Sie nicht sicher sind, überprüfen Sie die Position des Punktes zuerst in einem Spiegel.
- Lassen Sie dann dieses angenehme, schwerelose, lichte, leichte »Etwas« los und nehmen Sie die Hand herunter, stellen Sie sich aber vor, das »Etwas« bliebe schwebend dort hinten oberhalb Ihres Kopfes. Bleiben Sie mit Ihrer inneren Aufmerksamkeit dort – genauso, wie Sie die innere Aufmerksamkeit in der Wahrnehmungsübung vorhin auf die Tür oder das Fenster gerichtet hatten, lassen Sie sie nun an diesem Punkt ruhen.
- Bleiben Sie dann einige Atemzüge lang mit Ihrer inneren Aufmerksamkeit an diesem Punkt. Achten Sie auf Ihren Zustand. Erwarten Sie nicht, den imaginären Punkt mit der gleichen Intensität zu spüren, mit der Sie vorhin den imaginären Ball in Ihrer Hand wahrgenommen haben. Es geht lediglich darum, einen kinästhetisch-somatischen Bezug zu diesem Ort zu schaffen.
- Öffnen Sie dann die Augen, und achten Sie auf Ihre Wahrnehmung: Wie sind die Farben, wie ist Ihr Focus, richten sich Ihre Augen auf Details oder mehr auf das Ganze? Was hören Sie?

Bitte machen Sie die Übung jetzt. Lesen Sie die Anleitung vielleicht noch einmal durch, damit Sie die Schritte genau nachvollziehen können. Und lassen Sie sich genügend Zeit dafür – das ist einer der wichtigsten Lernschritte für die alphaskills. Stellen Sie sich anschließend die folgenden Fragen:

- Wie fühlte sich Ihr Körper an?
- Wie ging Ihr Atem?
- Hatten Sie viele, wenige oder gar keine Gedanken?
- Wie war Ihre Wahrnehmung?
- Wie war Ihr Focus – eng oder weit?
- Richteten sich Ihre Augen mehr aufs Ganze oder auf die Details?

Hier eine Liste typischer Erfahrungen:

- Der Körper ist entspannt.
- Der Atem geht tief und ruhig
- Man hat wenige oder keine Gedanken; der Mind ist ruhig.
- Die Wahrnehmung (von Farben, Geräuschen etc.) ist intensiv.
- Der Focus ist leicht geöffnet und richtet sich eher auf das Ganze als auf Details.

Der alphaPunkt ist ein direkter Zugang zum Alpha-Zustand.

All das sind klassische Indikatoren des Alpha-Zustandes: körperlich entspannt, wach und klar, mental ruhig. Die Ausrichtung der inneren Aufmerksamkeit auf diesen Orientierungspunkt ist ein direkter Zugang zum Alpha-Zustand (siehe dazu auch Seite 89); deshalb nenne ich ihn alphaPunkt. Sie werden ihn jederzeit ohne Vorbereitung aktivieren können.

Skill-Aufbau: Den Alpha-Zustand aktivieren

Den Alpha-Zustand zu aktivieren, geht schnell!

Keine Sorge: Um im Arbeitsalltag den Alpha-Zustand zu aktivieren, müssen Sie nicht all diese Übungen machen – das wäre keine praktikabler Ansatz. Die Übungen dienten lediglich dazu, Sie für Ihre Wahrnehmung zu sensibilisieren und den alphaPunkt zu »installieren«.

Sie werden den Zugang zum Alpha-Zustand nun für die Informationsverarbeitung nutzbar machen, indem Sie ihn an Ihren Atem koppeln. Der Vorteil daran: Ihr Atem ist etwas, das Sie mit Sicherheit immer bei sich haben!

Um den Alpha-Zustand zu verankern und jederzeit wieder aktivieren zu können, gehen Sie vor wie folgt (Sie können die folgenden Übungen im Sitzen machen): Beim Einatmen gehen Sie mit Ihrer inneren Aufmerksamkeit auf den alpha-Punkt. Sie müssen dazu nicht die Augen schließen.

Wenn Sie beim Ausatmen Ihren Zustand wahrnehmen, bedeutet das, festzustellen, ob sich für diesen kurzen Moment die Indikatoren des Alpha-Zustandes einstellen: Der Mind ist ruhig, der Körper ist entspannt, und Sie sind wach, präsent und aufnahmefähig.

Bitte lesen Sie die Anleitung genau und machen Sie die Übungen.

- Einatmen,
- innere Aufmerksamkeit auf den alphaPunkt,
- ausatmen,
- Zustand wahrnehmen,
- ein bis zwei Atemzüge dabeibleiben.

Bitte finden Sie Ihren Rhythmus mit diesem inneren Vorgang, und üben Sie diesen Zugang mindestens zehnmal. Bleiben Sie jedes Mal ein bis zwei Atemzüge mit Ihrer inneren Aufmerksamkeit am alphaPunkt.

Nehmen Sie anschließend ein Blatt Papier, wiederholen Sie den obigen Prozess, und geben Sie sich etwas mehr Zeit, Ihren Zustand wahrzunehmen. Schreiben Sie danach auf, was Sie empfinden.

- Nennen Sie die körperlichen Indikatoren: Wie fühlt sich der Körper an, wie geht der Atem?
- Beschreiben Sie, wie Ihr Mind ist: Haben Sie viele, wenige oder keine Gedanken?
- Notieren Sie, wie Ihre Wahrnehmung und die Aufnahmefähigkeit sind.
- Umschreiben Sie den Zustand, indem Sie ein Bild dazu machen, eine Analogie, die Ihre persönliche Erfahrung illustriert.

Hier einige Erfahrungen von Seminarteilnehmern, die in dieser Phase des Trainings, also etwa 10 Minuten nach dem Erlernen des alphaPunktes, festgehalten wurden:

»Aufnahmefähig, präsent, hellwach … wie ein offenes Fenster…«

» Offen, aufnahmefähig, präsent, hellwach, geschärfte Sinneswahrnehmung …«

» Es fühlt sich an wie: … ein offenes Fenster … auf einer Bergspitze zu stehen … in eine weite Landschaft zu schauen.«

Das EEG dokumentiert die innere Erfahrung mit objektiven Messungen.

Neben diesen subjektiven Beschreibungen gibt es noch eine objektive Art, die Vorgänge im Gehirn zu dokumentieren: das EEG. Um die Erfahrungen, die am Anfang ja noch neu und zum Teil mit viel Unsicherheit verbunden sind, »konkreter« zu machen, habe ich in jeder Lernphase bei zehn Teilnehmern die Hirnströme gemessen. Sie können so den Aufbauprozess auch auf der wissenschaftlich-objektiven Seite mitverfolgen und dürfen davon ausgehen, dass Ihr EEG ähnliche Bilder zeigen würde.

Erste Messung nach 10 Minuten:

Die erste Messung wurde 10 Minuten nach dem Erlernen des alphaPunktes gemacht. Die Personen bekamen bei 10, 40 und 70 Sekunden die Anweisung, den alphaPunkt zu aktivieren. Die Messungen wurden im Alpha-Mittelbereich von 10 bis 12 Hertz gemacht.

Abbildung 20: EEG-Messung 10 Minuten nach dem Erlernen

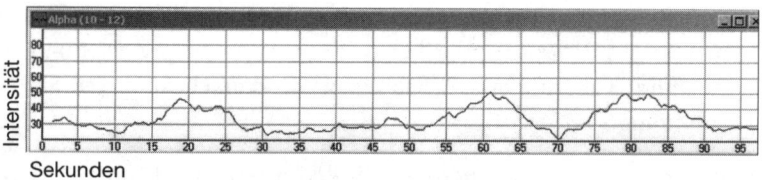

Alpha-Aktivität wird sichtbar, ist aber noch nicht stark und nicht stabil.
Ein Spektrogramm misst alle Aktivitäten im Gehirn:

Sie sehen, dass die Versuchsperson der Anleitung folgen kann und vermehrt Alpha-Aktivität entsteht. Allerdings ist sie nicht sehr hoch und kann noch nicht gehalten werden.

Auf der gegenüberliegenden Seite sehen Sie ein Spektrogramm (Abb. 21). Dabei werden die Aktivitäten in allen Frequenzbereichen, hier von 1 bis 40 Hertz, gemessen (Beta, Alpha, Theta, Delta von oben nach unten). So kann man feststellen, was in allen Bereichen im Gehirn geschieht. Dunkle Flächen zeigen dabei an, wo keine Aktivität gemessen werden konnte, graue Flächen stehen für messbare, aber nicht signifikante Aktivität (Random Activity), und weiße Flächen kennzeichnen Bereiche signifikanter Aktivität.

Abbildung 21: Spektrogramm 10 Minuten nach dem Erlernen

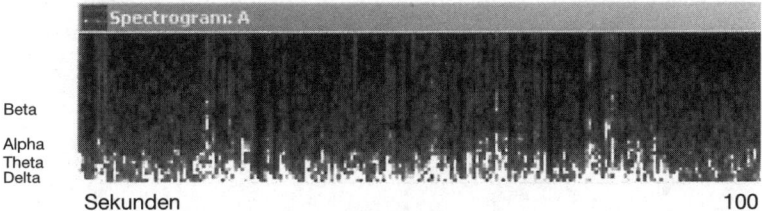

Sie können erkennen, dass in allen Frequenzbereichen, das heißt im gesamten Gehirn, mehr oder weniger Aktivität herrscht.

- Im Delta- und Theta-Bereich, also im Unbewussten, ist viel Aktivität. Das sind unterschwellige Prozesse, zu denen bewusst kein Zugriff besteht; in diesem Zusammenhang deutet es auf innere Unruhe hin. — **Es herrscht viel Aktivität im unbewussten Bereich.**
- Die Alpha-Gehirntätigkeit ist noch nicht intensiv, sodass sie nur ganz leicht in den Momenten der Anwendung des alphaPunkts sichtbar wird. — **Alpha-Aktivität ist nur schwach sichtbar.**
- Im Bereich der Beta-Frequenzen, dem mentalen Bereich, gibt es viel Random Activity. Hier sind dies die unwillkürlichen Gedanken. — **Im Beta-Bereich gibt es viel unwillkürliche Gedankenaktivität.**

Ein solches Spektrogramm entspricht einem nicht focussierten und eher unkonzentrierten Mind – einem »normalen« Zustand, in dem sich die meisten Menschen befinden, und zu dem der Mind – ohne spezielle Übung – immer wieder tendieren wird. — **Bei dieser geringen Intensität im Alpha-Bereich gibt es noch keine sichtbare Veränderung im Gehirn.**

Deshalb ist es wichtig, dass Sie mit den nachfolgenden Übungen weiter trainieren, um den Alpha-Zustand zu intensivieren und stabilisieren. Halten Sie die Unsicherheit aus, die Sie vielleicht im Moment noch empfinden. Vielleicht stellen Sie sich Fragen: »Mache ich es richtig?«, »Wie weiß ich, dass ich am alphaPunkt bin?« – gedulden Sie sich noch ein bisschen mit der Antwort und gehen Sie zunächst weiter im Trainingsprogramm! Unsicherheit gehört in gewissem Maße zu jedem Lernprozess. Wenn Sie sich jedoch sehr — **Dazu müssen Sie noch mehr üben!**

verunsichert fühlen, blättern Sie kurz vor zum Ende dieser Trainingseinheit auf Seite 104 – ich habe die wichtigsten Fragen dort aufgenommen und behandelt.

Wenn Sie hier unterbrechen, wiederholen Sie die Übung zum Aktivieren des Alpha-Zustandes, bevor Sie fortfahren

Wichtig: Sollten Sie hier unterbrechen, nehmen Sie sich beim Wiedereinstieg genügend Zeit. Wiederholen Sie die Übungen zum Installieren und Aktivieren des Alpha-Zustandes auf Seite 92 bis 95 und praktizieren Sie sie nochmals, bis Sie den erlebnismäßigen Bezug wieder hergestellt haben, bevor Sie fortfahren!

Trainingseinheit: **Den Alpha-Zustand stabilisieren**

Ziel
- Alpha-Zustand stabilisieren
- Augen im Alpha-Zustand durch Texte fließen lassen
- Unbewusste Prozesse nutzen
- Zeichen und Datenmaterial scannen

Zeitaufwand
- Infoteil lesen: 5 Minuten
- Skill-Aufbau: 15 – 20 Minuten

Material
- Stoppuhr

Mit den nachfolgenden Übungen werden Sie den Zugang zum Alpha-Zustand über den alphaPunkt viele Male üben, um eine größere Sicherheit in der Anwendung zu bekommen. Dabei beginnen Sie, ihn mit den Aktivitäten der Informationsverarbeitung zu verbinden – ganz langsam, Schritt für Schritt.

Die Sicherheit kommt durch wiederholte Anwendung.

Es ist wichtig, dass Sie sich beim Erlernen des Alpha-Zustands die nötige Zeit geben, ihn zu stabilisieren. Geht man in dieser Lernphase weiter, bevor der Zustand internalisiert ist, wird er in der Praxis nicht die nötige Intensität erzeugen können!

Beim Erlernen ist genügend Zeit zum Stabilisieren wichtig.

Sie stabilisieren den Alpha-Zustand über das Lesen, da Sie bei alphaListening und alphaTimeQuality einen modifizierten Zugang kennen lernen werden. In den nächsten 10 bis 15 Minuten arbeiten Sie mit einem Text, ohne ihn im herkömmlichen Sinne zu lesen. Vergessen Sie bitte alle Vorstellungen und Praktiken Ihres gewohnten Lesens; traditionelles Lesen ist hier nicht das Ziel! Vielmehr sollen Sie trainieren, den Zustand zu halten, während Ihre Augen und Ihr Gehirn definierten Aufgaben nachgehen.

Sie stabilisieren den Zugang und den Zustand über das Lesen.

Vor jedem Übungsschritt werden Sie den Alpha-Zustand aktivieren:

Vor jedem Übungsschritt aktivieren Sie den Alpha-Zustand.

- Einatmen,
- innere Aufmerksamkeit auf den alphaPunkt,
- ausatmen,
- Zustand wahrnehmen,
- ein bis zwei Atemzüge dabeibleiben.

Nehmen Sie sich dazu jedes Mal 15 bis 20 Sekunden Zeit. Später werden Sie diesen Vorgang auf 5 Sekunden abkürzen und den Alpha-Zustand schließlich unmittelbar abrufen. Aber jetzt, am Anfang, sind das Aktivieren, Erfahren und die bewusste Integration in die Anwendung das Wichtigste.

**Trainieren Sie spiele-
risch, ohne große Erwar-
tungen.** Verstehen Sie die folgenden Übungen als »Spielwiese«, und blockieren Sie den Stabilisierungsprozess nicht mit zu hohen Erwartungen an präzise Resultate und Leistung. Vertrauen Sie bitte darauf, dass sich jeder Ihrer Schritte zu einer in der Praxis nutzbaren Arbeitstechnik zusammenfügen wird. Aber um etwas Neues erfahren zu können, müssen Sie sich etwas Neuem öffnen!

S. 221 ➡ Sie finden die Stabilisierungsübungen auf Seite 221. Machen Sie die Übungen jetzt, und kehren Sie bitte anschließend zu dieser Seite zurück.

Den Alpha-Zustand funktional machen

**Die folgenden Schritte
sind wichtig, um den
Alpha-Zustand für den
Arbeitsalltag funktional
zu machen.
Das EEG dokumentiert
diesen Prozess.** Die folgenden Schritte im Trainingsaufbau sind wichtig, um den Alpha-Zustand für den Arbeitsalltag funktional zu machen, das heißt, ihn jederzeit ohne zusätzlichen zeitlichen Aufwand aktivieren zu können und ihn in den spezifischen Tätigkeiten zu verankern und zu nutzen.

Die nachstehenden EEG-Messungen stammen ebenfalls aus den vorangehend erklärten Experimenten mit Seminarteilnehmern. Sie sollen Sie durch Ihren weiteren Vertiefungsprozess begleiten und Ihnen aufzeigen, wohin Sie ein konsequentes Training in den nächsten 8 bis 12 Stunden intensiven Übens führen wird.

**Zweite Messung, nach 4
bis 6 Stunden Übung:** Nach 20 Sekunden wurden die Personen aufgefordert, den Alpha-Zustand zu aktivieren und zu halten. Nach 45 Sekunden wurden verbale Erklärungen abgegeben.

Abbildung 22: EEG-Messung 4 bis 6 Stunden nach dem Erlernen

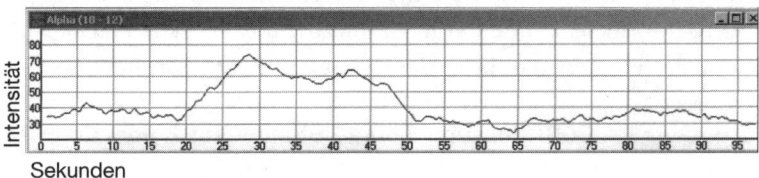

Die Intensität der Alpha-Aktivität ist nun erheblich höher und hält auch länger an. Sie während des Zuhörens aufrechtzuerhalten, bedarf jedoch noch weiterer Übung.

Alpha-Aktivität ist intensiver und hält länger an.

Abbildung 23: Spektrogramm 4 bis 6 Stunden nach dem Erlernen

Am Anfang ist der Mind in seinem »Normalzustand«: Random Activity im Beta-Bereich (unwillkürliche Gedankenaktivität), hohe Aktivität im Delta- und Theta-Bereich zeigt, dass im Unbewussten Unruhe herrscht. Dann kommt eine kurze, aber intensive Alpha-Phase, und damit geschieht etwas Faszinierendes:

Am Anfang ist der Mind ungeordnet aktiv.

Sobald die Intensität der Alpha-Gehirntätigkeit hoch genug ist, verändert sich das gesamte Spektrogramm; in den kognitiv-bewussten Bereichen (Beta) sowie den unterschwellig-unbewussten Bereichen (Theta, Delta) wird es unmittelbar ruhig. Das bedeutet, dass der Mind voll präsent ist, ohne irgendwelche störenden Nebenprozesse – weder im Bewussten noch im Unbewussten. Das ist die ideale Voraussetzung, Informationen klar und unverzerrt aufzunehmen.

Wenn die Alpha-Aktivität intensiv genug ist, wird eine Veränderung im Spektrogramm sichtbar: Der gesamte Mind beruhigt sich.

Was jedoch die größte Bedeutung für den Arbeitsalltag hat, ist, dass dieser höchst präsente Zustand anhält, auch wenn der Alpha-Zustand nicht mehr explizit aufrechterhalten wird. Das bedeutet: Wenige Sekunden Alpha-Aktivität in dieser Intensität genügen nicht nur, um den Mind für den Moment klar und präsent zu machen, sondern bewirken auch, dass dieser Zustand andauert!

Diese Veränderung hält über die explizite Aktivierung des Alpha-Zustandes hinaus an.

Bei der folgenden Messung aktivierten die Versuchspersonen zwischen Sekunde 10 und 30 den Alpha-Zustand, von Sekunde 30 bis 50 hörten sie zu, und von Sekunde 50 bis 60 bekamen sie eine Frage gestellt, auf die sie ab der 60. Sekunde antworteten.

Abbildung 24: **EEG-Messung 8 bis 12 Stunden nach dem Erlernen**

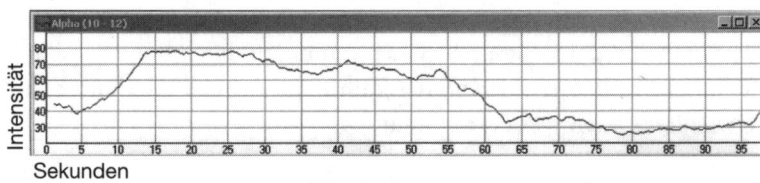

Die Intensität der Alpha-Aktivität wird stärker und kann auch während des Zuhörens aufrecht erhalten werden.

Die Intensität der Alpha-Gehirnaktivität hat weiter zugenommen. Zusätzlich ist zu erkennen, dass die Person den Alpha-Zustand nun auch während des Zuhörens aufrechterhalten kann. Nun kann man von einem nutzbaren oder *funktionalen* Zustand sprechen, da er jederzeit erzeugt, in Tätigkeiten integriert werden kann und bei deren Ausübung fortdauert.

Abbildung 25: **Spektrogramm 8 bis 12 Stunden nach Erlernen des Alpha-Zustandes**

Im Unbewussten sowie im Denken wird es ruhig.

Im Spektrogramm ist wiederum deutlich erkennbar, dass die unbewussten Prozesse sowie das unwillkürliche Denken ruhig werden, sobald die Alpha-Aktivität stark wird, und dass sie ruhig bleiben, auch wenn die Alpha-Aktivität nicht mehr signifikant hoch ist.

Der Effekt dauert an.

Dies zeigt nochmals deutlich, dass der Gebrauch des alpha-Punktes nicht nur die Alpha-Tätigkeit im Gehirn anregt und den Mind als Ganzes beruhigt, sondern dass der Effekt – klare Präsenz – andauert, auch wenn die Technik nicht mehr explizit angewandt wird.

Dies wird erzeugt durch die *Intensität* der Alpha-Aktivität, nicht durch die Dauer der Anwendung. Deshalb ist es wichtig, dass der alphaPunkt immer wieder für kurze Momente angewandt wird – ein paar Sekunden genügen. Ich vergleiche das gerne mit einem Intervall-Scheibenwischer: Einmal durchwischen, und die Scheibe ist klar! Nach einiger Zeit beschlägt die Scheibe wieder und braucht ein erneutes Durchwischen – aber nur einmal, schon ist sie wieder klar. Nach diesem Prinzip sind die alphaskills aufgebaut: In alle Tätigkeiten der Informationsverarbeitung sind kurze Momente der Alpha-Präsenz integriert, die den ganzen Arbeitstag hindurch für eine »klare Sicht« sorgen.

Es ist die Intensität der Alpha-Aktivität und nicht die Dauer, die die Veränderung im gesamten Mind herbeiführt. Dazu reichen wenige Sekunden.

Es ist sehr wichtig, dass Sie sich die nötige Zeit des Übens geben, um den Alpha-Zustand funktional zu machen. Erfahrungsgemäß braucht man dazu 12 bis 16 Stunden intensiver Einzelarbeit im Coaching oder zwei bis drei Tage im Seminar. Beim computergeführten Lehrgang sind 8 bis 10 Übungsstunden eingeplant. Wenn Sie das Trainingsprogramm absolvieren, wird es 10 bis 12 Stunden Übung und Anwendung beanspruchen, um den Alpha-Zustand in der Anwendung der alphaskills zu verankern und diese im Alltag nutzen zu können.

Bis der Zugang funktional ist, ist Übung nötig.

Umsetzung im Arbeitsalltag

Nun haben Sie den Zugang zum Alpha-Zustand erlernt und sollten ihn jederzeit aktivieren können. Der alphaPunkt ist das grundlegendste und wichtigste Element der alphaskills. Auch wenn Sie noch keinen der Skills erarbeitet haben, können Sie ihn nutzen, wann immer Sie sich daran erinnern.

Nun gilt es, den alphaPunkt möglichst oft zu nutzen.

Achtung: Bitte tun Sie es *nicht* beim Autofahren! Das ist eine Tätigkeit, in der Sie ganz klar Beta-präsent sein müssen, um die körperlichen Reaktionen unmittelbar aktivieren zu können!

Die größte Unterstützung bei der Umsetzung im Arbeitsalltag ist der alphaReminder, ein kleines Programm, das Sie unter www.alphaskills.ch auf Ihren PC herunterladen können. Er funktioniert wie eine Art »Alpha-Wecker«: Sie können ihn auf bestimmte Zeitintervalle einstellen, und er wird Sie durch einen hellen Klang oder einen Gong daran erinnern, mit Ihrer inneren Aufmerksamkeit auf den alphaPunkt zu gehen.

Dabei ist der alphaReminder eine große Unterstützung.

Die Umsetzungsquote ist höher, wenn Sie den alphaReminder benutzen, vor allem am Anfang.

Sie können ihn auf verschiedene Zeitintervalle einstellen und während des gesamten Arbeitstages laufen lassen.

Dass dies in der Lernphase und später, bei der Umsetzung der Nutzung der Skills, eine große Unterstützung ist, bestätigen die Rückmeldungen von Seminarteilnehmern, die ich jeweils vier bis sechs Wochen nach den Kursen einhole: Diejenigen, die den alpha-Reminder verwenden, erzielen durchweg bessere Umsetzungsergebnisse als die anderen.

Fürs Lesen stellen Sie den alphaReminder auf ein Intervall von 5 Minuten ein, vor allem anfangs. Während Ihrer gesamten Arbeitszeit können Sie den alphaReminder auf einem Intervall von 10 oder 15 Minuten belassen; atmen Sie bei jedem Ton bewusst ein und gehen Sie mit Ihrer inneren Aufmerksamkeit auf dem alpha-Punkt. So werden Sie ganz nebenbei täglich viele Male den Alpha-Zustand aktivieren, und Ihre Präsenz und Konzentrationsfähigkeit wird sich merklich verbessern.

Zusammenfassung des Trainingsprogramms
Alpha-Zustand

- Der Alpha-Zustand wird über die Verlagerung der inneren Orientierung auf den alphaPunkt herbeigeführt.
- Der Zugang zum alphaPunkt ist unmittelbar, und der Alpha-Zustand kann in Sekundenschnelle herbeigeführt werden.
- Er verbindet die visuellen Zentren mit dem Sprachzentrum und schafft somit die ideale Voraussetzung zur Sprachverarbeitung.
- Sie ankern und aktivieren den alphaPunkt mit einem bewussten Atemzug.
- Der Alpha-Zustand ist die Grundlage für alle alphaskills.

Zweifel, Schwierigkeiten und die meist-gestellten Fragen

Wenn Sie weder Zweifel, Schwierigkeiten noch Fragen haben, können Sie diesen Teil überspringen und gleich zur nächsten Trainingseinheit weitergehen.

Jeder hat bis jetzt den Zugang zum Alpha-

Kann der Alpha-Zustand von jedem Menschen erlernt werden?
   Ja. In meiner langjährigen Coaching- und Seminartätigkeit hat

jeder Seminarteilnehmer den Zugang zum Alpha-Zustand und damit den Gebrauch des alphaPunktes erlernt.

Zustand erlernt.

Für viele ist die erste Erfahrung des Alpha-Zustandes neu, weil es so ungewohnt ruhig wird im ihrem Innern – aber das ist nichts »Übersinnliches«. Es ist voll präsentes Dasein, wach, offen, klar, empfänglich und aufnahmefähig.

Er ist natürlich, aber ungewohnt, weil so ruhig.

Es gibt immer wieder Teilnehmer, die bereits einiges über den Alpha-Zustand oder andere Techniken, die darauf aufbauen, gehört haben und Vorstellungen mitbringen, was und wie diese Erfahrungen sein müssten. Diese sind meist eher hinderlich und müssen zuerst überwunden werden. Alle Ideen und Vorstellungen loszulassen und sich ganz auf die eigene Erfahrung einzulassen, ist für diese Menschen oft der größere Lernprozess als der Gebrauch des alphaPunktes.

Zu viele Vorstellungen und Erwartungen sind eher hinderlich.

Ich bin nicht sicher, ob ich das richtig mache. Wie weiß ich, dass ich im Alpha-Zustand bin?

Wenn Sie körperliche Entspannung, klare Präsenz und relative mentale Ruhe erfahren, hat die Technik ihre Wirkung gezeigt. Das sind die Indikatoren des Alpha-Zustandes. Dann können Sie die Aufmerksamkeit auf Ihre Arbeit richten – was immer an Information Sie gerade verarbeiten. Der alphaPunkt ist wie die Leiter aufs Dach: Wenn Sie oben abgekommen sind, hat sie ihren Dienst erfüllt.

Entspannung, klare Präsenz und mentale Ruhe sind die Indikatoren, im Alpha-Zustand zu sein.

Kann es sein, dass ich diesen Zustand vom Sport, konzentriertem Arbeiten oder vom Einschlafen und Aufwachen her kenne?

Der Alpha-Zustand ist ein natürlicher Zustand. Jeder Mensch kennt ihn von irgendwelchen Momenten seines Lebens, mehr oder weniger bewusst. Jedes Mal beim Einschlafen und Aufwachen durchqueren wir diesen Bewusstseinsbereich, meist jedoch unbewusst. Jede Entspannungsübung führt in den Alpha-Zustand und tiefer, und auch jede *Flow*-Erfahrung aktiviert ihn.

Der Alpha-Zustand ist ein normaler Zustand.

Das Besondere an dem hier vermittelten Zugang ist, dass Sie in Sekundenschnelle eine sehr hohe Intensität von Alpha-Aktivität erzeugen können, was für die Informationsverarbeitung von entscheidender Bedeutung ist.

Ihn in Sekundenschnelle herbeiführen zu können, ist das Besondere.

Wie und wo geht es weiter?

Nun haben Sie sich die Grundlage der alphaskills erarbeitet. Der nächste Schritt wird sein, diesen Zustand bei der täglichen Informationsverarbeitung nutzbar zu machen.

Wenn Sie vom Teil I des Buches in diese erste Trainingseinheit gesprungen sind und nun dort weiter lesen möchten, gehen Sie zurück auf Seite 34.

Wenn Sie bereit sind, ins Trainingsprogramm der alphaskills einzusteigen, lesen Sie bitte die Einführung zum autodidaktischen Trainingsprogramm Seite 83.

Falls Sie sich noch nicht entschieden haben, mit welchem der alphaskills Sie einsteigen wollen, finden Sie alle wesentlichen Informationen über den Nutzen und die Anwendung in der Einleitung zu jedem der Anwendungsbereich:

- alphaReading, Seite 107
- alphaListening, Seite 169
- alphaTimeQuality, Seite 195

Kapitel 8

alphaReading

Kennen Sie das? – Sie müssen eine wichtige Entscheidung fällen – auf der Basis von geschriebenem Material: Berichte, Memos, Fachzeitschriften, Bücher etc. Die Uhr tickt, und die Zeit vergeht. Sie bräuchten zwei Tage, um das Material durchzuarbeiten, aber in zwei Stunden müssen Sie entscheiden …

Sie bräuchten zwei Tage und haben zwei Stunden zum Verarbeiten von Lesematerial. Was tun?

Sind Sie bereit für einen gänzlich neuen Ansatz im Umgang mit der Unmenge an Informationen? alphaReading ist ein zeitgemäßes Arbeitsinstrument zur Effizienzsteigerung durch zielgerichtetes, prozessgerechtes Vorgehen und visuelles Lesen.

Es ist weit mehr als eine herkömmliche Schnelllesetechnik – es ist eine gehirn(r)evolutionäre Methode, um die Verarbeitung von Lesematerial zu optimieren, die aus mehreren Bausteinen besteht:

- Sie lernen, im Alpha-Zustand zu lesen und alle Ihre Gehirnfähigkeiten – die rein logisch-rationalen wie auch die assoziativ-intuitiven – gezielt in den Leseprozess mit einzubeziehen.
- Mit einer speziellen Arbeitstechnik (*Lesen als Prozess*) gelangen Sie auf dem schnellsten Weg ans Wesentliche.
- Gezielte Anwendungsformen ermöglichen Ihnen, jegliche Art von Lesematerial, auch große Mengen, auf Papier oder am Bildschirm auf die effizienteste Art und Weise zu verarbeiten.
- Mit visuell strukturierten Notizen können Sie das gelesene Material gehirngerecht verankern und sich mühelos und präzise daran erinnern.

Mehr Gehirnpotenzial einsetzen,

mit gezielten Arbeitstechniken vorgehen,

und Informationen gehirngerecht verankern.

Die Leseflut meistern

Egal, ob Sie ein Unternehmen leiten, Politiker, Wissenschaftlerin, Informatiker, Rechtsanwältin oder Abteilungsleiterin sind – Sie

In vielen Berufen verbringen Menschen 50 bis

verbringen 50 bis 95 Prozent Ihrer Arbeitszeit mit Lesen aller Art: auf dem Papier oder dem Bildschirm. Was im Arbeitsalltag an Lesematerial anfällt, ist enorm – vom dreizeiligen Memo über Manuals, Produktbeschreibungen, Protokolle und Fachartikel bis hin zu umfangreichen Leseprojekten. Dazu kommen E-Mails, die meist eine schnelle Verarbeitung und unmittelbare Antworten erfordern. Wenn Sie das Internet als Arbeitsinstrument nutzen, verbringen Sie Stunden mit dem Surfen und Suchen nach relevantem Material. Hinzu kommen täglich, wöchentlich oder monatlich zu verarbeitende Fachzeitschriften sowie Fachbücher. All dieses Material muss gelesen, verarbeitet und je nach Bedarf auch als Entscheidungskriterium genutzt werden.

Reduzieren Sie Ihre
Lesezeit um die Hälfte
und verbessern Ihr Auf-
nahmetempo, Ihr Ver-
ständnis und den Erin-
nerungswert.

Durch die gehirngerechte Aufnahme und Verarbeitung mit alphaReading steigern Sie das Lesetempo, die Aufnahmefähigkeit sowie den Behaltenswert. Damit verbessern Sie die drei wesentlichen Faktoren beim Lesen:

- Aufnahmetempo,
- Verständnis und
- Erinnerungswert.

Damit können Sie, wenn Sie die gesamte Menge Ihres täglich zu verarbeitenden Lesematerials betrachten, Ihre Lesezeit um die Hälfte reduzieren, bei großen Leseprojekten sogar um zwei Drittel oder mehr.

Bitte überlegen Sie sich, was das für Ihren Arbeitsalltag bedeuten würde. Wie viel Zeit können Sie gewinnen? Wie würden Sie die gewonnene Zeit investieren, und was würde das für Ihre Karriere bedeuten? Wenn Sie sich diese Fragen beantworten, werden Sie feststellen, dass durch die Entwicklung dieser neuen Fähigkeiten auf verschiedenen Ebenen ein beachtlicher Gewinn möglich ist!

Was sich allerdings kaum quantifizieren lässt, ist die Energie, die frei wird, wenn Sie Ihre tägliche Lesearbeit mit höherer Sicherheit und stressfrei erledigen können, die Erleichterung, wenn Sie mit Ihrem Lesestoff *up-to-date* sind, und die Stärkung Ihres Kompetenzgefühls, wenn Sie wissen, dass Sie in der Lage sind, jederzeit große Mengen aufs Wesentliche zu prüfen und zu verarbeiten.

New Brain Technology beim Lesen

In der Gehirnforschung wurde erkannt, dass nur circa 5 bis 7 Prozent des Gehirnpotenzials bewusst genutzt werden (siehe dazu auch Seite 49). Die meiste Information im Arbeitsalltag wird über das Sprachzentrum verarbeitet, das jedoch nur begrenzte Mengen prozessieren kann. In einer Analogie zum Computer wäre dies ein sehr kleiner Arbeitsspeicher mit einem langsamen Prozessor. Visuelle Lesetechniken bedeuten für unseren »Supercomputer Gehirn« ein dringend notwendiges Update, denn sie nutzen die wesentlich schnelleren Prozessoren und den nahezu unbegrenzten Arbeitsspeicher der visuellen Gehirnfunktionen.

Visuelle Lesetechniken nutzen wesentlich schnellere Gehirnfähigkeiten.

Die Investition in ein solches Update, in eine »Umschulung« Ihres Gehirns und Ihrer Lesegewohnheiten lohnt sich, damit Ihre inneren Fähigkeiten mit der äußeren Entwicklung an Ihrem Arbeitsplatz Schritt halten können.

Sie sind ein Update für Ihre Lesegewohnheiten.

Wie wird sich Ihr Arbeitsalltag verändern, wenn Sie mit alpha-Reading neue Gehirntechnologien beim Lesen nutzen?

Mit der *New Brain Technology* können Sie …

- Wenn Sie morgens in Ihr Büro kommen und dort wie gewohnt Stapel von Lesematerial und Mails vorfinden, verschaffen Sie sich innerhalb weniger Sekunden von allem einen Überblick und trennen Wesentliches von Unwesentlichem. Sie wissen in kürzester Zeit, was Sie nicht lesen müssen: *Kompetentes Nicht-Lesen* ist eine der schnellsten Methoden und eine Kunst in sich.

… sich innerhalb von Sekunden einen Überblick verschaffen,

- Was Sie tatsächlich lesen müssen, verarbeiten Sie *ziel- und schwerpunktbezogen.*

… zielbewusst lesen,

- Mit der speziellen Technik des *alphaLesens* erkunden Sie mit einem Tempo von 750 bis 3 000 Wörtern pro Minute die Inhalte Ihres Lesematerials und holen sich kompetent selektiv nur die für Sie relevante Information heraus. Sie lesen im Alpha-Zustand und erleben diesen Zustand als nicht nur höchst konzentriert und effizient, sondern gleichzeitig als einen gelassenen und sogar regenerierenderen Arbeitsmodus.

… kompetent selektiv nur relevante Information verarbeiten,

- Was Sie datagenau wissen müssen, verarbeiten Sie gründlich mit *digitalem Lesen*. Dazu werden Sie ausreichend Zeit haben, denn diesen langsamen »normalen« Lesestil werden Sie nur noch bei einem kleinen Teil Ihres Lesematerials einsetzen.

… nur Datenmaterial (10 bis 30 Prozent) digital lesen,

... »Kleinkram« effizient verarbeiten,	• »Kleinkram« arbeiten Sie periodisch gezielt und effizient mit dem so genannten *Stapellesen* ab.
... entspannt am Bildschirm lesen,	• Am *Bildschirm* lesen Sie mit der Anwendung der visuellen Lesestile um ein Vielfaches effizienter, und weil Sie alle Vorteile nutzen können, wird das Lesen spürbar weniger ermüdend.

... »Kleinkram« effizient verarbeiten,

• »Kleinkram« arbeiten Sie periodisch gezielt und effizient mit dem so genannten *Stapellesen* ab.

... entspannt am Bildschirm lesen,

• Am *Bildschirm* lesen Sie mit der Anwendung der visuellen Lesestile um ein Vielfaches effizienter, und weil Sie alle Vorteile nutzen können, wird das Lesen spürbar weniger ermüdend.

... E-Mails effizient und mit einer klaren Strategie verarbeiten,

• Für die Erledigung Ihrer *E-Mails* haben Sie eine klare Lese- und Verarbeitungsstrategie. Egal wie viel oder wenig Zeit Sie haben: Sie leeren Ihren E-Mail-Briefkasten, terminieren, lesen und verarbeiten. Ein gutes Ordnungssystem gibt Ihnen eine klare Übersicht.

... komplexes Material zyklisch verarbeiten,

• Technische Handbücher, komplexes oder umfangreiches Material erarbeiten Sie *zyklisch* – das geht leichter und schafft einen besseren Behaltenswert.

... themenzentriert mehrere Dokumente gleichzeitig aufarbeiten,

• Wenn Sie sich viel Material themenzentriert erarbeiten wollen, verarbeiten Sie fünf, sieben oder mehr Dokumente oder Bücher mit der Technik des *Parallellesens* und ziehen innerhalb kürzester Zeit die für Sie wichtigen Informationen heraus.

... trotz doppelt bis dreifachem Tempo mehr Inhalt aufnehmen,

• Obwohl Sie sich mindestens doppelt bis dreimal so schnell wie bisher durch Ihr Lesematerial arbeiten, nehmen Sie den Inhalt klarer und nachhaltiger auf. Sie müssen nichts zweimal lesen oder nachschlagen, weil Sie beim Lesen nichts mehr aufgenommen haben. Dank der Klarheit im Alpha-Zustand entgeht Ihnen auch bei hohen Lesetempi nichts Wesentliches – das stärkt Ihr Kompetenzgefühl und Ihre Sicherheit, und Sie haben (wieder) Spaß am Lesen.

... abends entspannt nach Hause gehen!

• Am Abend gehen Sie entspannt und zufrieden nach Hause. Sie sind mit Ihrer Lesearbeit auf dem neuesten Stand und müssen kein ungelesenes Material mit nach Hause nehmen.

Diese Zukunftsvision ist nicht »zu schön, um wahr zu sein«!

Wie gefällt Ihnen diese Zukunftsvision? Zu schön, um wahr zu sein? Nein, auch Sie können lernen, so zu arbeiten! Erinnern Sie sich an den Quantensprung von der Schreibmaschine zum Computer: Was heute Wirklichkeit ist, war damals auch »zu schön, um wahr zu sein«. Mit solchen Entwicklungen Schritt zu halten, ist Not-wendig!

»alphaskills sind Augenöffner ...«

»alphaReading war ein wahrer Augenöffner, um die immer größer werdende Informationsflut, ob in gedruckter oder elektronischer

Form, effizienter und stressfreier in den Griff zu bekommen!«
H.R., Vice President einer internationalen Computerfirma

»Dank der neu erlernten Arbeits- und Lesetechniken gelingt es mir nun leichter, in der unsäglichen Papierflut Oberwasser zu behalten. In entspanntem Zustand Informationen zu verarbeiten, ist wohltuend und befriedigend. Daraus resultiert ein Gewinn an Zeit und, was mir noch wichtiger ist, an Lebensqualität.«
Dr. J. W., Facharzt

»Gewinn an Zeit und Lebensqualität«

Was unterscheidet alphaReading von Schnelllesetechniken?

Alle Schnelllesekurse, ob sie nun Rapid- oder Speed-Reading heißen, zielen auf eine erhöhte Lesegeschwindigkeit ab, um Wort für Wort möglichst schnell aufzunehmen. Diese Art des Lesens wird über das Sprachzentrum prozessiert und unterliegt dessen Begrenzungen (siehe Seite 58). Auch wenn Sie damit Ihr Lesetempo verdoppeln und 400 bis 600 Wörter pro Minute lesen, lesen Sie weiterhin digital und werden über die Zeit schnell ermüden.

Schnelllesetechniken sind schnelles digitales Lesen.

Bei alphaReading lesen Sie dagegen vorwiegend mit *visuellen Lesestilen*. Dabei wechseln Sie die Verarbeitungsebene im Gehirn: vom digitalen Modus zu den weitaus schnelleren visuellen Fähigkeiten. Die Lesetempi liegen zwischen 750 und 3 000 Wörtern pro Minute.

Bei alphaReading lesen Sie vorwiegend mit visuellen Lesestilen.

Ein zentrales Element von alphaReading, das entscheidend zur Verbesserung der Effizienz und Präzision entscheidend beiträgt, ist die spezielle Arbeitstechnik *Lesen als Prozess*. Durch kompetent selektives Vorgehen befreien Sie sich von unnötigem (digitalem) Lesen und machen den Leseprozess mühelos. Ziel- und schwerpunktbezogenes Vorgehen ermöglicht Ihnen einen hohen Grad an Eigenregie, um Ihre tägliche Lektüre, seien es nun E-Mails, Berichte, Zeitschriften, Fach- oder Handbücher in einem Bruchteil der bisherigen Zeit zu verarbeiten.

Eine spezielle Arbeitstechnik sichert Ihnen Effizienz und Präzision.

Ebenso wichtig ist die *Steigerung des Behaltenswertes*: Lesematerial schneller verarbeiten zu können, ohne mehr davon zu speichern, macht wenig Sinn. Sie trainieren bei alphaReading zusätz-

Gezieltes Vorgehen sowie gehirngerechte Ankermethoden erhöhen

lich gehirngerechte Ankermethoden, die den Behaltenswert des Gelesenen merkbar erhöhen. Damit können Sie schneller verarbeiten und mehr speichern.

Diese drei Bestandteile machen alphaReading zu einem völlig neuen Ansatz der schriftlichen Informationsverarbeitung, der Effizienz, Qualität und Behaltenswert steigert. alphaReading ist ein differenzierter Leseprozess, der alle notwendigen Schritte und Skills für präzises und kompetentes Verarbeiten von schriftlichem Material beinhaltet.

»Der größte Nutzen ergibt sich aus dem kombinierten Einsatz der diversen Elemente (Vorbereitung, Schwerpunkte setzen, Schnell- und Alphalesetechnik, Mind Mapping etc.). Mein Zeitgewinn beträgt mindestens 50 Prozent – es hat sich gelohnt!«
P.W., Manager

Wenn Sie in ihrem Arbeitsalltag häufig komplexes technisches Material verarbeiten müssen, wird alphaReading auch diesen Anforderungen gerecht. Viele Informatikerinnen, Forscher oder Juristinnen gehören zu den erfolgreichen Nutzern dieser Technik.

Ihr Leseprozess richtet sich immer nach Ihren Zielen und dem von Ihnen definierten Nutzen: Wenn Ziel und Nutzen das Verständnis komplexer technischer Prozesse beinhalten, wählen Sie die entsprechende Vorgehensweise.

Die Arbeitstechnik von alphaReading ermöglicht es Ihnen, innerhalb weniger Minuten die Grobinhalte und die Struktur eines Dokuments zu erfassen. Sie wissen anschließend genau, wie komplex ein Text ist, wie Sie ihn verarbeiten und wie viel Zeit Sie dafür investieren müssen. Sie lesen das Material zyklisch und gehen vom Groben ins Detail. Damit haben Sie jederzeit den Überblick über das Ganze, können kompetent aussteigen und nach Unterbrechungen schnell wieder einsteigen. Durch die Wahl des effizientesten Lesestils wenden Sie für jeden Arbeitsschritt immer nur die absolut nötige Zeit auf. Mit diesem Vorgehen sichern Sie sich eine schnelle und präzise Informationsaufnahme.

alphaReading kann für jedes Material angewandt werden.

Der Leseprozess richtet sich immer nach Ziel und definiertem Nutzen.

Sie erkennen innerhalb kürzester Zeit die Struktur und den Grobinhalt und erarbeiten die Inhalte zyklisch vom Groben ins Detail.

Kapitel 9

Trainingsprogramm *alphaReading*

Übersicht über die Trainingseinheiten

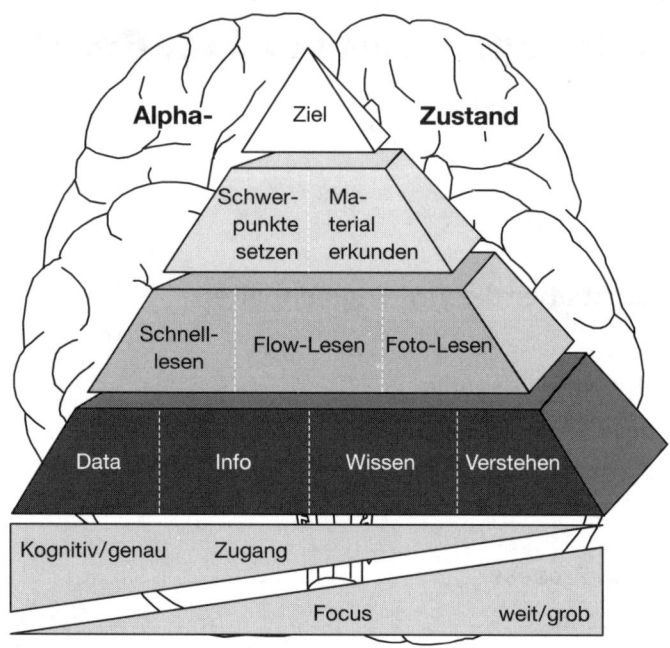

Nutzen

alphaReading bringt Effizienzsteigerung und persönlichen Nutzen.

Das Trainingsprogramm von alphaReading bringt Ihnen neben der messbaren Effizienzsteigerung auch einen spürbaren persönlichen Nutzen: alphaReading bedeutet eine Aufwärtsspirale bezüglich Effizienz und Qualität und eine Abwärtsspirale bezüglich Stress.

Die Konzentration wird natürlich und klar.

Da sich im Alpha-Zustand die unwillkürliche Gedankenaktivität beruhigt, wird die Konzentration natürlich und klar. Die Aufnahmefähigkeit ist optimal. Lesen wird fließend und leicht.

Arbeitsintegrierte Stressbewältigung wirkt sich wohltuend aus.

Während Sie mit alphaReading in Ihrem Arbeitsalltag immer wieder in den Alpha-Zustand gehen, entstehen kurze Entspannungsmomente. Diese arbeitsintegrierte Stressbewältigung wirkt sich sehr wohltuend aus auf Ihr Allgemeinbefinden, körperlich und mental.

Die Gehirnfähigkeiten entwickeln sich kontinuierlich.

Der regelmäßige Gebrauch der alphaReading-Skills im Arbeitsalltag setzt außerdem eine kontinuierliche Entwicklung Ihrer Gehirnfähigkeiten in Gang: Ihre Kreativität, Zielorientierung, Intuition, Entscheidungsklarheit und -sicherheit nehmen zu. Es ist ein direkter Weg, Ihr Gehirnpotenzial zu erweitern!

Vorgehen

alphaReading ist der komplexeste der alphaskills. Es verlangt dementsprechend auch Zeit und Disziplin beim Skill-Aufbau. Aber es lohnt sich, denn Sie haben in diesem Arbeitsbereich das größte Potenzial an Zeitersparnis und Verbesserung der Arbeits- und Lebensqualität!

alphaReading verlangt am meisten Zeit und Disziplin beim Skill-Aufbau.

Die visuellen Lesetechniken machen circa 50 Prozent der Effizienzsteigerung aus. Und dieser Nutzen und Zeitgewinn steigert sich, je besser Sie die Techniken beherrschen.

Die restlichen 50 Prozent machen die Arbeitstechnik und die Arbeitsorganisation aus. Da sie leicht zu erlernen und sofort anwendbar sind, könnte Sie das verlocken, nur die Arbeitstechniken anzuwenden und sich die »Mühe« zu ersparen, die visuellen Lesetechniken zu erlernen. Damit werden Sie jedoch die versprochenen 50 Prozent Effizienzsteigerung nicht erreichen! Die visuellen Lesestile sind integrierter Bestandteil der Arbeitstechnik und gewinnen mit wachsender Effizienz mehr und mehr an Bedeutung!

Die visuellen Lesefähigkeiten machen 50 Prozent der Effizienzsteigerung aus; weitere 50 Prozent sind die Arbeitstechnik.

Beides zusammen, visuelle Lesetechniken und Arbeitstechnik, macht Effizienzsteigerungen im Faktor 2 oder 3 möglich. Nur wenn Sie sich auf beides einlassen, machen Sie den Quantensprung vom Lesen zur Informationsverarbeitung, der Ihr Arbeitsverhalten grundsätzlich verändern und Ihnen neues Gehirnpotenzial erschließen wird.

Jedoch nur beides zusammen ergibt eine Effizienzsteigerung im Faktor 2 bis 3.

Trainingseinheit: **Drei effiziente Lesestile**

Ziel
- Glaubenssätze über das Lesen öffnen
- Digitales Lesen verbessern
- Grundlagen für digitales Schnelllesen üben
- Funktion und Grenzen digitalen Lesens kennen lernen
- Visuelles Lesen erlernen
- Grundlagen für visuelles Lesen üben
- Zwei Anwendungsformen visuellen Lesens kennen lernen
- Focuseinstellung für Foto-Lesen lernen
- Subliminale Informationsaufnahme nutzen
- Anwenden von Foto-Lesen mit Büchern aller Art

Zeitaufwand
- Infoteile lesen: 10 – 15 Minuten
- Skill-Aufbau digitales Lesen: 10 Minuten
- Skill-Aufbau visuelles Lesen: 15 Minuten
- Skill-Aufbau Foto-Lesen: 10 Minuten

Material
- Stoppuhr
- Taschenrechner
- Bücher, um das Foto-Lesen zu üben

Glaubenssätze über das Lesen öffnen

Überprüfen Sie Ihre Glaubenssätze über das Lesen.

Was haben Sie für Glaubenssätze über das Lesen? Wann können Sie mit gutem Gewissen sagen, dass Sie etwas gelesen haben?

Bitte vervollständigen Sie den folgenden Satz und beschreiben Sie genau, was Sie tun müssen, damit Sie einen Text als gelesen bezeichnen können:

»Ich habe ein Schriftstück gelesen, wenn ...«

Viele meinen, sie müssen jeden Text Wort für

Viele Menschen haben verinnerlicht, dass sie etwas nur dann als gelesen bezeichnen können, wenn sie vom ersten bis zum letzten

Satz alles Wort für Wort aufgenommen haben. Dem ist aber nicht so, und mit diesem Glaubenssatz wäre es hoffnungslos, die heutige Informationsflut bewältigen zu wollen!

Wort, von A bis Z lesen.

Bei weitem nicht jeder Text muss von Anfang bis zum Schluss Wort für Wort erfasst werden. Sie werden feststellen, dass Sie in der Regel erstaunlich wenig Material auf diese Art und Weise lesen müssen.

Doch nur wenige Texte müssen so verarbeitet werden.

Lesen bedeutet: schriftliches Material verarbeiten. *Wie* Sie das tun sollen, ist nicht vorgeschrieben. Beim visuellen Lesen werden Sie Ihre Augen fließend durch den Text ziehen lassen und so den Inhalt aufnehmen. Mit der Technik des Foto-Lesens können Sie sogar ganze Seiten auf einmal »einscannen« – allerdings nur unterschwellig.

Beim visuellen Lesen ziehen Sie die Augen fließend; beim Foto-Lesen nehmen Sie seitenweise auf.

Je nach Ziel und Nutzen des Leseprozesses wählen Sie das Vorgehen und den entsprechenden Lesestil. In dieser Unterscheidungs- und Wahlmöglichkeit liegt ein großes Potenzial an Zeiteinsparung. Öffnen Sie also Ihre Glaubenssätze über das Lesen, damit Sie neue Erfahrungen machen können!

Je nach Ziel und Nutzen wählen Sie das Vorgehen und den entsprechenden Lesestil.

Digitales Lesen

Bitte nehmen Sie nun Ihre Stoppuhr zur Hand. Im Übungsteil auf Seite 227, Übung 4, finden Sie einen Text, den Sie bitte in Ihrem normalen Lesestil einmal durchlesen, so dass Sie den Inhalt zu Ihrer Zufriedenheit verstehen. Stoppen Sie die Zeit, die Sie dafür benötigen. Anschließend kommen Sie zurück auf diese Seite.

S. 227

Wenn Sie eine Lesezeit zwischen 190 und 350 Wörtern pro Minute erzielten, haben Sie »normal«, das heißt digital, gelesen.

Digitales Lesen ist das »normale Lesen«, das die meisten Menschen zwischen dem vierten und sechsten Lebensjahr erlernen. Ab dem dritten oder vierten Schuljahr wird Lesen – außer beim Üben im täglichen schulischen Gebrauch (Flüssigkeit, Intonation etc.) – als Tätigkeit oder Fähigkeit kaum mehr thematisiert. Ist das nicht erstaunlich? Da doch ein großer Teil des Lernens mit Hilfe des Lesens vor sich geht, und auch später, im Arbeitsleben, Lesen bei den meisten Berufen einen hohen Stellenwert hat, sollte doch ein großes Interesse daran bestehen, diese Fähigkeit zu optimieren!

»Normales Lesen« ist digitales Lesen. Es wird mit vier bis sechs Jahren erlernt und später nicht mehr hinterfragt.

Doch für viele wird erst der Druck, der durch die Mengen und die Komplexität der schriftlichen Informationen entsteht, zum Auslöser, um die eigenen Lesefertigkeiten zu verbessern.

Physiologie der digitalen Verarbeitungsweise

S. 230 ➡ Übung 5 im Übungsteil auf Seite 230 macht Ihnen den digitalen Verarbeitungsmodus erlebbar. Sie brauchen dazu Ihre Stoppuhr.
Bitte kommen Sie anschließend hierher zurück.

Digitale Prozesse sind anstrengend und ermüdend. Der Körper ist angespannt.

Über lange Zeit hinweg ausgeübt, setzen sie das Nervensystem unter Stress.

Wahrscheinlich haben Sie die Aufgabe als anstrengend oder gar »stressig« empfunden. Ihre Körperhaltung war vermutlich nach vorne gebeugt – wie bei einem ein Wolf auf der Jagd –, und Ihr Atem ging wahrscheinlich flach und schnell. Und ich nehme an, dass Sie diese Übung nicht länger als 3 Minuten lang machen möchten.

Das ist die Physiologie eines intensiven digitalen Verarbeitungsprozesses. Eine solche Tätigkeit können Sie nicht über eine längere Zeit schnell ausüben, ohne dass sich Stress im Nervensystem aufbaut.

Funktion und Grenzen des digitalen Lesens

Beim digitalen Lesen können maximal zwei bis drei Wortgruppen pro Sekunde verarbeitet werden.

Erinnern Sie sich: Beim digitalen Lesen wird die Information über das Sprachzentrum prozessiert, das von allen Gehirnregionen den größten Beschränkungen unterworfen ist: Es verarbeitet sequenziell mit einem maximalen Fassungsvermögen von fünf bis sieben Digits oder zwei bis drei Wortgruppen pro Sekunde. Das ergibt beim normalen Lesen ein durchschnittliches Tempo von 200 Wörtern pro Minute. Wenn das Gelesene zusätzlich innerlich mitgesprochen wird, verlangsamt dies das Lesetempo sogar auf das des gesprochenen Wortes – das sind 150 Wörter pro Minute. Geübte Leser bringen es auf 250 bis 350 Wörter pro Minute. Mit gezieltem Schnelllesetraining kann das Lesetempo bis auf 500 Wörter pro Minute gesteigert werden.

Die Augen springen von Wortpaket zu Wortpaket.

Beim digitalen Lesen wird die Information aufgenommen, indem die Augen von Wortpaket zu Wortpaket springen. Dieser Vorgang kann mit Augenübungen optimiert und das Lesetempo mit wenigen Stunden Übung messbar gesteigert werden. Aber egal wie schnell Sie auf diese Art lesen: Es bleibt ein digitaler Prozess, der an die Limitierungen des Sprachzentrums gebunden ist.

Und selbst wenn Sie im digitalen Modus doppelt so schnell lesen: Dieser Lesestil ist über lange Zeiträume hinweg nicht verlässlich. Denn der sequenzielle Verarbeitungsmodus des Sprachzentrum gibt ganz klare Grenzen vor: Wenn zu viel Information zu schnell aufgenommen wird, entsteht ein *Overload*, den Sie sicher aus eigener Erfahrung kennen: Die Augen gehen über den Text, aber die Inhalte kommen nicht mehr »durch«; man liest, ohne anschließend zu wissen, *was* man gelesen hat. Deshalb ist digitales Lesen alleine über lange Zeit kein verlässlicher Lesestil, auch wenn Sie sich damit sehr sicher fühlen mögen. Abgesehen davon ist der digitale Prozess in hohem Tempi auf längere Zeit (mehr als 3 bis 5 Minuten) sehr anstrengend. Hier bietet das visuelle Lesen eine echte Alternative!

> **Wenn zu viel Information zu schnell aufgenommen werden soll, entsteht ein Overload.**

Digitales Lesen hat allerdings eine wichtige Funktion: Es ist unerlässlich überall da, wo Sie präzise Data (Namen, Zahlen, präzise neue Informationen) aufnehmen müssen. Doch wie viel Ihres täglich zu verarbeitenden Lesematerials – von Broschüren, Texten, Fach- und Handbüchern bis hin zu Mails und Internetinformationen – müssen Sie tatsächlich datagenau lesen? Bitte halten Sie kurz inne, und überlegen Sie sich, wie groß der Anteil ist.

> **Wie viel Prozent Ihres Lesematerials müssen Sie datagenau verarbeiten?**

Sind es 10, 20 oder 30 Prozent? Wenn es mehr ist, wäre das sehr viel. Wenn Sie in einer Führungsaufgabe mehr als 30 Prozent Data-Lesearbeit zu verarbeiten haben, sollten Sie dies ernsthaft hinterfragen: Es könnte sein, dass Sie zu viel machen oder an übertriebenem Perfektionismus leiden.

Skill-Aufbau

Die Grundlage des digitalen Lesens ist die schnelle Augenbewegung, die Sie mit den Übungen 6 und 7 im Teil III auf Seite 233 ff. trainieren können.
Bitte lesen Sie anschließend wieder hier weiter.

S. 233 ff.

Beobachten Sie bei der nächsten Gelegenheit die Augen eines Menschen beim Lesen: Sie werden feststellen, dass sie zwischen fünf und achtmal pro DIN A4-breiter Zeile hüpfen, je nachdem, wie viele Worte die Augen des Lesers pro Stopp

> **Bitte lesen Sie die Anleitungen im Haupttext, und machen Sie die Übungen.**

aufnehmen. Das ist der digitale Prozess, bei dem die Inhalte »Wort für Wort« gelesen werden.

Für das digitalen Schnelllesen trainieren Sie Ihre Augen, weniger Stopps pro Zeile zu machen: statt fünf, sieben oder acht Sprüngen nur noch zwei oder drei. Dazu braucht Sie eine schnelle, disziplinierte Augenführung. Das Ziel ist, dass Ihre Augen später beim Lesen automatisch drei- bis viermal pro DIN A4-breiter Zeile (je nach Schriftgröße und -type und Inhalt) oder zweimal pro Spalte hüpfen.

S. 242 ➡ Die Grundlagenübungen dazu finden Sie in Teil III ab Seite 242, Übungen 8 und 9.

Betrachten Sie diese Übungen als eine Art Fitnesstraining für Ihre Augenmuskulatur. Wie im Sport gilt auch hier: Mäßig, aber regelmäßig trainieren.

Mit den Übungen 6 bis 9 schulen Sie die Grundlage schnellen digitalen Lesens: die schnelle Augenbewegung, diszipliniert auf zwei bis drei Sprünge. Wollen Sie Ihr digitales Lesetempo verbessern, wiederholen Sie diese Übungen oft. Mit etwas Übung können Sie Ihr Lesetempo damit bereits erheblich steigern.

Wenn Sie das digitale Lesen vertiefen wollen, sollten Sie allerdings ein Seminar besuchen oder sich einen computergeführten Lehrgang besorgen – ein Buch ist nicht das ideale Medium dazu.

Das digitale Schnelllesen ist bei alphaReading allerdings wie gesagt der kleinste Beitrag zur Effizienzsteigerung. Sie werden diesen Lesestil nur noch für datagenaues Lesen und die Aufnahme präziser Informationen einsetzen.

Den weitaus größeren Teil verarbeiten Sie mit visuellen Lesetechniken, die nicht nur wesentlich schneller, sondern vor allem weniger ermüdend sind.

Visuelles Lesen

Was Sie nicht datagenau lesen müssen, verarbeiten Sie mit visuellen

Müssen Sie Texte auf ihren Inhalt hin lesen und ihnen keine präzisen Daten entnehmen oder sich nur einen Überblick verschaffen und wissen, ob ein Text für Sie relevante Informationen enthält, dann ist digitales Lesen ein mühsamer, ineffizienter und viel zu langsamer Weg. Mit visuellen Lesestilen kommen Sie um ein Vielfaches schneller und entspannter ans Ziel.

Lesestilen.

Wenn Sie von nun an alles, was Sie nicht datagenau durcharbeiten müssen, visuell mit Tempi von etwa 750 bis 3 000 Wörtern pro Minute lesen, erreichen Sie wirklich einen Quantensprung Ihrer jetzigen Lesefähigkeiten!

Damit erreichen Sie einen Quantensprung Ihrer Lesefähigkeiten.

Physiologie der visuellen Verarbeitungsweise

Mit der Übung 10 auf Seite 246 können Sie die Physiologie der visuellen Verarbeitung im Gehirn erfahren.

Bitte lesen Sie anschließend hier weiter.

S. 246

Wahrscheinlich fiel Ihnen die Übung sehr leicht. Sicher war es auch kaum ermüdend; Ihre Körperhaltung war vermutlich eher aufrecht, vielleicht sind Sie sogar ein bisschen auf Distanz zum Blatt gegangen – eher wie ein Vogel, der über ein Feld schwebt. Ihr Atem ging wahrscheinlich tief und ruhig. Und ich nehme an, dass Sie diese Übung noch einiges länger hätten fortsetzen können.

Visuelle Prozesse sind schnell und mühelos. Ihr Körper ist entspannt.

Das ist die Physiologie der visuellen Verarbeitungsprozesse. Ein solch entspannter Verarbeitungszustand kann über Stunden aufrecht erhalten werden, ohne zu ermüden und ohne dass sich Stress im Nervensystem aufbaut.

Sie können über lange Zeit ausgeführt werden.

Unbewusste Prozesse nutzen

Beim visuellen Lesen wird die Information vermehrt über die rechtshemisphärischen, visuellen Gehirnzentren verarbeitet, die 400- bis 2 000-mal schneller arbeiten als das Sprachzentrum und damit völlig neue Möglichkeiten für das Lesen eröffnen.

Dabei wird die Information über 400- bis 2000-mal schnellere Gehirnfunktionen verarbeitet.

Die Augenübungen, die Sie in der vorangegangenen Trainingseinheit als Grundlagenübungen für das digitale Lesen gemacht haben, können Sie nun in leicht modifizierter Form auch für den Aufbau visueller Fähigkeiten und die Nutzung unbewusster Prozesse anwenden.

Bitte machen Sie nun die Übungen 11 und 12 auf Seite 247 und lesen Sie anschließend hier weiter.

S. 247

Inhalte aufnehmen

alphaLesen wird zum »normalen« Lesestil.

alphaLesen ist Lesen im Alpha-Zustand und ein zentrales Element der gesamten Lesetechnik von alphaReading. Es wird mit der Zeit zu Ihrem normalen Lesestil werden, sodass Sie digitales Lesen nur noch für detailliertes Datamaterial und die Aufnahme präziser Informationen brauchen. Das bedeutet eine große Entlastung im Arbeitsalltag, denn alphaLesen ist ein sehr angenehmer, entspannter, rezeptiver Lesemodus: effizient, zeitsparend und stressfrei.

Es unterscheidet sich von Diagonallesen oder Querlesen.

Ich möchte alphaLesen an dieser Stelle klar abgrenzen zu Techniken wie Diagonallesen oder Querlesen. Diese weit verbreiteten Lesestrategien basieren auf speziellen Augenführungen. Beim alphaLesen werden die Augen nicht in einem spezifischen Muster geführt, sondern über die Intention – die Formulierung des Ziels – direkt durch das Gehirn gelenkt. Zusätzlich schaffen Sie durch die Aktivierung des Alpha-Zustandes bestimmte gehirnphysiologische Voraussetzungen, durch die mehr Inhalt aufgenommen werden kann. Dies ist ein grundsätzlicher Unterschied, der größere Präzision ermöglicht und erheblich mehr Potenzial eröffnet.

Bitte lesen Sie die Anleitungen im Haupttext, und machen Sie die Übungen.

Skill-Aufbau

Die Grundlage des visuellen Lesens ist der Alpha-Zustand. Wenn Sie in hohen Tempi durch die Texte gehen, muss Ihre Aufnahmefähigkeit optimal sein. Sie können es sich nicht leisten, Ihre Aufmerksamkeit abschweifen zu lassen – dabei ginge zu viel verloren. Es sind die volle Präsenz und die erhöhte Wahrnehmungsfähigkeit des Alpha-Zustands, die die Aufnahme von Inhalten auch bei hohen Geschwindigkeiten möglich machen.

Beim alphaLesen durchbrechen Sie den digitalen Modus und nehmen den Inhalt nicht im »Schreibmaschinen-Stil« Wort für Wort auf, sondern indem Sie die Augen fließend durch den Text ziehen lassen. Um die gehirnphysiologische Voraussetzung für die visuellen Fähigkeiten zu schaffen, aktivieren Sie zunächst immer den Alpha-Zustand. Mit der Zeit koppelt sich der Zustand kinästhetisch an Ihre Augenbewegung, und Sie werden in den Alpha-Zustand kommen, sobald Sie Ihre Augen ziehen lassen. Das setzt allerdings zwei bis drei Wochen intensiver Anwendung voraus.

Inhalte aufnehmen Inhaltsbezogenes alphaLesen brauchen Sie für die 70 bis 90 Prozent der Texte, die Sie nicht datagenau erarbeiten müssen:

- um sich einen Überblick über den Inhalt zu verschaffen und neue Informationen rasch zu finden,
- um Texte »grobmaschig« zu lesen, wenn Sie nur den »roten Faden« kennen müssen,
- um im Leseprozess bekannte oder nicht relevante Stellen zu »überfliegen«.

Sie aktivieren den Alpha-Zustand und lassen Ihre Augen in einem Tempo von 750 bis 1 500 Wörtern pro Minute fließend durch den Text ziehen. Dabei nehmen Sie die Silhouette der Inhaltsgestalt auf, ohne sich in Details zu verlieren.

Ich will Ihnen anhand eines Bildes erklären, was ich mit »Silhouette« meine: Stellen Sie sich vor, Sie sehen einen Hügel, und auf dem Hügel steht etwas. Sie können erkennen, dass es eine Kuh und kein Baum ist. Sie sehen nicht, was für eine Kuh es ist und ob sie am linken Hinterbein eine Warze hat – aber wenn Sie auf der Suche nach Kühen sind, werden Sie dort näher hinschauen. Wenn Sie dagegen einen Baum suchen, wissen Sie, dass Sie auf diesem Hügel nicht weiter zu suchen brauchen!

So viel Inhaltsbezug brauchen Sie, um relevante Information zu identifizieren.

In der eigentlichen Lesephase steht alphaLesen meist im Wechsel mit digitalem Lesen. In Ihrem Fachgebiet gibt es in jedem Text Wiederholungen, Überschneidungen mit bestehendem Wissen, nicht relevante, nicht notwendige oder uninteressante Absätze. Bei diesen Passagen können Sie Ihre Augen mit alphaLesen darüber ziehen lassen. Wenn Sie auf relevante, neue oder detaillierte Information stoßen, werden Sie das Lesetempo automatisch verlangsamen um diese Inhalte genau, wenn nötig eben digital, aufzunehmen, bis die Thematik wieder vertrauter wird, und Ihre Augen weiterziehen.

Daten und Informationen scannen Die schnellste Form des alphaLesens ist Infoscanning. Damit orten Sie blitzschnell Data oder Informationen in Texten. Diese Technik können Sie für jeden Suchprozess gebrauchen, zum Beispiel, wenn Sie

- in einer Sitzung sind und ein Thema angesprochen wird, zu dem Sie präzises Datamaterial aus Ihren Unterlagen brauchen;
- wissen, dass eine bestimmte Information in einem Text ist, aber nicht wo;
- ein große Menge von Informationen nach bestimmten Gesichtspunkten durcharbeiten müssen;
- im Lesematerial nur nach Aktualisierungen oder Veränderungen suchen.

In den Stabilisierungsübungen (Übung 3) für den Alpha-Zustand haben Sie bereits reine Zeichenerkennung geübt, indem Sie Zahlen und Worte gezählt haben. Das ist *Datascanning* und eine rein visuelle Funktion; jedes Suchprogramm am PC würde diese Aufgaben schneller und präziser erledigen.

Eine Suchmaschine könnte allerdings keine *Inhalte* erkennen. Wenn Sie zum Beispiel in einem Dokument nach einer Aussage über ein Land suchen, im Text aber nur die Rede von einer Nation ist, wird Ihr Computer beim Suchauftrag »Land« kein Ergebnis liefern. Ihr Gehirn jedoch kann auch Inhalte erkennen, die in Umschreibungen oder Synonymen anstatt präzisen Stichworten im Text vorkommen! Sie geben Ihrem Gehirn einen Suchauftrag und lassen die Augen in Geschwindigkeiten von 1 500 bis 3 000 Wörtern pro Minute fließend durch den Text ziehen – und Sie werden die Inhalte finden! Diese einzigartige Fähigkeit nutzen Sie beim Infoscanning und entwickeln Sie zu einer weitgehend funktionalen Technik für Ihren Arbeitsalltag.

Auf Seite 249 finden Sie in Übung 13 und 14 eine Anleitung, um die Grundlagen zu den beiden Anwendungsformen zu erproben. Kommen Sie anschließend hierher zurück. S. 249

Diese beiden Lesestile werden Sie bei der Arbeitstechnik in der Vorbereitung und in der Lesephase (im Wechsel mit digitalem Lesen) einsetzen.

Durch den täglichen Gebrauch verbessert sich die Inhaltsaufnahme beim alphaLesen kontinuierlich. Ihre Gehirnfähigkeiten entwickeln sich, und nach etwa sechs bis acht Wochen regelmäßigen Gebrauchs wird alphaLesen Ihren bisherigen Lesestil ersetzt haben. Damit werden Sie nicht nur viel schneller lesen, sondern auch in einem entspannten, rezeptiven Zustand mit hoher Qualität.

»Es gibt keine Garantie dafür, dass man ein Ziel zu einer bestimmten Zeit erreicht. Aber es gibt eine Garantie dafür dass man Ziele, die man sich nie gesteckt hat, nie erreicht.« David McNally

Foto-Lesen

Foto-Lesen wurde als PhotoReading® vor über 15 Jahren von Paul R. Scheele entwickelt, und sein Buch *Photo Reading. Die neue Hochgeschwindigkeitslesemethode in der Praxis* hat viel Interesse geweckt. Ich praktiziere und experimentiere mit dieser Technik seit über zehn Jahren und will, aufgrund meiner und den Erfahrungen meiner Seminarteilnehmer klarstellen, dass Foto-Lesen meines Erachtens keine *funktionale* Technik ist; funktional in dem Sinne, dass man durch die Befolgung eines definierten Ablaufes beliebig wiederholbare, klar definierte Resultate erzielen könnte.

Foto-Lesen wird seit mehr als 15 Jahren geschult, ist aber keine funktionale Lesetechnik.

Das liegt allerdings nicht an der Methode, sondern daran, dass die von uns genutzten 5 bis 7 Prozent unserer Gehirnkapazität schlichtweg nicht ausreichen, um die per Foto-Lesen eingescannten Daten direkt kognitiv nutzbar zu machen. Foto-Lesen hat jedoch nachweislich eine unterstützende Wirkung bei der Verarbeitung großer Mengen.

Foto-Lesen ist hilfreich als Unterstützung bei der Verarbeitung von großen Mengen und regt das Gehirn an.

Ich vermittle Ihnen hier eine auf Paul Scheeles Methode basierende Form des Foto-Lesens, die ich meinen Kenntnissen und Erfahrungen entsprechend modifiziert habe. Sie ist im Arbeitsalltag leicht anwendbar und öffnet die Möglichkeit, den in dieser Trainingseinheit aufgeführten Nutzen zu ziehen. Es ist sinnvoll und gut, sich dieser Möglichkeit zu öffnen, vor allem weil Foto-Lesen das Potenzial des Gehirns »ausreizt« und assoziativ-intuitive Prozesse fördert. Sie haben folgende Möglichkeiten, es anzuwenden:

- als unterstützende Vorbereitung bei der Lektüre von Büchern, umfangreichen Dokumenten oder beim Parallellesen,
- zur Unterstützung kreativer Ideenprozesse (zum Beispiel, indem Sie alle zu einem Thema verfügbaren Bücher Foto-lesen),
- beim Lernen, indem Sie sämtliche Lehrbücher Foto-lesen, auch in zu erlernenden Fremdsprachen,
- bei jedem Buch, das Sie interessiert, auch wenn Sie es nicht verarbeiten werden, um Ihr Gehirn »auf Touren« zu bringen.

Die Physiologie von Foto-Lesen

S. 254 ➡

Blättern Sie auf Seite 254, um die Physiologie des Foto-Lesens kennen zu lernen.

Es ist ein Low-Alpha-Aufnahmezustand.

Beim Foto-Lesen befinden Sie sich in einem äußerst entspannten, rezeptiven Low-alpha-Aufnahmezustand. Der Beta-Bereich ist ruhig.

Der Spagat zwischen dem Möglichen und Machbaren

Das Gehirn kann Informationen subliminal aufnehmen.

Für das Foto-Lesen werden Fähigkeiten der subliminalen Informationsverarbeitung genutzt. (Siehe auch *Digitales und visuelles Verarbeiten*, Seite 66).

Das bekannteste und fast legendäre Beispiel für die Wirkung subliminaler Informationsvermittlung ist das Experiment mit der Coca-Cola-Werbung aus den 70er Jahren, bei dem das Bild einer Cola-Flasche in einen Film hineingeschnitten wurde. In Filmen müssen 24 Bilder pro Sekunde durchlaufen, damit uns die Bewegungen real entgegenkommen. Diese Geschwindigkeit entspricht genau der Schwelle bewusster Informationsaufnahme. In einem

Film »versteckt«, konnte niemand das Bild der Coca-Cola-Flasche bewusst sehen – aber unbewusst wurde es aufgenommen. Nach diesen Experimenten war der Coca-Cola-Konsum jeweils signifikant höher als bei normaler Pausenwerbung – allerdings nur, wenn die angebotenen Produkte visuell präsentiert wurden. Ohne diesen »Wiedererkennungseffekt« zeigte die Einblendung der Werbung keine Wirkung. Diese Art von Werbung ist heute verboten, aber diese Gehirnfähigkeiten können zur Unterstützung beim Lesen eingesetzt werden.

Unterschwellig verarbeitet das Gehirn 32 Bilder pro Sekunde. Beim Foto-Lesen werden Sie die Information zunächst auf dieser Ebene aufnehmen, um sie nachher besser und leichter verarbeiten zu können. Es ist zu 100 Prozent visuelles Lesen, bei dem der kognitive Teil des Bewusstseins während der Aufnahmephase ganz ausgeschaltet werden muss. Die Information gelangt damit direkt ins Passivgedächtnis (siehe *Aktiv- und Passiverinnerung*, Seite 71). Sie ist nicht direkt kognitiv zugänglich, wie das bei anderen Lesetechniken der Fall ist, sondern muss nachträglich aktiviert werden. Foto-Lesen ist damit dem Einscannen von Texten in den Computer vergleichbar: Die Inhalte sind »drin«, müssen aber noch verarbeitet werden.

> Foto-Lesen ist dem Einscannen von Texten in den Computer vergleichbar: Die Inhalte sind »drin«, müssen aber noch verarbeitet werden.

Viele Teilnehmer haben die Erwartung, dass sie nach dem Foto-Lesen eines Buches sagen können, was zum Beispiel auf Seite 95 steht, oder dass sie präzise Aussagen über den Inhalt machen können. Dem ist nicht so.

Die Inhalte kommen nicht als Worte oder Schrift, sondern als »Inhaltsgestalt« ins Passivgedächtnis. Um die aufgenommene Information wieder ins Aktivgedächtnis zu befördern, müssen im Gehirn die nötigen synaptischen Verknüpfungen gemacht werden, über die diese Inhaltsgestalt dem tagesbewussten Denken wieder zugänglich gemacht wird. Das ist kein logisch-rationaler Prozess, sondern es läuft über assoziativ-intuitive Vorgänge im Gehirn.

> Die unbewusst aufgenommenen Informationen müssen aktiviert werden.

Während der letzten acht Jahre habe ich circa 250 Seminarteilnehmer jeweils sechs bis acht Wochen nach dem Training nach ihren Erfahrungen mit Foto-Lesen befragt. Dabei waren in der Regel nur subtile Wirkungen messbar. Die in der folgenden Liste genannten Erfahrungen wurden jeweils von mindestens zehn Personen genannt:

> Die nachvollziehbaren Wirkungen sind vielfältig und subtil.

- plötzliche Einfälle, Ideenreichtum in Foto-gelesenem Gebiet;
- größerer Sprachschatz, bildhaftere, analogiereiche Sprache;
- klarer verbaler Ausdruck von Ideen;
- höhere geistige Aktivität, Denken »in einem höheren Gang«;
- Wissen, ohne zu wissen, woher man es weiß, erhöhte Intuition;
- mehr innere Bilder, Bilderfluss, bildhaftes kreatives Denken;
- vermehrt klare, unübliche Träume, zum Teil von Foto-gelesenem Material.

Sie sind beim Lesen unterstützend...

Die nachfolgenden Erfahrungen stammen aus der gleichen Umfrage und beziehen sich speziell auf den Leseprozess:

- leichteres Lesen, weniger Ermüdung, stundenlang »dranbleiben können«;
- rasches Sich-Zurechtfinden im Material, schnell die gesuchte Info finden;
- visuelles Erinnern von Information, klare innere Bilder/Gestalt von Inhalten;
- Kompetenzgefühl für erarbeitetes Material, Gefühl des »Mitreden Könnens«;
- keine Angst mehr vor großen Mengen, sich mehr zutrauen;
- leichteres Lernen, zum Beispiel eine Fremdsprache leichter lernen.

Hier ein Erlebnis einer Teilnehmerin, acht Wochen nach dem Training:

... und manchmal auch »konkret«.

»Meine »klarste« Erfahrung mit dem Foto-Lesen war: Ich hatte angefangen, ein Buch zu lesen und erzählte meinem Mann vom Buch beziehungsweise vom Gelesenen ... und ergänzte mit einer »eigenen« Aussage, die mir rausrutschte, ohne vorher darüber nachgedacht zu haben. Am anderen Tag las ich weiter und dann kam diese Passage, wo ich meine »eigene« Aussage wieder fand! Das war eine große Überraschung für das kleine, begrenzte Bewusstsein. Und da dieses ja immer Beweise will, habe ich mich vergewissert, dass ich die betreffende Passage bestimmt nicht schon gelesen hatte. Aber das hatte ich wirklich nicht, denn meine »eigene« Aussage hatte ich mit anderen Worten gefasst.«
H.L., Ausbildungsleiterin und Mitglied der Geschäftsleitung

Seien Sie nicht enttäuscht, dass Foto-Lesen keine konkreteren Wirkungen zeigt. Sicher ist: Es hat eine spürbar unterstützende Wirkung bei der Verarbeitung großer Informationsmengen, und es ist für die Entwicklung der Gehirnfähigkeiten und die erweiterte Nutzung des Gehirnpotenzials eine geniale Methode. Wenden Sie Foto-Lesen bei jeder Gelegenheit an – auf lange Sicht wird sich das auszahlen!

»Erst kürzlich musste ich mich in ein für mich gänzlich fremdes Gebiet einarbeiten. Nach dem entspannten Foto-Lesen der bedeutendsten 15 Bücher hatte ich das Wissen in mir. Das Konzept stand dann innerhalb von zwei Tagen! Ich konnte im Beisein von anerkannten Experten kompetent mitreden.«
A.F., Teamentwicklung und Beratung

Falls Ihnen das alles zu abstrakt und unfassbar ist, können Sie diesen Teil auch überspringen. Der Nutzen von alphaReading hängt nur zu einem ganz kleinen Teil davon ab, ob Sie Foto-Lesen anwenden oder nicht. Und wenn Sie keine Bücher und keine großen Textmengen zu verarbeiten haben, spielt es überhaupt keine Rolle.

»Je mehr wir in uns aufnehmen, umso größer wird unser geistiges Fassungsvermögen.« Seneca

Skill-Aufbau

Die Anleitung zur Praxis scheint paradox: Sie sollen, nach dem Aktivieren des alphaPunktes, Ihren Focus so einstellen, dass Sie nichts mehr lesen können. Damit ist Ihr kognitiver Mind für die Aufnahme ausgeschaltet. Das ist eine wichtige Voraussetzung für die subliminale Informationsaufnahme. Sie erreichen das, indem Sie den »3D-Stereo-Blick« aufsetzen, das heißt indem Sie defocussieren.

Die genaue Anleitung für diese Focuseinstellung und das Foto-Lesen finden Sie auf Seite 254. Sie werden zum Üben Ihre Bücher benötigen.

 S. 254

Mit dieser Focuseinstellung können Sie nichts kognitiv lesen, sind aber in einem extrem aufnahmefähigen Zustand. Die Information geht unterschwellig direkt ins Passivgedächtnis.

Unmittelbar nach dem Foto-Lesen werden Sie mit größter Wahrscheinlichkeit keine direkte Wirkung spüren; es sei denn, Sie wenden es kurz vor dem Zubettgehen an: Dann kann es schon vorkommen, dass Sie nicht einschlafen können und so auf eher unangenehme Weise erfahren, dass Ihr Gehirn nach dem Foto-Lesen auf Hochtouren arbeitet.

Die genannten subtilen Wirkungen des Foto-Lesens sind nicht willentlich abrufbar. Mit der Zeit werden Sie Erfahrungen in diese Richtung machen. Seien Sie einfach offen dafür!

Ich schule bewusst keine spezifischen Aktivierungstechniken, da dies zusätzliche Zeit erfordert, die im Arbeitsalltag meist nicht gegeben ist. Die aufgenommenen Informationen werden am direktesten aktiviert, wenn Sie das Foto-gelesene Material weiter verarbeiten, darüber nachdenken oder reden.

Wenn Sie Foto-Lesen im Rahmen der Arbeitstechnik bei der Verarbeitung von Bücher oder großen Mengen anwenden, hat es seinen Platz: nach dem *Überblick* oder nach der *Vorbereitung,* in jedem Falle einige Stunden oder Tage, bevor Sie das Material aufarbeiten. Das hat einen guten Grund: Das Gehirn verarbeitet am besten, wenn der Verstand schläft. Die meisten Verarbeitungsprozesse finden nachts oder in »leeren Zeiten« statt, in denen der Mind nicht mit kognitivem Denken beschäftigt ist. So hat das Gehirn in einer Art Teamwork mit dem Unbewussten die Möglichkeit, zu verarbeiten und aufzubereiten.

Umsetzung im Arbeitsalltag

Zusätzlich zu den Augenübungen im Buch können Sie auch im Alltag bei allen Texten

Für die Verbesserung des digitalen Lesens können Sie zusätzlich zu den Augen und Leseübungen in diesem Buch auch zwischendurch beim Freizeit- oder Zeitunglesen Übungen machen. Nehmen Sie sich vor, 2 bis 3 Minuten lang Ihr Auge bewusst auf zwei bis drei

Sprünge, bei Spalten auf zwei Sprünge, zu disziplinieren, und geben Sie Ihrem Gehirn den Auftrag, den Inhalt mitzuliefern. So können Sie schnelle Augenbewegung und verbesserte Inhaltsaufnahme gleichzeitig trainieren.

üben.

Wiederholen Sie öfter die Übungen 11 und 12 auf Seite 247 ff., und üben Sie in den nächsten ein bis zwei Tagen das alphaLesen beim Zeitunglesen, beim Freizeitlesen und bei Schriftstücken, über deren Inhalt Sie lediglich einen Überblick brauchen und nicht im Detail informiert sein müssen. Damit gewinnen Sie Sicherheit in der Anwendung. Sie werden bald merken, dass die Augen ziehen wollen, wenn nichts Neues, Anspruchsvolles oder Detailliertes im Text steht; lassen Sie dies geschehen. Nach der Trainingseinheit *Arbeitstechnik* werden Sie alphaLesen konsequent in der Vorbereitung und, im Wechsel mit digitalem Lesen, in der Lesephase nutzen.

alphaLesen wird in der Vorbereitung und beim Lesen angewendet.

Infoscanning können Sie sofort einsetzen: überall dort, wo Sie nach spezifischen Informationen suchen. Die Sicherheit, dass Sie nichts übersehen, ist gegeben, da Sie – falls Sie die Informationen nicht finden – in einem zweiten Durchgang mit alphaLesen langsamer durch den Text gehen können.

Infoscanning können Sie sofort umsetzen.

Nutzen Sie Foto-Lesen zur Vorbereitung von großen Mengen und bei jeden Buch, das Sie auch nur im Entferntesten interessiert, auch wenn Sie das Buch nachher nicht verarbeiten. Das wird Ihr Gehirn anregen und herausfordern, mit viel mehr Information als gewohnt umzugehen. In diesem Sinne hat Foto-Lesen eine unterstützende Wirkung auf die tägliche Informationsverarbeitung ganz allgemein.

Wenden Sie Foto-Lesen so oft wie möglich an: Es regt Ihr Gehirn an.

Zusammenfassung der Trainingseinheit
Drei effiziente Lesestile

- »Normales« Lesen ist digitales Lesen.
- Es ist nur für die Aufnahme präziser Data und Informationen nötig, die nur 10 bis maximal 30 Prozent aller Texte ausmachen.
- Digitales Schnelllesen ist nur auf kurze Strecken effizient – bei langer, schneller Ausübung entstehen Absenzen aufgrund des begrenzten Verarbeitungsvermögens des Sprachzentrums.

- Das Trainieren des digitalen Schnelllesens lohnt sich, ist aber nur ein kleiner Beitrag zur Effizienzsteigerung bei alphaReading.
- Die Grundlage des visuellen Lesens ist der Alpha-Zustand.
- Visuelle Lesestile sind entspannte, rezeptive Lesezustände, die über lange Zeit hinweg stressfrei aufrechterhalten werden.
- Beim visuellen Lesen ziehen die Augen fließend durch den Text in einem Tempo von 750 bis 1 500 Wörtern pro Minute.
- Es wird für die 70 bis 90 Prozent des Lesematerials, die nicht datagenau verarbeitet werden müssen, eingesetzt.
- alphaLesen ist »grobmaschiges« Inhaltlesen und ersetzt mit der Zeit den »normalen« digitalen Lesestil.
- Mit Infoscanning können mit 1 500 bis 3 000 Wörtern pro Minute Informationen und Data geortet werden.
- Foto-Lesen ist subliminale Informationsaufnahme. Es ist keine funktionale Arbeitstechnik, unterstützt jedoch die Verarbeitung von Büchern und großen Mengen.
- Ihr Focus muss dabei so eingestellt sein, dass Sie nichts lesen können. Die Information geht direkt ins Passivgedächtnis. Die Wirkungen sind meist nur subtil.
- Durch die große Informationsmenge, die beim Foto-Lesen (subliminal) aufgenommen wird, wird das Gehirn angereizt, sein volles Potenzial zu nutzen.

? Zweifel, Schwierigkeiten und die meistgestellten Fragen

Wie kann ich sicher sein, dass ich mit diesen schnellen Techniken die wesentlichen Inhalte aufnehme?

Das Gehirn wird die nötigen Verknüpfungen erstellen, damit der Inhalt mitkommt.

Die Kommunikation zwischen den beiden Gehirnfunktionen sowie die vermehrte Bildung synaptischer Verbindungen zwischen Gehirnzellen (Wechselverbindungen der Neuronen) verbessern sich schnell. Schon nach ein bis zwei Tagen wird Ihre Inhaltsaufnahme merklich höher sein. Es ist einfach wichtig, dass Sie die hohen Tempi halten und diesen Prozess geschehen lassen.

Machen Sie am Anfang Stichproben, ob Sie das Wesentliche aufgenommen haben, um Ver-

Am Anfang können Sie sich Sicherheit verschaffen, indem Sie Stichproben machen. Lesen Sie zum Beispiel einen Zeitungsartikel mit alphaLesen. Fassen Sie die Kernthemen zusammen, und gehen Sie anschließend nochmals mit Ihrem normalen digitalen Lesestil durch den Text, um zu überprüfen, ob Sie das Wesentliche aufgenommen haben. Geben Sie sich für diesen Lernschritt genügend Zeit. Zwei bis drei Tage Training sind nötig, bis Ihr Gehirn diese neuen Prozessierschlaufen »eingefahren« hat. Bis dahin werden Sie hoffentlich im Buch weitergearbeitet haben und die Schritte der Arbeitstechnik kennen. Dann ist die Lesephase der Prüfstein, ob Sie in der Vorbereitung das Wesentliche aufgenommen haben.

trauen aufzubauen.

Ich falle beim alphaLesen immer wieder in den digitalen Modus zurück.

Das ist am Anfang leicht möglich. Bedenken Sie, wie viele Jahre Sie den digitalen Lesestil praktiziert haben. Gewohnheiten – auch Lesegewohnheiten – sind nicht in einem Tag zu ändern. In einem Seminar von zwei bis drei Tagen sind circa 10 Stunden intensiver Praxis eingebaut. Soviel ist nötig, um den neuen Lesstil funktional zu machen. Beim computergeführten Lernprogramm sind circa 8 Übungsstunden möglich, wenn Sie alle Übungen machen. Bei dieser autodidaktischen Lernform liegt es an Ihnen, die nötigen Übungsgelegenheiten zu schaffen und sich selber diese 8 bis 12 Stunden Lernzeit zu geben, damit sich die neue Gewohnheit automatisieren kann. Hier eine Aufmunterung, von einem Seminarteilnehmer:

Es braucht 8 bis 10 Stunden Praxis, um die neuen Lesegewohnheiten zu verankern.

»Ich habe nun den »Mut«, beim alphaLesen die Augen nicht mehr zu steuern, sondern wirklich einfach ›unbeeinflusst‹ über das Gelesene gleiten zu lassen. Ich würde nun jedem sagen: »Lassen Sie Ihre Augen arbeiten; sie werden Sie nicht im Stich lassen!«
E.D.

»Lassen Sie Ihre Augen arbeiten; sie werden Sie nicht im Stich lassen!«

Funktioniert Foto-Lesen auch, wenn ich nicht daran glaube?

Dieser unbewusste Prozess ist unabhängig von Ihren Glaubenssätzen. Die Information wird unbewusst aufgenommen, das Gehirn prozessiert sie unterschwellig. Die Aktivierung geschieht unwillkürlich, wenn Bedarf danach ist, auch wenn Sie sie nicht explizit durch das Lesen des Materials herbeiführen. Das funktioniert wie bei anderen Gedächtnisprozessen; lesen Sie mehr dazu im Unterkapitel *Gedächtnis und erinnern*, Seite 70.

Auch, wenn man nicht daran glaubt, dass Foto-Lesen funktioniert, hat es seine Wirkung.

Trainingseinheit: **Lesen als Prozess**

Ziel
- Die Schritte der Arbeitstechnik anwenden
- Nutzen der Vorbereitung erfahren
- Große Mengen zyklisch verarbeiten
- Mind Mapping anwenden
- Jederzeit kompetent aussteigen können
- Umgang mit Störungen
- Timing für alle Arten von Lesematerial

Zeitaufwand
- Infoteil lesen: 15 – 20 Minuten
- Arbeitstechnik an unstrukturiertem Material: 10 Minuten
- Buch verarbeiten: 40 – 60 Minuten

Material
- Stoppuhr
- Lesematerial: zwei bis drei Artikel, Berichte oder sonstige Texte ohne Inhaltsverzeichnis, 3 bis 8 Seiten lang
- Ein ungelesenes Sach- oder Fachbuch (kein Roman)
- DIN A3 Papier
- Farbstifte, Filzstifte oder Marker

Das Gehirn ist eine Werkstatt mit vielen Abteilungen.

Das Gehirn ist, wie bereits erwähnt, eine Werkstatt mit vielen Abteilungen. Wahrnehmung ist ein Produkt, bei dem verschiedenste Spezialisten am Werk sind: Einige nehmen das Ganze wahr, andere ordnen die Bedeutung zu und gleichen ab mit Bestehendem, wieder andere konzentrieren sich auf die Einzelheiten und interpretieren diese. Sie alle müssen gut miteinander kommunizieren, und jede Abteilung sollte ihre Ergebnisse zum richtigen Zeitpunkt einfließen lassen. Wenn der Detailspezialist seine Daten zu früh liefert, ergeben sie keinen Sinn, weil der Überblick über das Ganze nicht gegeben und die Bedeutung noch nicht geklärt ist. Zuerst muss der *Zusammenhang* gegeben sein, dann die *Bedeutung* geklärt und erst zuletzt die *Details in Bezug zueinander* gesetzt werden – so prozessiert das Gehirn.

Beim Lesen ist das genauso. Die verschiedenen Ebenen der Inhaltsaufnahme werden in unterschiedlichen Gehirnregionen prozessiert. Inhaltslesen wird vermehrt über rechtshemisphärische Gehirnfunktionen prozessiert; datagenaues Lesen findet in der linken Hemisphäre, in einem spezifischen Teil des Sprachzentrums, statt. Die Interpretation des Inhaltes hängt davon ab, wozu Sie diesen nutzen. Und wenn Sie nach Antworten oder einer Lösung suchen, laufen parallel zusätzliche Verarbeitungsprozesse, die den Aufnahmemodus mitbestimmen.

Gehirngerechtes Vorgehen bei der Informationsverarbeitung bezieht alle diese Aspekte mit ein. Dazu dient die Arbeitstechnik *Lesen als Prozess*. Sie verteilen damit die Aufträge zur rechten Zeit an die dafür geeignetsten Gehirnzentren: Zuerst verschaffen Sie sich einen *Überblick*, nehmen die Inhaltsgestalt auf und stellen so den *Zusammenhang* her. Dann setzen Sie *Ziel und Schwerpunkte* und erarbeiten sich den Inhalt, die *Bedeutung*. Erst dann – und nur wenn nötig – werden Sie in die *Detailarbeit* gehen. Wenn Sie große Mengen zu verarbeiten haben oder Lesematerial detailliert lesen müssen, gehen Sie zyklisch vor: In mehreren Lesezyklen erarbeiten Sie sich die verschiedenen Inhaltsschwerpunkte oder gehen vom allgemeinen Inhalt ins Detail. Das ist gehirngerecht, zeitsparend und bringt die besten Resultate.

Bei dieser Vorgehensweise ist Mind Mapping eine ideale Notizform, weil sie das gesamte Gehirn anspricht und jeden Schritt der Arbeitstechnik begleitet. Bei der Verarbeitung großer Mengen macht sie die Fülle an Information überschaubar.

»*Die Kunst der Weisheit besteht darin, zu wissen, was man übersehen muss.*« William James

Arbeitstechnik

Das strukturierte Vorgehen bei der Arbeitstechnik ist eines der stärksten Tools, was Effizienzsteigerung und Präzision beim Lesen anbelangt, und macht bis zu 50 Prozent des Zeitgewinns aus. Es ermöglicht Ihnen, jederzeit auf dem direktesten Weg zum Wesentlichen zu gelangen und immer nur so viel zu lesen, wie nötig ist.

Mit den drei Schritten der Arbeitstechnik kommen Sie am schnellsten zum Ziel:

1. Überblick

1. Überblick verschaffen und Ziel bestimmen

2. Vorbereitung

2. Vorbereitung: Material erkunden und Schwerpunkte setzen

3. Nutzenbezogen lesen

3. Nutzenbezogen lesen

Information hat Struktur

Abbildung 27: **Struktur von Information I**

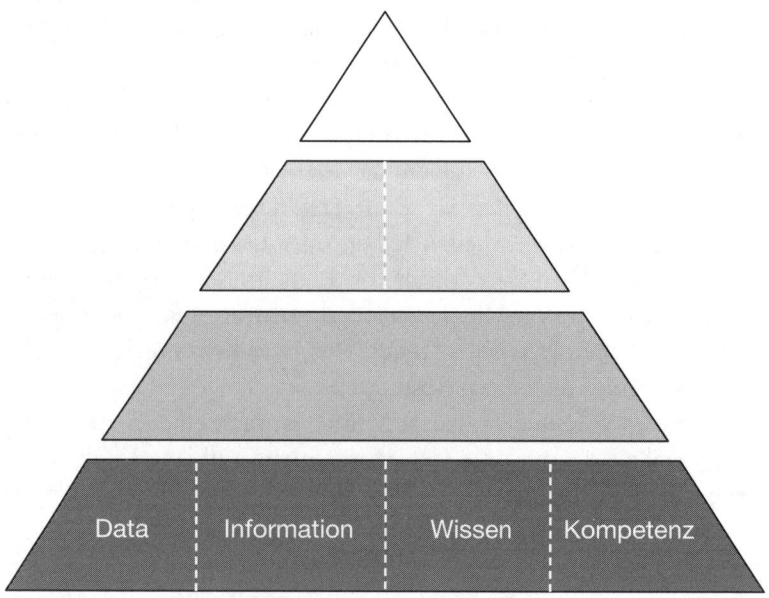

Information hat Struktur.

Der zentrale Aspekt für effizientes Lesen ist das Wissen, dass Information Struktur hat. Um präzise Ergebnisse zu erzielen, müssen Sie diese Struktur in Texten erkennen und bestimmen können, wie Sie die Information brauchen.

Data ist die kleinste Größe.

• Die kleinste Einheit ist Data. Bei der Schrift ist das der Buchstabe, in Texten sind es die kleinen, unveränderlichen Größen wie Namen, Zahlen, Orte etc.

Data formiert Informationen.

• Data formiert Information. In jedem Fachgebiet muss eine riesige Menge Data aufgenommen und verarbeitet werden, um die spezifischen Informationen verstehen zu können.

- Information schafft Wissen – einen Wissenskörper. In jedem Fachgebiet gibt es eine Unmenge von Informationen zu verarbeiten, um sich ein Wissensgebiet zu erarbeiten. **Informationen schaffen Wissen.**
- Wenn ein Wissensgebiet in der Tiefe erarbeitet wurde, erlangt man Kompetenz – eine tiefere Form von Verstehen. In der englischen Sprache umschreibt man diese Art von Kompetenz treffend mit dem Begriff »to own a subject«: Verinnerlichtes Wissen, mit dem man kreativ in Interaktion steht und aus dem man weiter neue Erkenntnisse entwickelt. **Verinnerlichtes Wissen schafft Kompetenz.**

Kompetenz ist der Kern! Stellt man die Basis der Pyramide visuell anders dar, kommt dies ganz klar zum Ausdruck:

Abbildung 28: **Struktur von Information II**

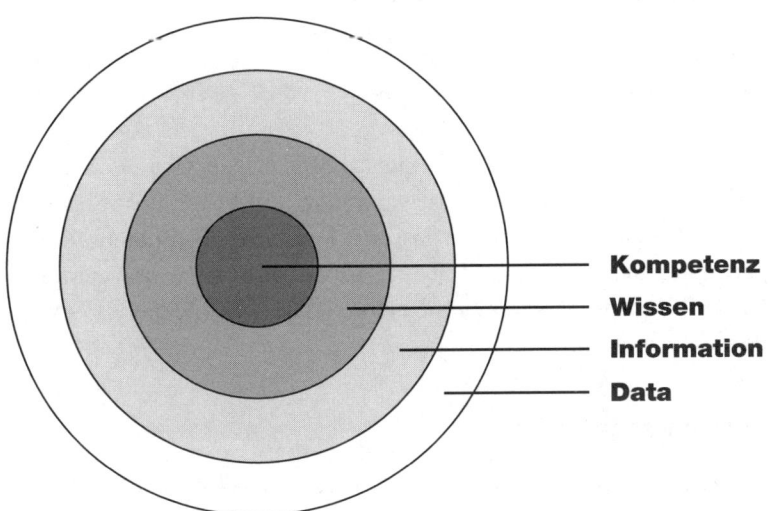

Kompetenz
Wissen
Information
Data

Wenn Sie in einem Wissensbereich einen starken Kern haben, das heißt, sich einen gewissen Grad von Kompetenz erarbeitet haben, ergeben sämtliche Informationen und Data sehr schnell Sinn. Sie haben einen inneren Bezugsrahmen, und Neues kann leicht aufgenommen, eingeordnet und verarbeitet werden. **Je stärker der Kompetenzkern, umso leichter das Lesen.**

Je weniger vertraut Sie aber in einem Fachgebiet sind, umso mehr Zeit werden Sie zum Erarbeiten des Stoffes brauchen. Es besteht kein Kompetenzkern, auf welchen das Gehirn zurückgreifen könnte. Das macht das Lesematerial zu Lernmaterial. **In unvertrautem Gebiet besteht kein Kompetenzkern.**

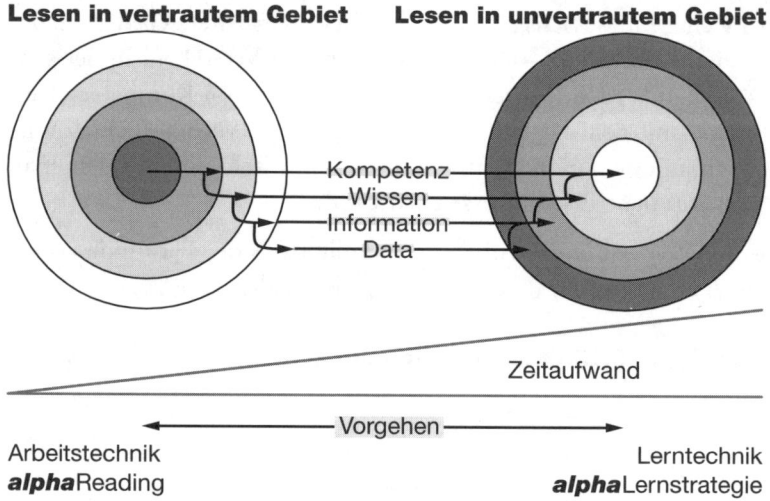

Lesen in vertrautem Gebiet **Lesen in unvertrautem Gebiet**

Kompetenz
Wissen
Information
Data

Zeitaufwand

Vorgehen

Arbeitstechnik
*alpha*Reading

Lerntechnik
*alpha*Lernstrategie

Man muss sich das Wissen von der Dataebene von Grund auf erarbeiten.

Bei *Lernmaterial* müssen Sie sich zuerst die *Dataebene* erarbeiten, um die *Informationen* zu verstehen und Stück für Stück den *Wissenskörper* wachsen zu lassen, damit Sie Kompetenz erlangen. Dies braucht mehr Zeit und ist aufwändiger, als vertrautes Material zu verarbeiten, und erfordert ein sequenzielles Vorgehen.

Nutzenbezogenes Lesen

Nutzen bestimmen heißt, zu wissen was man braucht und wie. Verschiedene Berufe haben verschiedene Nutzen-Profile.

Nutzenbezogen zu lesen bedeutet, klar zu wissen, *wie* Sie die Information brauchen. Wenn Sie das erreicht haben, ist Ihr Leseprozess beendet. Es gibt keine generelle Regel, wie viel Zeit Sie dafür investieren müssen. Die Arbeitstechnik ist jedoch der direkteste Weg dazu. Es kann sein, dass Sie bereits in der Vorbereitungsphase finden, was Sie brauchen, oder dass Sie viele Lesezyklen im Material bleiben müssen, bis Sie am Ziel sind. Es hängt sehr stark vom Arbeitsgebiet und der spezifischen Aufgabe ab, wo der Schwerpunkt in der Informationsverarbeitung liegt: Menschen in Management- und Führungsaufgaben haben andere Ansprüche als Forscherinnen oder Politiker, Projektleiterinnen oder Ausbilder andere als Assistentinnen oder Sachbearbeiter.

Doch nicht nur die individuellen Bedürfnisse variieren bei verschiedenen Aufgaben, auch das Material ist völlig verschieden; Management-Zeitschriften sind anders aufgebaut als wissenschaftliche Papers oder juristische Verträge. Alle diese Faktoren haben einen Einfluss auf das Vorgehen und den Zeitaufwand.

Auch das Material variiert je nach Berufsfeld.

Es ist demzufolge ein großer Unterschied, ob Sie in einem vertrauten oder in einem unvertrauten Gebiet lesen, ob Sie lediglich einen groben Überblick über einen Inhalt oder präzise Information/Data brauchen, ob die erlesenen Inhalte im Aktivgedächtnis gefestigt werden müssen oder ins Passivgedächtnis absinken dürfen. All diese Parameter bestimmen Ihre Vorgehensweise und Ihren Zeitaufwand, und je klarer Sie den Nutzen definieren, umso klarer können Sie den Leseprozess navigieren.

Das Fachgebiet, der Vertrautheitsgrad, das Material und die Ziele bestimmen Zeit und Vorgehensweise.

Stellen Sie sich die Nutzenfrage bereits auf der Ziel- und Schwerpunktebene: Wenn Sie schon zu diesem Zeitpunkt definieren können, auf welcher Ebene Sie was brauchen, werden Sie die Vorbereitung effizienter gestalten können. Nehmen Sie die Nutzenfrage auch in den Leseprozess mit; dann lesen Sie nur so viel und so tief, wie Sie wirklich brauchen. Sobald Sie die Information haben, die Sie brauchen, hören Sie auf! Hier liegt ein großes Potenzial an Zeitersparnis! Ziel- und schwerpunktbezogen nur auf definierten Nutzen zu lesen, ermöglicht mühelose Effizienz mit hoher Qualität.

Sobald Sie die Information haben, die Sie brauchen: Hören Sie auf!

Schritt 1: Überblick verschaffen und Ziel bestimmen

Wenn Sie im Arbeitsalltag Ihre Lesezeit reduzieren wollen, sollten Sie innerhalb kürzester Zeit herausfinden, was Sie *nicht* lesen müssen: Nicht-Lesen ist die schnellste Lesetechnik, und kompetentes Nicht-Lesen ist eine Kunst.

Kompetentes Nicht-Lesen ist die schnellste Lesetechnik.

Mit einem kurzen Überblick werden Sie innerhalb von 5 bis 30 Sekunden wissen, ob Sie ein Dokument lesen müssen oder nicht. Bei umfangreichem Material oder Büchern brauchen Sie für den Überblick 1 bis 5 Minuten.

Der Überblick ermöglicht Ihnen innerhalb von Sekunden die Entscheidung: Lesen – ja oder nein?

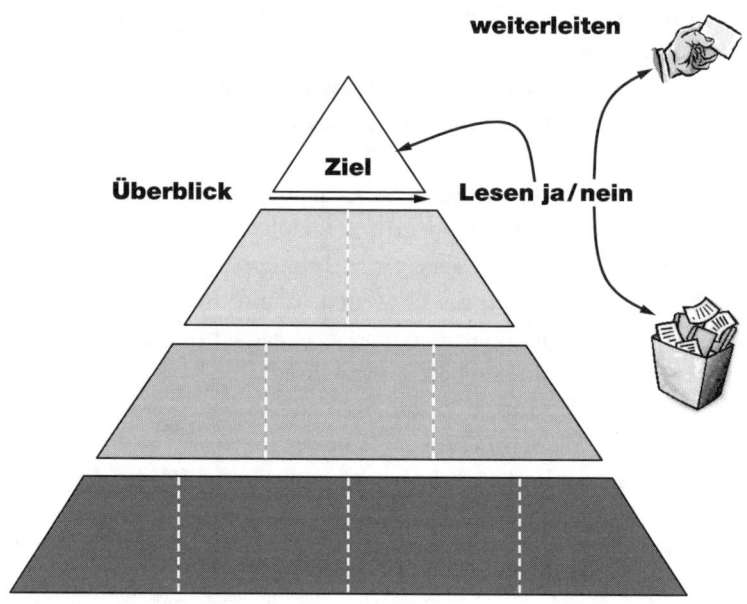

Was lesen Sie in dieser kurzen Zeit?

- Bei unstrukturierten Artikeln/Dokumenten lesen Sie Titel und Untertitel und blättern von vorne bis hinten durch.
- Bei längerem, strukturiertem Material lesen Sie das Inhaltsverzeichnis, Titel und Untertitel und suchen nach Zusammenfassungen.
- Bei Büchern lesen Sie Inhaltsverzeichnis, Rückseiten- und Klappentexte und eventuell die Informationen über den Autor.
- Bei wissenschaftlichen Papers lesen Sie Titel, Abstract und eventuell die Zusammenfassung.

Mehr nicht! Wenn Sie mehr lesen, sind Sie bereits in der Vorbereitungsphase und verlieren – womöglich unnötig – Zeit!

Wenn Sie sich in dieser Phase entscheiden, etwas nicht zu lesen, wissen Sie, warum Sie es nicht lesen und können das Lesematerial ohne schlechtes Gewissen weglegen! Das ist kompetentes Nicht-Lesen.

Wenn nein: weglegen. Wenn Sie etwas lesen, wissen Sie, warum. Sie können den Grund angeben und ein Ziel formulieren.

Ziel bestimmen

Der einfachste und direkteste Weg, ein Ziel zu formulieren, ist, den nachstehenden Satz zu vervollständigen:

Wenn ja: Setzen Sie ein Ziel.

»Wenn ich dieses Dokument gelesen habe, will ich ... «

Wenn Sie diesen Satz zu Ende führen, haben Sie ein klares Ziel, zum Beispiel:

- » ... herausfinden, ob die hier angebotenen Produkte unserem Standard entsprechen.«
- » ... entscheiden können, ob diese Person als Mitarbeiter für unsere Firma geeignet ist.«
- » ... einen Überblick über vier Angebote von Mitbewerbern gewinnen.«
- » ... die Änderungen der Vertragsbestimmungen kennen.«

Damit formulieren Sie, was Sie wollen. Indem Sie ein Verb benutzen, präzisieren Sie Ihr Ziel, denn es ist ein Unterschied, ob Sie etwas herausfinden, verstehen, entscheiden, vertiefen oder einen Überblick gewinnen wollen. Je klarer und präziser Ihr Ziel, umso klarer, präziser und schneller der Leseprozess. Denn mit einem klaren Ziel optimieren Sie den Informationsaufnahmeprozess.

Damit formulieren Sie, was Sie wollen.

Der kognitive Teil unseres Gehirns formuliert ein Ziel. Diese Intention gibt den unbewusst ablaufenden Gehirnprozessen eine Richtung. Ein Ziel ist für das Gehirn ein Auftrag, und es aktiviert sein gesamtes Potenzial, diesen zu erfüllen! Dass das funktioniert, haben Sie bei den Augenübungen für das visuelle Lesen bereits erfahren können. Mit der folgenden Übung können Sie es noch auf eine eindrücklichere Art erfahren.

Der kognitive Teil des Gehirns setzt das Ziel, die unbewussten Prozesse unterstützen die Ausführung.

Blättern Sie nochmals zur Übung 15 auf Seite 254. Wenn Sie die drei Kreise sehen, formulieren Sie die Intention, dass der Kreis in der Mitte horizontal schraffiert sein soll, und beobachten Sie, ob sich dies vollzieht. Dann denken Sie, er soll vertikal schraffiert sein und beobachten, ob er sich dementsprechend verändert. Wechseln Sie ein paar Mal hin und her, nur indem Sie bestimmen, welche Richtung die Schraffur der Kreise haben soll. – Und es geschieht! Ist das nicht faszinierend? Es ist Ihre Intention, die als Auftrag in Ihr Gehirn gelangt, und dieses lässt dementsprechend Ihr linkes oder rechtes Auge führen.

 S. 254

Das funktioniert auch beim Lesen. Indem Sie bewusst ein Ziel formulieren, nutzen Sie die direkten Verschaltungen im Gehirn, und das Gehirn wird die Augen zur Information führen!

Schritt 2: Vorbereitung: Material erkunden und Schwerpunkte setzen

Abbildung 31: **Lesen als Prozess: Schritt 2**

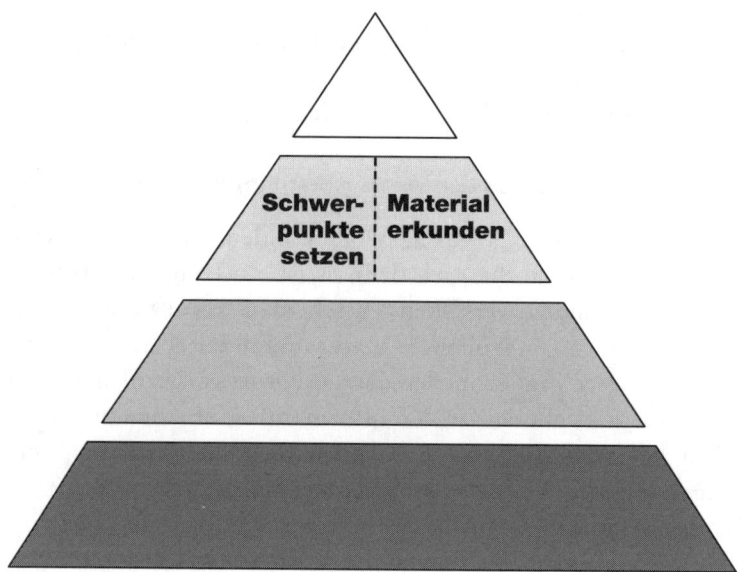

Vor dem Lesen machen Sie die *Vorbereitung*.

Würden Sie eine längere Wanderung antreten, ohne vorher die Topografie des Gebietes zu erkunden? Wohl kaum. Beim Lesen ist es genauso: Bei Texten, die mehr als eine Seite umfassen, lohnt sich eine Vorbereitung in jedem Fall, denn damit können Sie kostbare Zeit gewinnen.

Zuerst erkunden Sie das Material mit alphaLesen.

Material erkunden Unstrukturiertes Lesematerial bereiten Sie immer mit Alpha-Lesetechniken vor. Sie verschaffen sich einen Eindruck vom Inhalt des Textes.

- Als Erstes aktivieren Sie den alphaPunkt.
- Wenn Sie nach konkreten Inhalten suchen, wenden Sie Infoscanning an.

- Bei unstrukturierten Artikeln gehen Sie mit alphaLesen durch den Text.
- Bei Büchern und umfangreichem Material orientieren Sie sich am Inhaltsverzeichnis oder an Kapitelüberschriften und »surfen« im Buch.

Achten Sie darauf, dass Sie in dieser Phase nirgendwo »eintauchen« und zu lesen beginnen!

Schwerpunkte oder Fragen formulieren Die Erkundung des Materials gibt Ihnen einen Eindruck über den Inhalt. Entweder haben Sie bereits Schwerpunkte, Fragen oder eine Aufgabe; dann finden Sie in dieser Phase heraus, wo Sie lesen müssen. Oder Sie erkunden das Material, um herauszufinden, was es enthält und wo Ihre (Interessens-)Schwerpunkte liegen. Nach der Vorbereitung sind Sie in der Lage, zwei, drei, fünf oder mehr Schwerpunkte oder Fragen zu formulieren.

Schwerpunkte oder Fragen strukturieren den Leseprozess. Außerdem sind es Konzentrationshilfen: Sie wirken wie Magnete, die Ihnen helfen, die Information aus dem Text zu ziehen. In diesem Sinne haben sie die gleiche Wirkung auf den Leseprozess wie die Zielsetzung – sie sind ein Auftrag an Ihr Gehirn. Sie ermöglichen Ihnen, auf Ihr Ziel focussiert zu bleiben und sich nicht im Lesematerial zu verlieren.

Warum die Vorbereitung wichtig ist Stellen Sie sich die Vorbereitung vor, als würden Sie vor der Durchquerung eines Gebietes auf den höchsten Berg steigen: Sie sehen, wie weit das Land ist und welche Hügelketten Sie überwinden müssen, um Ihr Ziel zu erreichen. Und Sie erkennen auch auf einen Blick, wenn Sie die Reise gar nicht antreten müssen.

Eine gute Vorbereitung macht den Leseprozess klarer und um ein Vielfaches wirkungsvoller:

- Sie können sich nochmals die Frage stellen: »Lesen – ja oder nein?«
- Wenn Sie lesen, haben Sie ein Ziel und Schwerpunkte und werden strukturiert vorgehen.
- Die Erkundung des Materials macht die Verarbeitung anschließend merkbar leichter, weil Sie bereits vertrauter mit seinem Inhalt sind.

Entweder haben Sie bereits Schwerpunkte oder konkrete Fragen oder Sie bekommen sie, während Sie das Material erkunden.

(Interessens-)Schwerpunkte oder Fragen strukturieren den Leseprozess.

In der Vorbereitung liegt ein großes Potenzial an Zeitgewinn.

• Sie können viel Zeit gewinnen, indem Sie selektiv gezielt auf Ihren Nutzen bezogen lesen.

Je besser Sie die visuellen Lesestile meistern, umso mehr Information werden Sie in der Vorbereitungsphase aufnehmen. Darin liegt ein großes Entwicklungspotenzial: Mit fortschreitender Praxis wird es immer öfter vorkommen, dass Sie bei kürzerem Lesematerial die benötigten Information bereits in der Vorbereitungsphase aufgenommen haben und Sie das Lesematerial kompetent weglegen können. Oder Sie müssen nur noch Data oder präzise Informationen selektiv herauslesen. Wenn Sie lesend weiterarbeiten, haben Sie bereits einen Überblick über den Inhalt und die Dichte. Bei Büchern oder großen Mengen kennen Sie nach der Vorbereitung die Struktur und haben einen guten Einblick in das zu verarbeitende Material.

Spätestens nach der Vorbereitung werden Sie in der Lage sein, den Nutzen zu bestimmen, das heißt zu definieren, auf welcher Ebene Sie die Inhalte erarbeiten müssen.

Abbildung 32: **Lesen als Prozess: Schritt 3**

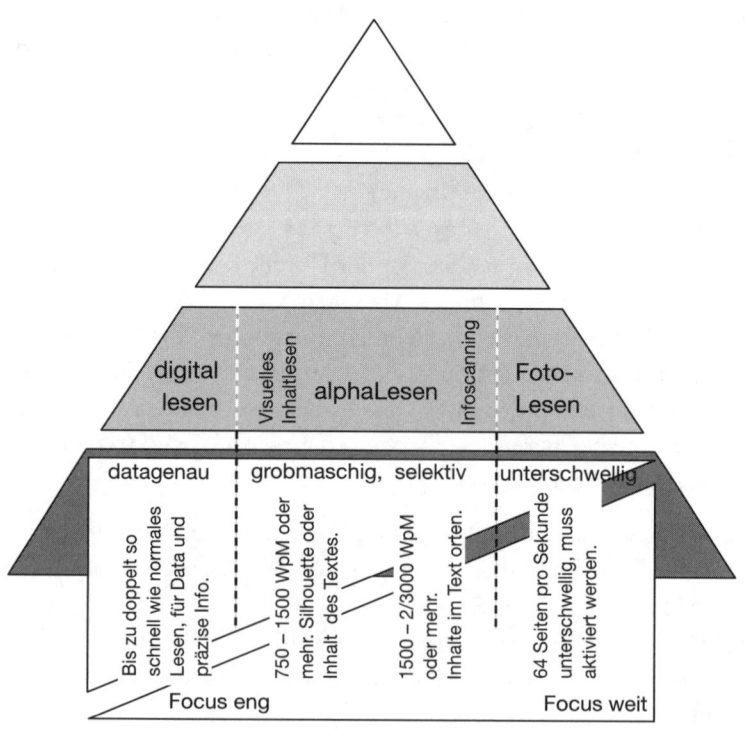

Schritt 3: Nutzenbezogen lesen

Nun sind Sie bereit, in die Lesephase einzusteigen. Sind Sie erstaunt, dass Sie erst im dritten Schritt »lesen«? Eigentlich haben Sie auch in den Vorbereitungsschritten gelesen, aber erst jetzt werden Sie sich das Material nutzenbezogen erarbeiten. Je nachdem, ob Sie

Die Inhaltserarbeitung erfolgt erst im dritten Schritt.

- einen Überblick gewinnen wollen,
- ein tieferes Verständnis für Zusammenhänge brauchen,
- Informationen sammeln oder
- präzises Datamaterial benötigen,

wählen Sie Ihren Lesestil:

- alphaLesen für Überblick und Inhaltslesen,
- digitales Schnelllesen für Data und präzise Infoaufnahme.

In der Lesephase sind visuelles und digitales Lesen in einem ständigen Wechsel. Wo nichts Unvertrautes oder Neues im Text ist, lassen Sie die Augen ziehen; wenn relevante Information oder detaillierte Data kommen, werden Sie eintauchen und sich diese Informationen präzise mit digitalem Lesen erarbeiten.

Auch im EEG kann dieser Wechsel gut dokumentiert werden:

Abbildung 33: Wechsel der Lesestile

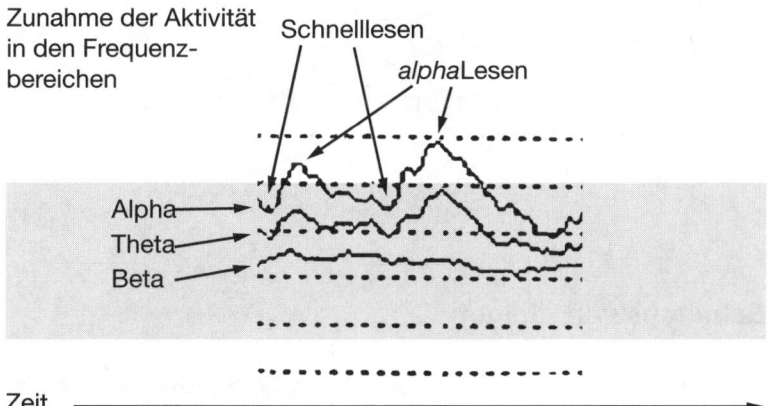

Zunahme der Aktivität in den Frequenzbereichen

Schnelllesen

*alpha*Lesen

Alpha
Theta
Beta

Zeit

Dieser Wechsel der *Lesestile* ist auch ein Wechsel der *Lesezustände*. Den verschiedenen Lesestilen entsprechen verschiedene, klar unterscheidbare Physiologien:

Jeder Lesestil hat eine spezifische Physiologie:

- digital: nach vorne gebeugt,
- visuell: nach hinten gelehnt.

Sie können vom Körper her unterstützend einwirken.

- digital: angespannt, enger Focus, eher nach vorne gebeugt,
- visuell: entspannt, offener Focus, eher zurückgelehnt.

Versuchen Sie dies beim Lesen zu verfolgen, indem Sie es im eigenen Körper miterleben. So können Sie auch von dieser Ebene her unterstützend einwirken, vor allem, wenn Sie die Tendenz haben, zu viel oder zu tief ins Detail zu lesen: Wenn Sie sich beim Lesen verspannt fühlen, ist das ein guter Indikator, dass Sie zu viel oder zu lange digital lesen. Lehnen Sie sich dann eher zurück und erzeugen Sie mit dem Alpha-Zustand einen entspannten Lesemodus.

Bei allem, was vertraut ist, können Sie die Augen mit alphaLesen ziehen lassen.
Nur ein kleiner Anteil muss digital erarbeitet werden.

Bei allem, was vertraut ist, können Sie die Augen mit alpha-Lesen ziehen lassen. Wenn Sie Ihr bestehendes Wissen »up-daten« wollen, können Sie mit Infoscanning durch das Lesematerial gehen und nur herausfiltern, was neu oder ergänzend für Sie ist.

Dadurch erhöht sich die Effizienz beträchtlich. Sie werden feststellen, dass in vertrautem Gebiet nur ein kleiner Anteil digital gelesen werden muss. Sobald Sie sich nicht mehr vorlesen, was Sie bereits wissen, und nur noch erarbeiten was neu und/oder notwendig ist, wird der Leseprozess nicht nur viel schneller, sondern auch präziser und interessanter werden.

S. 257

Skill-Aufbau

Bitte erproben Sie die Arbeitstechnik an Ihrem eigenen Material. Sie finden dazu im Teil III auf Seite 257 eine unterstützende Anleitung.

Behaltenswert steigern

Ein Mind Map ist hilfreich.

Ich empfehle Ihnen, beim Lesen Mind Map-Notizen zu machen, wenn Sie

- generell den Behaltenswert steigern wollen,
- den Inhalt im Aktivgedächtnis verfügbar haben oder präzise wieder aktivieren wollen,

- ziel und schwerpunktbezogen Fachbücher verarbeiten
- themenzentriert parallellesen,
- ein Projekt erarbeiten,
- einen Vortrag, eine Präsentation, Einführung oder ein Seminar etc. vorbereiten,

Das Mind Map dokumentiert jeden Schritt der Arbeitstechnik und schafft eine visuelle Struktur, die Sie anschließend leicht erinnern können:

Überblick	– Ziel	– Stamm
Vorbereitung	– Schwerpunkte	– Äste
Lesen	– Inhalte	– Blätter

Es dokumentiert jeden Schritt der Arbeitstechnik und hilft beim Erinnern.

Falls Sie die Methode des Mind Mapping nicht kennen oder noch nicht erarbeitet haben, holen Sie dies jetzt auf Seite 258 ff. nach.

Überlegen Sie sich, wo Mind Mapping in Ihren Lesearbeiten sinnvoll ist, und wenden Sie es unmittelbar an. Auch wenn Sie Mind Maps nach dem Erstellen nicht mehr weiterverwenden oder gar wegwerfen, erleichtern sie die Informationsverarbeitung und haben einen stärkenden Einfluss auf Ihr Gedächtnis.

Wo Mind Mapping eine Hilfe ist: unmittelbar nutzen!

Wenn ich in meinen Seminaren Mind Mapping empfehle, höre ich oft »Ich bin kein visueller Typ«. Mit *visuellem Verarbeiten* ist hier nicht Visualisieren im herkömmlichen Sinne gemeint, sondern das originäre Denken. Jeder Mensch, auch wenn er nicht »visualisieren« kann, bildet als Grundlage von Verstehen eine Gestalt im Mind. Bitte beobachten Sie Ihre inneren Prozesse beim Denken, und Sie werden das mühelos nachvollziehen können. Zu dieser Ebene schaffen Sie beim Mind Mapping bewusste Verbindung.

Zeichnerische Fähigkeiten sind nicht nötig.

Manche Teilnehmer bringen auch den Einwand »Ich kann nicht zeichnen«. Ein Mind Map dient als Ankersystem für Ihre rechte Gehirnhälfte. Ob Sie artistisch begabt sind oder nicht, spielt für Ihre rechte Gehirnhälfte überhaupt keine Rolle. Ich vergleiche sie oft mit einem Kind. Was hält die Aufmerksamkeit von Kindern? – Alles, was farbig oder auffällig ist und Formen hat! In ein paar Strichen auf dem Papier steckt eine ganze Vorstellungswelt, die für uns Erwachsenen bildhaft oft nicht erkenn-

Die rechte Gehirnhälfte verlangt keine Kunstwerke, sondern lediglich einen visuellen Rahmen.

bar ist – ob eine Zeichnung schön ist oder nicht, ist völlig belanglos. So auch Ihre Mind Maps: Sie schaffen für Ihre erarbeiteten Erkenntnisse einen bildhaften Rahmen, mit dessen Hilfe Sie das Wissen jederzeit aktivieren können – dazu sind keine »Kunstwerke« nötig!

Mind Maps sind persönliche Anker-Notizen.

Computer-Mind Maps Mind Maps haben Grenzen: Die Stichworte auf dem Mind Map können nur von denjenigen Personen aktiviert werden, die bei der Entstehung des Maps dabei waren oder das erforderliche Hintergrundwissen haben, das den Stichworten zugrunde liegt. Computer-Mind Maps erweitern diese Grenzen.

Computer-Mind Maps ermöglicht eine erweiterte Nutzung, da Texte oder Stichworte verlinkt werden können:

Bei Computer-Mind Maps können Sie Dokumente oder Weblinks verknüpfen, sodass jede Person, die das Mind Map als Informationsquelle benutzt, so viel Wissen hinter den Stichworten hervorholen kann, wie sie braucht. Das macht Mind Mapping zu einem effizienten Kommunikationssystem, da jeder nur so »tief« ins Map einsteigen muss, wie es für ihn nötig ist.

Anwendungsbeispiele:

Anwendungsbeispiele sind etwa:

• **Wissensdatenbanken**

• Wissensdatenbanken, die über Weblinks auf dem kürzesten Weg jederzeit zum aktuellsten Wissen führen. Bei Ärzten habe ich hervorragende Beispiele gesehen.

• **Protokolle**

• Protokolle von Sitzungen, die als »Shortcut« für Teilnehmer und als vollständiges Up-Date für Abwesende fungieren. Ich kenne Firmen, in denen ganze Abteilungen nur auf diese Weise protokollieren und eine große Zeitersparnis zurückgemeldet haben.

• **detailliertes oder sich rasch wandelndes Informationsmaterial**

• Wenn Sie in einem datenintensiven oder sich schnell wandelnden Fachgebiet arbeiten, können Sie Wissensgrundstrukturen in einem Mind Map erfassen und für sämtliche detaillierten oder sich wandelnden Bereiche Links auf Dokumente oder Websites erstellen. So sind Sie innerhalb kürzester Zeit auf dem neuesten Stand.

Ausprobieren lohnt sich!

Computer-Mind Map-Software erhalten Sie zum Beispiel bei www.mindjet.de (kostenlose Testmöglichkeiten).

Umgang mit großen Mengen

Bei der Verarbeitung großer Mengen mithilfe des ziel- und schwer- *Zyklisches Vorgehen ist*
punktbezogenen Lesens ist zyklisches Vorgehen effizienter als chro- *effizienter, wenn Sie*
nologisches Lesen.

Wenn Sie

- viele Schwerpunkte zu erarbeiten haben, konzentrieren Sie sich   • viele Schwerpunkte
  in jedem Durchgang auf drei bis maximal fünf Themen;   haben,
- Details erarbeiten müssen, gehen Sie mit allen Schwerpunkten   • Details erarbeiten
  Ebene für Ebene tiefer und behalten so jederzeit den Überblick;   müssen,
- Dokumente aus verschiedenen Blickwinkeln oder Fragestellun-
  gen heraus erarbeiten, machen Sie zu jeder Fragestellung einen   • verschiedene Blick-
  Lesezyklus;   winkel erarbeiten,
- zu einem Thema mehrere Informationsquellen bearbeiten, ge-   • mehrere Lesequellen
  hen Sie entweder von den Schwerpunkten aus zyklisch ins Ma-   verarbeiten.
  terial oder pro Dokument zyklisch durch alle Schwerpunkte.

Dieses zyklische Vorgehen hat den Vorteil, dass Sie bei Unterbre- *Es ist auch hilfreich bei*
chungen jederzeit mit Leichtigkeit wieder einsteigen können. *Unterbrechungen.*

Dreimal 5 Minuten sind nicht 15 Minuten!

Wenn Sie länger als 15 Minuten lesen müssen, teilen Sie die Zeit in *Teilen Sie Ihre Zeit in 5-*
Lesezyklen von dreimal 5 Minuten auf. *Minuten-Intervalle ein.*

Es ist wichtig, dass es dreimal 5 Minuten sind und nicht 15 Minu- *Große Zeitfenster verlei-*
ten! Das klingt vielleicht merkwürdig, aber sobald Sie über eine *ten zu unnötigem Lesen.*
längere Zeit hinweg lesen, ist es enorm wichtig, das Timing in en-
gen Zeitfenstern im Gefühl zu behalten. Wenn Sie 15 Minuten Zeit
haben, ist die Gefahr, dass Sie in den Text hineingesogen werden
(ich nenne dieses Phänomen »Lesehypnose«) oder sich in unnöti-
gen Details verlieren, viel größer, als wenn Sie dreimal 5 Minuten
Zeit haben. Deshalb bitte ich Sie, ab jetzt

- alle 5 Minuten die Augen vom Lesematerial zu heben,   *Aktivieren Sie alle 5*
- die Augen in die Weite gehen zu lassen,   *Minuten den Alpha-*
- über einen bewussten Atemzug den alphaPunkt zu aktivieren   *Zustand.*
  und erst dann weiter zu lesen.

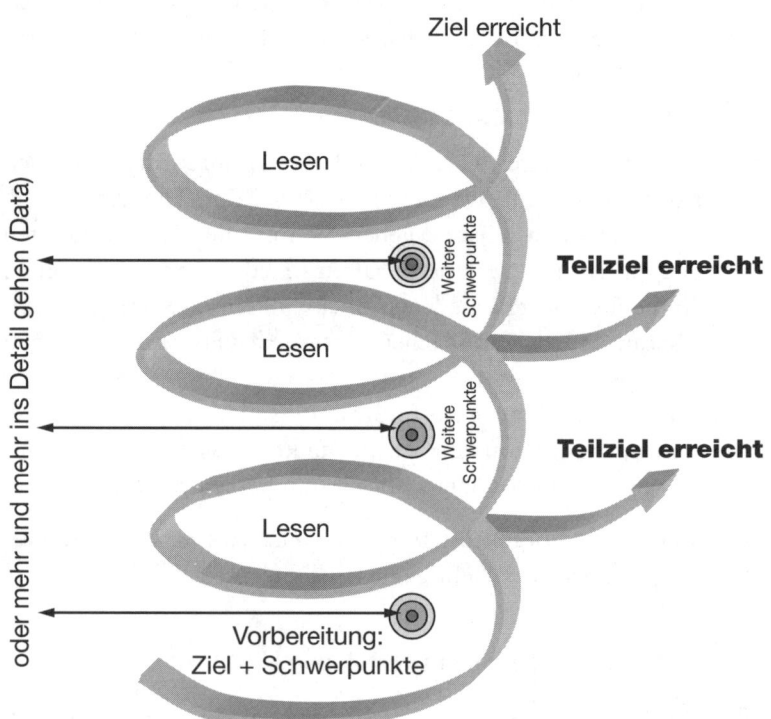

Abbildung 34: Lesezyklen ermöglichen es Ihnen, jederzeit auszusteigen

Ziel erreicht

Lesen

oder mehr und mehr ins Detail gehen (Data)

Weitere Schwerpunkte

Teilziel erreicht

Lesen

Weitere Schwerpunkte

Teilziel erreicht

Lesen

Vorbereitung:
Ziel + Schwerpunkte

Kinästhetische Kopplungsdynamiken verankern den Zustand im Körper.

Dazu müssen Sie am Anfang einiges an Aufmerksamkeit auf das Timing richten, denn beim Lesen vergisst man leicht die Zeit. Wenn Sie es aber ein paar Tage konsequent tun, wird Ihr Körper diese Zeiteinheit von 5 Minuten »speichern«, und er wird von sich aus Atem holen: Das Innehalten wird zu einem kinästhetisch-somatischen Automatismus. Über die Kopplungsdynamik aktiviert der Atemzug den Alpha-Zustand – auch dieser Prozess sollte inzwischen automatisiert sein. Wenn Sie am Computer lesen oder arbeiten, hilft Ihnen der alphaReminder (siehe Trainingseinheit *Den Alpha-Zustand stabilisieren*, Seite 99).

Nach dreimal 5 Minuten machen Sie eine Standortbestimmung.

Nach einem Lesezyklus von dreimal 5 Minuten unterbrechen Sie kurz Ihre Lesearbeit und machen eine Standortbestimmung. Vergewissern Sie sich, dass Sie noch auf Zielkurs sind – dann arbeiten Sie weiter.

Jederzeit kompetent aussteigen

Das Wunderbare an diesem Ansatz ist, dass Sie jederzeit kompetent aussteigen können, weil Sie das Lesematerial nicht linear, sondern zyklisch erarbeiten und dabei ein Mind Map erstellen.

Auf diese Weise können Sie jederzeit kompetent aussteigen:

- Im ersten Schritt, der *Überblicksphase*, verschaffen Sie sich ein Bild über das Ganze und setzen das Ziel.

• in der Überblickphase,

- Im zweiten Schritt, der *Vorbereitung*, strukturieren Sie den Leseprozess, indem Sie Schwerpunkte festlegen und im Mind Map als Hauptäste festhalten.

• in der Vorbereitung,

- Dann lesen Sie zyklisch: In Lesezyklen von dreimal 5 Minuten erarbeiten Sie sich die Inhalte dieser Schwerpunkte und bringen die Stichwortnotizen als Blätter ins Mind Map.

• nach jedem Lesezyklus.

Jeder Schritt ist ein Schritt vorwärts, aber auch eine Haltestelle, bei der Sie aussteigen können. Wenn Sie nur sehr wenig Zeit haben, können Sie vielleicht nur die Vorbereitung machen, haben aber dennoch einen Einblick in das Ganze gewonnen! Wenn Ihnen die Zeit für nötige Detailarbeit fehlt, erarbeiten Sie von allen Schwerpunkten eine machbare Ebene von Dichte – wissend, dass Sie die Details später erarbeiten können. In jedem noch so kleinen Zeitraum ist ein nutzbringendes Teilergebnis möglich. Da Sie das Mind Map mitlaufen lassen, können Sie auch jederzeit kompetent und schnell wieder einsteigen.

In jedem noch so kleinen Zeitraum ist ein nutzbringendes Teilergebnis möglich.

Während des Lesens gilt: »Halt auf Verlangen«. Indem Sie den Nutzen bestimmen und wissen, wie Sie die Information brauchen, wissen Sie auch, wann Sie den Halteknopf betätigen müssen. Um effizient zu bleiben, ist es äußerst wichtig, dass Sie sich immer wieder fragen:

In der Lesephase überprüfen Sie immer wieder, ob Sie noch auf Zielkurs sind.

- Habe ich mein Ziel oder Teilziel erreicht?
  Wenn ja: Aufhören!

Wenn nicht:

Wenn Sie das Ziel erreicht haben: aufhören!
Wenn nicht: Was brauche ich noch?

- Was brauche ich noch?
- Wie viel Zeit benötige ich dafür?

Störung willkommen!

Es gibt noch einen weiteren Grund, warum zyklisches Vorgehen und Mind Mapping in der Arbeitswelt von Vorteil ist: Störungen!

Störungen sind keine Störungen!

Bitte überlegen Sie sich kurz, wie lange Sie in der Regel in Ihrem Arbeitsalltag ungestört arbeiten können. Bei vielen Menschen, mit denen ich arbeite, sind es 5 oder 10 Minuten – dann läutet das Telefon, ein Mitarbeiter kommt, eine Anfrage etc. Dieser Umstand kommt dem Ansatz von alphaReading entgegen und ist eher eine Unterstützung als ein Hindernis.

Denn beim strukturierten Vorgehen der Arbeitstechnik sind Unterbrechungen keine Störungen, sondern eine Chance zur Neuorientierung, bei der Sie sich fragen können:

Störungen ermöglichen, auf Zielkurs zu bleiben.

- Was ist mein Ziel? – Das setzt das Gehirn wieder »auf Kurs«.
- Wo war ich? – Sie werden sofort merken, wenn Sie vom Kurs abgekommen sind.
- Was ist der nächste Schritt? – Sie lesen ziel- und schwerpunktbezogen weiter.
- Bin ich noch im Alpha-Zustand? – Sie aktivieren regelmäßig den alphaPunkt.

Störungen verhindern, sich beim Lesen zu verlieren, indem man

Unterbrechungen bieten Ihnen die Möglichkeit festzustellen, ob Sie noch am Wesentlichen arbeiten. Beim Lesen, vor allem bei großen Mengen und Bücher, ist der größte Effizienz-Hemmfaktor, sich zu verlieren, indem man

- **Unnötiges liest,**
- Unnötiges liest, das man weder als Ziel bestimmt hat noch im Moment braucht;
- **zu viel liest,**
- weiterliest, obwohl man sein Ziel bereits erreicht hat;
- **zu viel digital liest,**
- zu viel digital liest – aus Angst, etwas zu verpassen;
- **im ersten Durchgang zu tief ins Detail liest,**
- Schwerpunkte bereits im ersten Durchgang bis ins Detail erarbeitet;
- **sich verliert,**
- vom Hundersten ins Tausendste geht, obwohl es besser wäre, dies zyklisch zu tun oder es vielleicht gar nicht nötig ist;
- **Bekanntes liest,**
- Inhalte digital liest, die man bereits kennt;
- **Unnötiges »nur aus Interesse« liest,**
- alles liest, was interessant ist, ohne dass es dazu beiträgt, die gesetzten Ziele zu erreichen;
- **in der Lesehypnose versinkt.**
- in der Lesehypnose versinkt und Ziel und Zeit vergisst.

Mit Mind Maps sind Sie nach Unterbrechungen schnell wieder auf Kurs.

Wenn Sie sich in irgendeiner Art und Weise verloren haben, hilft Ihnen eine Unterbrechung, rasch wieder auf Kurs zu kommen. Auch wenn sie länger andauert, werden Sie mit Hilfe des Mind Maps innerhalb weniger Sekunden wieder den Weg zum Wesentlichen zurückfinden.

In diesem Sinne sind Störungen beim Leseprozess hilfreich. Sie können also ein Schild an Ihre Türe hängen: Störung willkommen!

Darum: Störung willkommen!

Enge Zeitfenster fördern die Effizienz

Viel Information und wenig Zeit ist eine Chance: Sie müssen nicht nur Ihr Gehirn »neu« entdecken (was Sie hier gerade tun), sondern Sie sind damit auch gezwungen, am Wesentlichen zu bleiben und können sich keine Effizienz-Hemmfaktoren leisten.

Wenig Zeit zwingt dazu, am Wesentlichen zu bleiben.

Es ist nicht möglich, 100 Prozent des Lesematerials 100-prozentig zu verarbeiten – es ist auch gar nicht sinnvoll, wie Sie sicher inzwischen praktisch erfahren haben. Es wird immer Dinge geben, die man aus Zeitgründen nicht lesen kann – das ist unvermeidbar. »Mut zur Lücke« ist jedoch nicht meine Devise – Lücken bei wesentlichen Inhalten sind gefährlich! Wichtig ist, in Kürze die wesentlichen Informationen zu erarbeiten.

Es ist nicht mehr möglich alles Lesematerial 100-prozentig zu verarbeiten.

Mit der Arbeitstechnik *Lesen als Prozess* können Sie in 20 Prozent der Zeit 80 Prozent Ihres Lesematerials im Wesentlichen verarbeiten. Das ist ein sinnvolles, machbares Ziel und keine Anleitung zur Oberflächlichkeit, ganz im Gegenteil: Wenn es Ihnen gelingt, 80 Prozent Ihres zu verarbeitenden Lesematerials in 20 Prozent der Zeit zu erledigen, werden Sie genügend Zeit für die 20 Prozent haben, die wirklich 100-prozentig erarbeitet werden müssen.

In 20 Prozent der Zeit das Wesentliche herauszufiltern, ist das erste Ziel – damit gewinnen Sie Zeit, um das Nötige im Detail zu erarbeiten.

Das setzt ein gutes Zeitmanagement beim Lesen voraus. Um Sie darin zu unterstützen, habe ich einige Anregungen für die Zeiteinteilung für Sie zusammengestellt. Sie finden diese in Teil III auf Seite 261.

Gutes Zeitmanagement ist dabei ein Schlüssel.

S. 261

Skill-Aufbau

Nun haben Sie Gelegenheit, sämtliche bis jetzt erarbeiteten Elemente an einem Buch zu erproben. Bitte nehmen Sie Ihr ungelesenes Sach- oder Fachbuch zur Hand, bereiten Sie ein DIN A3-Blatt vor und legen Sie Farb- oder Filzstifte bereit.

Bitte verarbeiten Sie keinen Roman – Romane, literarische Werke, Poesie etc. brauchen keine speziellen Lesetechniken.

Bitte lesen Sie diesen Abschnitt ganz, und machen Sie die Erfahrung mit einem eigenen Fachbuch.

Sie sollten sie genießen und nach Lust und Laune lesen. Nehmen Sie für diese Arbeit auch kein Lehr- oder Lernbuch oder ein gänzlich sachfremdes Fachbuch.

S. 262 ➡ Auf Seite 262 finden Sie dazu unterstützende Anleitung.

Bei dieser Lesearbeit haben Sie alle Elemente einsetzen und erfahren können, dass

- Ihnen die Arbeitstechnik kompetent selektives Lesen ermöglicht,
- durch strukturiertes Vorgehen große Mengen handhabbar werden,
- zyklisches Vorgehen effizienter ist als lineares,
- Mind Maps eine große Hilfe beim Abrufen von erlesenem Wissen sind.

Ich hoffe, dass diese Leseerfahrung ein Erfolgserlebnis für Sie war und dass keine noch so große Menge von Lesematerial Sie in Zukunft abschrecken kann!

Umsetzung im Arbeitsalltag

Setzen Sie von jetzt an alles Erlernte um.

Nun haben Sie alle Elemente von alphaReading erlernt und können sie für sämtliches Lesematerial anwenden. Fragen Sie sich die nächsten paar Tage beim Lesen immer: »Was will ich von diesem Text? Wie mache ich es?« Sie werden bei allem eine Möglichkeit finden, die erlernten Skills anzuwenden. Damit entwickeln Sie ein neues Leseverhalten. Lesen wird zur Informationsverarbeitung – ein aktiver, interaktiver Prozess, bei dem Sie die Regie führen.

Die Arbeitstechnik können Sie bei jedem strukturierten oder unstrukturierten Material anwenden.
Gehen Sie bei großen Mengen immer zyklisch vor.

Wenden Sie die Arbeitstechnik ab sofort bei jeder Art von Lesematerial an: Artikel, Protokolle, Memos, wissenschaftliche Papers, Bücher etc. Machen Sie immer eine Vorbereitung, und achten Sie auf Ihr Timing: Investieren Sie in jede Phase nicht mehr Zeit als notwendig, und zählen Sie die Sekunden, nicht die Minuten!

Erarbeiten Sie sich in der Lesephase große Mengen zyklisch. Wenn Sie komplexes Material ins Detail genau lesen müssen, gehen Sie mit mehreren Lesezyklen in die Tiefe. So behalten Sie die

Übersicht und empfinden Unterbrechungen nicht länger als Störungen.

Mit der Arbeitstechnik erreichen Sie circa 50 Prozent der potenziellen Effizienzsteigerung. Sie ermöglicht Ihnen kompetentes Nicht-Lesen und sicheres selektives Lesen. Beides sind Überlebensstrategien im Info-Dschungel, die die Reise durch das Dickicht zielstrebig und leicht machen. Viel Spaß dabei!

Damit erreichen Sie mindestens 50 Prozent des Zeitgewinns.

Zusammenfassung der Trainingseinheit
Lesen als Prozess

- Die Arbeitstechnik ist auf Effizienz ausgerichtet. Ziel ist es, in kürzester Zeit die wesentlichen Informationen zu erfassen.
- Dazu legen Sie nach einem kurzen Überblick das Leseziel fest, erkunden in der Vorbereitung das Material, bestimmen die Schwerpunkte und verarbeiten in der Lesephase ausschließlich ziel- und nutzenbezogen.
- Mit diesem Ansatz können Sie Ihr Lesematerial in der Hälfte der bisher von Ihnen aufgewendeten Zeit (oder weniger) verarbeiten. Die Vorbereitung nimmt etwa ein Drittel bis die Hälfte der gesamt aufgewendeten Zeit ein.
- Bei umfangreichem Lesematerial ist es effizienter, mehrmals zyklisch einzutauchen, als alles auf einmal aufnehmen wollen.
- Ein Lesezyklus besteht aus dreimal 5 Minuten Lesezeit.
- Mit zyklischem Vorgehen können Sie jederzeit kompetent aussteigen und mühelos wieder einsteigen
- Störungen sind eine willkommene Orientierungshilfe im Leseprozess
- Enge Zeiträume sind eine Chance, das Erlernte umzusetzen.

Zweifel, Schwierigkeiten und die meist-gestellten Fragen

Wenn ich nicht alles lese, wie weiß ich dann, dass ich alles habe?

Wer sagt, dass Sie von allem alles brauchen? Bitte prüfen Sie in den nächsten Tagen, wie viel für Sie wirklich relevante Information durchschnittlich in den Texten enthalten ist, die Sie lesen.

Es ist nicht nötig, alles über alles zu wissen. Das ist auch bei Ihrem

Sind es mehr als 30 bis 50 Prozent, stammen die Texte nicht aus Ihrem Kompetenzbereich oder Sie sind in einem Beruf, der extremen Veränderungen unterworfen ist oder überdurchschnittlich dichtes Datamaterial mit sich bringt. In einer Führungsaufgabe darf es nicht sein, dass Sie sämtliches Material in allen Details lesen müssen.

Es könnte aber auch sein, dass Sie einen Glaubenssatz bezüglich Lesen oder Ihrer Arbeit haben, der Sie denken lässt, dass Sie von allem alles wissen müssen. Bitte überprüfen Sie in diesem Fall, ob Sie ihn konstruktiv verändern können.

Ehrlicher und machbarer ist, aus allem die wesentlichen Informationen herauszufiltern.

Eines möchte ich noch einmal klarstellen: Damit möchte ich Sie weder zur Oberflächlichkeit noch zum »Mut zur Lücke« verleiten – ich plädiere für »Mut zur Ehrlichkeit«! Es ist einfach nicht möglich, von allem Lesematerial 100 Prozent mitzunehmen. Mut zur Ehrlichkeit heißt, sich dieser Unmöglichkeit zu stellen und den Spagat zwischen dem Möglichen und Machbaren zu machen, indem Sie aus allem zumindest die wesentlichen Informationen herausholen.

»Einige Bücher muss man nur kosten, andere verschlingen und einige wenige durchkauen und verdauen.«

Francis Bacon

Ist es vertretbar, Fachbücher nur selektiv zu lesen?

Fachbücher im eigenen Kompetenzbereich sind Nachschlagewerke. Nur Lehrbücher müssen zwingend chronologisch erarbeitet werden.

Betrachten Sie Fachbücher in Ihrem Kompetenzbereich als *Nachschlagewerke oder Up-Dates*, die Ihnen zu spezifischen Fragestellungen nutzbare Antworten liefern. Verarbeiten Sie sie fragenbezogen. Ein Fachbuch sollte gut strukturiert sein und ihnen die Möglichkeit bieten, Ihren Fragen selektiv nachzugehen. Oder würden Sie eine Enzyklopädie von A bis Z durchlesen?

Es gibt an und für sich nur eine Art von Fachbüchern, die zwingend chronologisch gelesen werden müssen: *Lehrbücher.* Wenn Sie Wissen aus fachfremden Gebieten erarbeiten, sind diese Fachbücher für Sie Lehrbücher; wenn Sie in Ihrem Wissensbereich an Themen gelangen, die Sie sich neu erarbeiten müssen, sind es Lernsequenzen. Dann brauchen Sie den Aufbau für das Verständnis und gehen chronologisch vor – aber nur, solange die Inhalte für Sie neu sind! Lesen Sie sich selbst nichts vor, was Sie schon wissen – das ist weder sinnvoll noch nötig!

*Wenn ich ein »Abstract« eines Buches aus dem Internet lade, bin
ich in 10 bis 15 Minuten über den wesentlichen Inhalt orientiert.
Warum sollte ich dann noch selbst ganze Fachbücher lesen?*

Der Internetservice *getAbstract* (www.getabstract.com) ist eine
großartige Hilfestellung. Ein Abstract gibt die zentralen Aussagen,
Kernthesen und Grundgedanken eines Buches in knapper und
übersichtlicher Form wieder. Mit diesen Zusammenfassungen lassen sich Zeit und Aufwand für die Auswahl von Büchern drastisch
reduzieren, und Sie bekommen in kürzester Zeit einen guten Überblick über den Inhalt. Für die Wissensbeschaffung allerdings sind
Abstracts meist nicht genug. Wenn Sie ein Buch verarbeiten, werden Sie es im Hinblick auf *Ihre* Ziele und Schwerpunkte verarbeiten, die mit großer Wahrscheinlichkeit andere oder zusätzliche zu
denjenigen im Abstract sind. Mit alphaReading sind Sie in der
Lage, sich in 20 bis 30 Minuten Ihr persönliches Abstract jedes
Buches zu erarbeiten.

getAbstract ist eine
große Hilfe bei der
Recherche und Auswahl,
ist jedoch weniger
geeignet zur Wissensbe-
schaffung.

Trainingseinheit: Arbeitsorganisation, Lesen am PC und E-Mail Verarbeitung

Ziel
- Zusätzliche Effizienzsteigerung durch Arbeitsorganisation beim Lesen
- Stapellesen für kleinere Lesestücke
- Parallellesen für umfangreiche themenzentrierte Lesearbeiten
- Vorteile des Lesens am Computer nutzen
- Grundprinzipien lesefreundlicher Gestaltung kennen lernen
- Nutzen der Arbeitstechnik für E-Mail-Verarbeitung
- Arbeitsorganisation für E-Mails

Zeitaufwand
- Einleitungen lesen: 5 – 10 Minuten
- Skill-Aufbau: 50 – 90 Minuten

Material
- Lesestapel
- Umfangreiches Leseprojekt
- PC

Arbeitsorganisation

Lesen braucht eine klare Arbeitsorganisation.

Könnten Sie Ihren PC ohne die verschiedenen Programme und klaren Ordnungssysteme sinnvoll nutzen? Wohl kaum. Lesen ist schriftliche Informationsverarbeitung und braucht, neben effizienten Aufnahmestilen und Arbeitstechniken ebenfalls eine klare Arbeitsorganisation.

Wählen Sie das effizienteste Vorgehen:

Wenn Sie Ihre Lesearbeiten analysieren und sie in verschiedene Kategorien einteilen, können Sie die effizienteste Verarbeitungsstrategie wählen:

Stapellesen

- Stapellesen für das Verarbeiten von vielen, inhaltlich unabhängigen (kurzen) Texten.

- Parallellesen für themenzentriertes Verarbeiten von großen Mengen,
- Lesen am PC mit der Nutzung aller Lesehilfen,
- E-Mail-Verarbeitung mit der Arbeitstechnik und einem klaren Verarbeitungs- und Ordnungssystem.

In all diesen Bereichen können Sie mit einem gezielten Vorgehen zusätzlich Zeit gewinnen und die Arbeits- und Verarbeitungsqualität erhöhen.

Stapellesen

Sind Sie ein Stapler? Stapeln Sie Lesematerial, weil Sie ja irgendwann etwas davon brauchen könnten? Oder stapeln Sie über gewisse Zeit und entsorgen die Stapel nach einiger Zeit – ungelesen?

Das Stapeln von Lesematerial macht keinen großen Sinn: Die Information bleibt da, wo sie ist, nämlich in den Stapeln, und – Hand aufs Herz – wer verarbeitet seine Stapel wirklich konsequent und praktiziert Stapeln als Lesekultur? Für viele ist Stapeln eine Überlebensstrategie. Sie fühlen sich besser, wenn sie ihr Material als Stapel neben sich haben, als es auf das Wesentliche durchzukämmen und wegzuwerfen. Das hat zwar einen nicht zu negierenden psychologischen Wert – das ist aber auch gerade alles.

Wenn Effizienz für Sie erstrebenswert ist, praktizieren Sie statt dessen gezieltes Stapellesen. Stapeln Sie nur, was Sie nach dem Überblick mit »Lesen? – ja!« codieren, und arbeiten Sie diese Stapel in geplanten Intervallen ziel- und schwerpunktbezogen ab. Das ist eine sinnvolle »Stapel-Kultur«!

Stapellesen eignet sich

- wenn Sie viele einzelne Lesestücke zu verarbeiten haben,
- wenn Sie »Kleinkram« von Lesematerial täglich oder in gewissen Zeitabständen aufarbeiten müssen,
- bei Fachzeitschriften (dann besteht der »Stapel« aus den Artikeln),
- bei E-Mails (wenn eine gewisse Menge von Mails eingegangen ist, behandeln Sie diese wie einen Stapel Lesematerial),
- wo immer sich Lesematerial stapelt.

S. 267

Skill-Aufbau

In Teil III auf Seite 267 finden Sie eine Anleitung zum Stapellesen. Sie brauchen dazu Ihren Stapel Lesematerial.

Themenzentriertes Parallellesen

Themenzentriertes Lesen ist eine der effizientesten Anwendungsformen für große Mengen.

Themenzentriertes Parallellesen ist eine der effizientesten Anwendungsformen, was Zeitersparnis und Qualität des Erarbeiteten anbelangt. Sie verarbeiten mehrere Dokumente (Berichte, Zeitschriften- und Zeitungsartikel, Manuals, Bücher etc.) gleichzeitig, das heißt, Sie gehen mit allen Lesestücken durch die verschiedenen Schritte der Arbeitstechnik.
Parallellesen eignet sich

- wenn Sie mehrere Dokumente für die Erarbeitung eines Themas verarbeiten müssen,
- wenn Sie verschiedene Produkte, Angebote, Dokumente, Texte etc. auf gemeinsame Punkte hin überprüfen müssen,
- wenn Sie sich in neue Gebiete einarbeiten, um sich einen Überblick zu verschaffen,
- wenn Sie Vorträge, Präsentationen, Produktbeschreibungen etc. vorbereiten,
- wann immer Sie mehrere Dokumente themenzentriert verarbeiten wollen.

S. 269

Skill-Aufbau

Auf Seite 269 in Teil III finden Sie eine Anleitung für das themenzentrierte Parallellesen. Sie brauchen dazu ein umfangreiches Leseprojekt mit fünf bis sieben verschiedenen Lesequellen.

Lesen am PC-Bildschirm

Lesen am PC ist unumgänglich.

Der Computer wird mehr und mehr auch zu einem Lesemedium. Vor einigen Jahren wurde noch viel Lesematerial zur Verarbeitung ausgedruckt; inzwischen ist in vielen Firmen der PC fast der einzige und ausschließliche Informationsträger, sodass diese Strategie nicht mehr praktizierbar ist.

Bitte lesen Sie die Anleitungen im Haupttext, und machen Sie die Übungen.

Skill-Aufbau

Das Lesen am PC-Bildschirm bietet einige große Vorteile:

- Sie können Texte in schmale Spalten formatieren,
- in gut lesbare Schrifttypen und -größen umwandeln,
- den alphaReminder zur Unterstützung verwenden.

Nachteile gibt es nur beim Lesen großer Mengen: Die Verarbeitung von E-Books ist wenig handlich. Beim Parallellesen haben Sie mit Papiermaterial eine bessere Übersicht, vor allem wenn Sie mehrmals durch die Dokumente gehen müssen; es ist aber ebenfalls machbar, indem Sie alle Dokumente öffnen und dazwischen hin und her springen. Foto-Lesen am Bildschirm ist aufwändiger: Um es effizient zu gestalten, müssen Sie das Dokument bis zur minimalen Auflösung verkleinern und mit 32 Bildschirmseiten pro Sekunde durchscrollen.

Ansonsten gehen Sie beim Lesen am Bildschirm Ihres PCs genauso vor wie beim Lesen auf Papier: Sie können alle Elemente und sämtliche Anwendungsformen nutzen, die Sie bis jetzt gelernt und praktiziert haben.

Wenn Sie einen großen Teil Ihrer Lesearbeiten am PC erledigen, lohnt es sich, eine Analyse zu machen. In Teil III auf Seite 271 finden Sie dazu eine Anleitung.

← S. 271

E-Mail-Verarbeitung

E-Mails ermöglichen eine unmittelbare Kommunikation, die ganz neue und nicht mehr wegzudenkende Möglichkeiten eröffnet hat. Sie sind ein Medium, dem sich in der Arbeitswelt niemand mehr entziehen kann, ohne ins Abseits zu geraten. Sie bilden jedoch in mancherlei Hinsicht die Kulmination der

E-Mails sind Segen und Fluch zugleich.

Das E-Mail ist ein junges
Medium und hat noch
keine »Kultur«.

Arbeitstechnik und
Arbeitsorganisation sind
die zentralen Skills.

Bitte lesen Sie die
Anleitungen im Haupt-
text, und machen Sie
die Übungen.

Informationsflut: zu viel und zu schnell. Für manche sind die
Mails zur Geißel geworden, die einen Takt vorgibt, der nur
schwer einzuhalten ist, vor allem wenn täglich Hunderte von
Mails eingehen, und das rund um die Uhr.

Da es sich um ein relativ junges Medium handelt, hat sich noch
keine durchgängige Kultur geformt, die mediengerechte Richtlinien vorgibt – weder was das Schreiben von E-Mails angeht, noch
ihre Verarbeitung. Ich möchte hier einige Hilfen geben, die vor allem die Verarbeitung betreffen, die Sie jedoch auch, im Rahmen
Ihrer Tätigkeit und Firmenkultur, auf das Schreiben umsetzen
können.

Für eine effiziente Verarbeitung von Mails sind die Arbeitstechnik und die Arbeitsorganisation die zentralen Skills.

Skill-Aufbau

Die E-Mail-Verarbeitung ist ein komplexes Thema, und ich
kann Ihnen im Rahmen dieses Buches nur einige Richtlinien
vermitteln.

Posteingang sollte leer sein Ihr Posteingang sollte wenn
möglich immer leer sein oder nicht mehr als fünf bis sieben
unverarbeitete Mails enthalten.

- Die sofortige Aufteilung eingehender Mails in *wesentlich*,
  wichtig und *»nice to have«* ist der erste Schritt bei der
  Mail-Verarbeitung. Das entspricht der Überblicksphase
  bei der Arbeitstechnik (Seite 139). Hier können Sie auch
  gleich löschen, was Sie nicht lesen müssen.
- Wenn Sie viele Mails bekommen oder nicht genügend Zeit
  haben, sie unmittelbar zu verarbeiten, legen Sie Bearbei-
  tungsordner an. Erstellen Sie dazu ein Ordnungssystem.
- Wenn Sie sehr viele und zu »Unzeiten« eingehende Mails
  haben, die Sie nicht unmittelbar bearbeiten können, erstellen Sie verschiedene Terminierungsordner: *sofort zu verarbeiten, innerhalb von 24 Stunden, innerhalb von zwei bis
  drei Tagen, innerhalb einer Woche zu verarbeiten* – je
  nachdem, was angemessen ist.

- Ziehen Sie die Mails – ungeöffnet oder nach der Vorbereitung – in die entsprechenden Ordner.
- Setzen Sie sich feste Zeiten, in denen Sie Mails bearbeiten.
- Die nicht täglich zu bearbeitenden Mails können Sie nach Datum geordnet abarbeiten und so im vorgegebenen Verarbeitungsrhythmus bleiben.

Dieses Vorgehen ist bei einem unregelmäßigen Mailfluss ausgleichend, entlastend und macht große E-Mail-Mengen handhabbar. Sie finden im Teil III, Seite 272, Anleitungen zu den erwähnten Punkten. S. 272

Nie ohne Vorbereitung Mails verarbeiten Das sollte ein unbedingter Vorsatz sein. Die Vorbereitung ist auch bei der Mail-Verarbeitung entscheidend für die Effizienz!

Lesen Sie Mails grundsätzlich in der Vorbereitung mit alphaLesen. Mit geübtem alphaLesen werden Sie bei 80 Prozent Ihrer Mails das Wesentliche aufnehmen. Die Lesephase beinhaltet so meist nur noch das Extrahieren von Data oder präzisen Informationen. Dazu können Sie sich dann die nötige Zeit lassen, um es präzise zu tun.

Lesehilfen sind:

- Bei Mails, die über die ganze Bildschirmbreite geschrieben und mehr 10 Zeilen lang sind: Fenster zum Lesen zusammenschieben.
- Mails, die eine intensive Bearbeitung brauchen oder in denen Sie viel datagenau lesen müssen, können Sie auch ins Textverarbeitungsprogramm kopieren, in Spalten formatieren und wenn nötig die Schriftart auf Arial ändern.
- Wenn Sie angehängte Dokumente zu verarbeiten haben, orientieren Sie sich an den Richtlinien für das Lesen am PC.

Wichtig: Machen Sie keinen Arbeitsgang zweimal! Das ist ein Grundsatz, der bei sämtlichen Lesearbeiten gilt. Bei Papiermaterial machen Sie Mind Map-Notizen oder schreiben direkt aufs Papier. Dies ist zwar bei E-Mails nicht gut möglich, aber es gibt dennoch eine »Ankerhilfe«, um bereits gemachte

Arbeitsgänge später aktivieren zu können: Klicken Sie im geöffneten Mail in die Betreffzeile und notieren Sie dort – vielleicht mit einem Schrägstrich abgegrenzt – die Stichworte. Wenn Sie später das Mail verarbeiten, sehen Sie bereits in der Betreffzeile, was damit geschehen soll.

Archivieren mit System Ein überschaubares Archivierungssystem für die E-Mails ist essenziell. Mails sind zahlreich, und wenn Sie keine klare Ordner-Struktur für die Archivierung haben, ist das Chaos vorprogrammiert. Es gibt zwar gute Chaospiloten, die alles wieder aus dem Ordner »Gelöschte Objekte« fischen oder einen Posteingang mit 100 Mails mit sich herumschleppen, aber irgendwann brechen diese Systeme zusammen. Abgesehen davon sind sie nicht sehr entlastend für die Psyche und stärken auch nicht unbedingt das Kompetenzgefühl ...

Investieren Sie daher die nötige Zeit, um ein gutes Archivierungssystem zu erstellen, das genau Ihren Bedürfnissen entspricht. Ordnungskriterien sind:

- Projekte, Namen, Länder, Produkte, Verantwortliche etc.,
- Eingangsdatum,
- Absender.

Die erste Kategorie schafft in der Regel eine bessere Übersicht. In den gängigen Mailprogrammen können Sie ja mithilfe eines Mausklicks nach Eingangsdatum oder alphabetisch nach dem Absender sortieren.

Wenn Ihre Mails auch von einem Assistenten erledigt werden, erstellen Sie das Ordnungs- und Archivierungssystem wenn möglich mit dieser Person, oder kommunizieren Sie es eindeutig in schriftlicher, überschaubarer Form. Das spart Ihnen beiden Zeit und Ärger und erleichtert die Zusammenarbeit.

S. 272 ➡ Auf Seite 272 finden Sie eine Anleitung für die Analyse Ihres Mailverkehrs und die Erstellung eines Archivierungssystems. Es lohnt sich, dafür die nötige Zeit zu investieren.

Umsetzung im Arbeitsalltag

Arbeitsorganisation gehört genauso zur Effizienzsteigerung beim Lesen wie schnelle Aufnahme. Die hier genannten Anwendungsformen öffnen ein großes Potenzial für Zeitgewinn in den jeweiligen Arbeitsgebieten.

Gezielte Anwendungsformen öffnen ein großes Potenzial für Zeitgewinn.

Sollten Sie einen großen Teil Ihrer (Lese-)Arbeit am Computerbildschirm machen, lohnt es sich, dieses Medium mit all seinen Möglichkeiten zu analysieren und das Lesen und Arbeiten möglichst »benutzerfreundlich« zu gestalten. Die hier genannten Möglichkeiten sind nur ein Anstoß, denn der PC ist ein so firmen- und personenspezifisch geformtes Medium, dass die Weiterführung der Nutzungsmöglichkeiten zum Großteil bei Ihnen liegt.

Lesen am Computerbildschirm kann »benutzerfreundlich« gestaltet werden.

Gezieltes Lesen und Verarbeiten von Mails hängt stark von der individuellen Nutzung des Mediums ab. Verwenden Sie sämtliche Elemente von alphaReading, vor allem die Arbeitstechnik und das alphaLesen.

Nutzen Sie sämtliche Elemente von alphaReading bei der Mail-Verarbeitung.

Zusammenfassung der Trainingseinheit *Arbeitsorganisation, Lesen am PC und E-Mail-Verarbeitung*

- Stapellesen ist »Stapeln mit Kultur« und spart Zeit, besonders bei größeren Mengen kürzerer Lesestücke und Fachzeitschriften.
- Themenzentriertes Parallellesen ist eine effiziente Verarbeitungstechnik für große Mengen und ermöglicht eine hohe Qualität durch strukturiertes, übersichtliches Arbeiten.
- Lesen am PC-Bildschirm bietet den Vorteil, Lesematerial lesefreundlich gestalten zu können.
- Die Erledigung von E-Mails setzt, neben der Anwendung der Grundelemente von alphaReading, ein klares Verarbeitungs- und Ordnungssystem voraus.

Zweifel, Schwierigkeiten und die meistgestellten Fragen

Ich lese nicht gerne am Bildschirm. Meine Augen ermüden schneller als beim Lesen auf Papier.

Die Ermüdung der Augen hängt stark von der Qualität des Bildschirms ab.

Es gibt Studien, die das bestätigen: Es scheint ermüdender für die Augen zu sein, am PC zu lesen. Das hängt allerdings stark von der Qualität des Bildschirms ab. Bei Röhrenbildschirmen wird das Bild 30-mal pro Sekunde oder häufiger aufgebaut, und diese »Unruhe« nimmt man unterschwellig wahr. Bei LCD-Bildschirmen ist das nicht mehr der Fall.

alphaLesen geht am PC sogar leichter als auf Papier und entlastet die Augen sehr.

Für das Lesen am Bildschirm bringt das alphaLesen große Erleichterung; es geht sogar noch besser als auf Papier, vor allem, wenn Sie Ihr Lesematerial schmal formatieren. Sie erstellen die unterstützende Physiologie, indem Sie leicht nach hinten lehnen, den Alpha-Zustand aktivieren und mit der Maustaste durch den Text scrollen. So können Sie über lange Zeit hinweg einen entspannten, rezeptiven Lesezustand aufrechterhalten.

Der alphaReminder ist eine gute Hilfe, den Alpha-Zustand ins Lesen zu integrieren.

Installieren Sie auf jeden Fall auch den alphaReminder. Stellen Sie ihn auf 5 Minuten ein, und lassen Sie die Augen jedes Mal für einige Sekunden in die Weite gehen, aktivieren beim nächsten Atemzug den Alpha-Zustand und lesen erst dann weiter. Die Focusveränderung entspannt die Augen, der Alpha-Zustand entspannt Körper und Mind. So können Sie sich Erleichterung verschaffen.

Drucken Sie komplexes Datamaterial aus, wenn es nötig ist.

Datagenaues Lesen am Bildschirm wird als anstrengender empfunden als auf Papier. Wenn Sie ein längeres Dokument mit 5 bis 10 Seiten oder mehr datagenau lesen müssen, kann es sich auch lohnen, es auszudrucken; dies gilt es von Fall zu Fall gut abzuwägen.

Sich mit dem Lesen am PC anzufreunden, ist die beste Strategie.

Der PC entwickelt sich mehr und mehr zum Hauptinformationsträger, und man kann sich dem nicht entziehen. Sich mit dem Lesen am PC anzufreunden und alle seine Vorteile beim Lesen und Verarbeiten zu nutzen, ist wahrscheinlich die beste Strategie.

Umsetzung von alphaReading

Herzlichen Glückwunsch, Sie haben das Trainingsprogramm abgeschlossen!
Nach 6 bis 8 Wochen konsequenter Anwen-

Herzlichen Glückwunsch! Sie sind am Ziel des Trainingsprogramms *alphaReading* angekommen. Ich hoffe, es hat Ihnen Spaß gemacht, und Sie können die erlernten Skills nutzen und dabei mehr und mehr von Ihrem Gehirnpotenzial ausschöpfen.

Wenn Sie alle Schritte mitvollzogen haben, ist die Zeit des Übens jetzt vorbei. Wenden Sie alles in Ihrem Arbeitsalltag konsequent

an. Nach 6 bis 8 Wochen täglichen Gebrauchs ist Ihr neues Leseverhalten automatisiert. Soviel Zeit wird es brauchen, bis es Ihnen
»in Fleisch und Blut« übergegangen ist.

dung ist das Erlernte
automatisiert.

Bleiben Sie dran! Sie brauchen wenig für die Umsetzung des
Ganzen.

Sie brauchen wenig für
die Umsetzung:

alphaReading ist so aufgebaut, dass sämtliche Elemente miteinander in engem Bezug stehen und über Kopplungsdynamiken
verbunden sind: Wenn Sie zwei der Elemente umsetzen, wird die
ganze Technik mitkommen. Bitte überlegen Sie sich, welche beiden
Sie am natürlichsten und häufigsten in Ihrem Arbeitsalltag integrieren können.

Alle Elemente sind mit-
einander verkoppelt.
Wenn Sie zwei davon
umsetzen, haben Sie das
Ganze!

Abbildung 35: Die Elemente von alphaReading

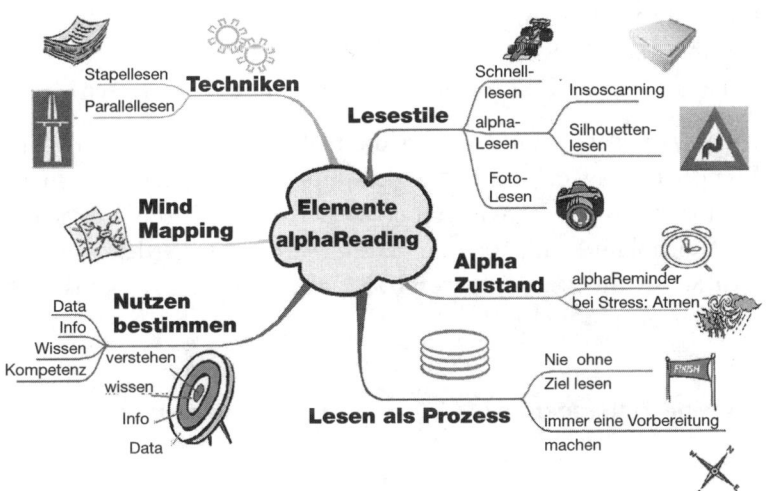

Wählen Sie zwei Elemente aus und tragen Sie diese nachstehend ein:

Element	Anwendungsbereich

Machen Sie eine verbindliche Zusage, diese beiden Elemente in
Ihrem Arbeitsalltag umzusetzen. Damit werden Sie das Gelernte

Dies ist Ihre verbindliche
Zusage, das Erlernte

im Alltag verankern und Ihr Gehirn beim Lesen ganzheitlich einsetzen. Lesen wird damit zu einer Tätigkeit, die Ihr Bewusstseinspotenzial entfaltet und Ihre Gehirnfähigkeiten erweitert.

So gewinnen Sie Zeit.

Wenn Sie die beiden oben genannten Elemente konsequent umsetzen, werden Sie Ihr tägliches Informationsmaterial wesentlich schneller verarbeiten – etwa in der Hälfte der Zeit, die Sie vorher dafür aufgewendet haben. Bitte ziehen Sie Bilanz, wie groß der Zeitgewinn bei Ihnen sein wird, und schreiben Sie die Zeit in Stunden und Minuten unten auf.

Wo werden Sie die gewonnene Zeit investieren?

Überlegen Sie sich, wo Sie diese gewonnene Zeit investieren. Wollen Sie

- mehr Zeit für Ihre Mitarbeiter aufwenden?
- mehr lesen oder kein Lesematerial mehr nach Hause nehmen?
- neue Projekte in Angriff nehmen?
- früher nach Hause gehen?
- die gewonnene Zeit für Ihre Familie oder Sport einsetzen?

Wenn Sie sie gleich verplanen, wird Ihr Zeitfenster kleiner, und Sie müssen die Techniken anwenden.

Wichtig ist, dass Sie mindestens die Hälfte dieser Zeit fest in Ihre Agenda eintragen. Wenn Sie den möglichen Zeitgewinn nicht gleichzeitig »verplanen«, wird er wieder durchs Lesen oder sonstige, ungeplante Aufgaben aufgefüllt werden. Außerdem verkleinern Sie so Ihr Zeitfenster, und Sie »zwingen« sich, das Erlernte umzusetzen.

Meine Zeitersparnis von ...	will ich investieren in ...

Die Zeit und ihr Nutzen sind Ihr Gewinn!

Dies ist Ihr Gewinn! Ich hoffe, dass Ihnen dies quantitativ und qualitativ, in Beruf und Privatleben, Nutzen bringt.

Kapitel 10

alphaListening

Kennen Sie das? – Sie sind in einer Sitzung. Der Inhalt wäre wichtig. Plötzlich merken Sie, dass Sie mit den Gedanken ganz woanders sind und gar nicht mehr wissen, was gerade geredet wurde. Ein anderes Mal sind Sie in einem Gespräch. Ihr Gesprächspartner erklärt Ihnen einen wichtigen Zusammenhang. Sie haben wenig Zeit und merken, dass Sie unruhig und kribbelig werden und ständig an die Aufgaben denken, die Sie nachher erledigen müssen.

Warum schweift man beim Zuhören und in Gedanken ab?

Warum passiert das? Zuhören ist ein passiver Vorgang: Man sitzt da und hört zu. Wenn der Inhalt die Aufmerksamkeit nicht fesselt, beschäftigt sich das Gehirn selbst – und man spielt seine eigenen Filme im Kopfkino ab. Sprache ist außerdem langsam, sie ist ein sequenzieller Prozess: Der Redner muss einen Satz vorne beginnen und zu Ende sprechen, damit der Zuhörer den Sinn versteht, und das in einem Tempo, in dem der Inhalt akustisch aufgenommen werden kann. Das Gehirn jedoch arbeitet viel schneller, und manchmal ahnt man bereits nach wenigen Worten, was der gesamte Inhalt eines Beitrags sein wird. Diese Diskrepanz kann, vor allem unter Stress, eine Spannung erzeugen, die im Gehirn Beta-Aktivität verursacht: unwillkürliche Gedanken, »Nebenprogramme«, die die Aufmerksamkeit vom gegenwärtigen Geschehen wegziehen.

Zuhören ist ein passiver und langsamer Vorgang. Das Gehirn arbeitet viel schneller und erzeugt Nebenprogramme.

Die Grundlage von alphaListening ist die Fähigkeit, während des Gesprächs präsent zu bleiben und die alpha-Gehirntätigkeit aufrechtzuerhalten. Im Alpha-Zustand sind die Sinneswahrnehmungen geschärft, das Denken ist ruhig und klar, und der Körper ist entspannt. Das reguliert Stress und ist ein optimaler Zustand für auditive Informationsaufnahme.

Mit alphaListening hören Sie im entspannten Alpha-Zustand zu und bleiben präsent.

Zuhören quantifizieren

Viele Stunden werden in Sitzungen verbracht. Oft sind die Teilnehmer dabei nicht präsent.

Wenn alle Stunden zusammengerechnet würden, die in Sitzungen und Gesprächen verbracht werden, wäre dies eine enorme Zahl.

Wenn alle Stunden zusammengerechnet würden, in denen Menschen, die an Sitzungen teilnehmen, beim Zuhören nicht präsent sind, wäre dies eine bedenkliche Zahl!

Würde man die daraus entstehenden Kosten ermitteln, wären Listening-Skills sehr attraktiv.

Und wenn alle Fehler und Konsequenzen, die entstehen, weil Menschen beim Zuhören nicht präsent sind, in Zeit und harter Währung zusammengerechnet würden, wäre dies eine besorgniserregende Zahl ... und mit einem Schlag wäre die Schulung präzisen Zuhörens ein wichtiges Thema.

Dem ist jedoch nicht so. Schnelleres Lesen ist viel populärer als präsentes Zuhören, denn was man nicht gelesen hat, stapelt sich und (er)drückt einen. Was man nicht gehört hat, ist vorbei und belastet nicht weiter – es sei denn, es hat Folgen ...

Zuhören ist ein ganzheitlicher Prozess, bei dem bewusst und unbewusst Information aufgenommen wird.

Zuhören setzt voraus, an der Qualität der eigenen Präsenz zu arbeiten und die Aufmerksamkeit zu stärken. Auch wenn es sich gehirnphysiologisch betrachtet primär um das Aufnehmen auditiver Signale und die sprachliche Entschlüsselung des Inhaltes handelt, ist Zuhören ein ganzheitlicher Prozess, bei dem eine Vielzahl anderer Prozesse ablaufen.

Es ist ein inneres Abgleichen. Die Bedeutungszuweisung geschieht zum großen Teil unbewusst.

Die Sinnesreize – also die Töne und Worte – enthalten als solche keine primäre Information; sie werden in elementare neuronale Zustände umgewandelt. Die Inhalte der Informationen jedoch werden auf vielen Ebenen des Gehirns miteinander abgeglichen und mit sämtlichem bestehenden Vorwissen und Erfahrungen, auch emotionalen, kombiniert und verarbeitet.

Das gibt Inhalten eine subjektive Prägung.

Zuhören ist aus diesem Grund kein 1:1-Abgleich mit dem gesprochenen Inhalt, sondern wird stets durch den momentanen Zustand und die Reaktionen des Zuhörers auf das Gesagte gefärbt. Das gibt den Inhalten eine subjektive Prägung. Die Bedeutungszuweisung, die wir »verstehen« nennen, ist nur das Endprodukt dieses unterschwellig laufenden assoziativen Prozesses.

Objektivität ist am ehesten möglich, wenn die innerlich ablaufenden Prozesse minimiert werden.

Den höchsten Grad an Objektivität erlangt man, indem man diese inneren, meist unbewusst ablaufenden Prozesse minimiert oder bewusst macht. Genau das bewirkt der Alpha-Zustand. Er bringt Ruhe ins Bewusste und ins Unbewusste und schafft einen möglichst »neutralen« Zustand. Zudem ist er jene Meta-Ebene, von der aus die innerlich ablaufenden Prozesse wahrgenommen werden können. Damit sind die besten Voraussetzungen für wertfreies, objektives Zuhören geschaffen.

New Brain Technology beim Zuhören

Wie sieht *New Brain Technology* beim Zuhören aus?

- Als erstes erzeugen Sie einen klaren, mental ruhigen und präsenten Aufnahmezustand; innere Dialoge und Kommentare werden zur Ruhe gebracht.
- Von der Metaebene des Alpha-Zustands aus geht die Aufmerksamkeit gleichermaßen nach außen wie nach innen: Sie können ebenso klar wahrnehmen, was gesagt wird, wie Ihre eigenen Reaktionen.
- Sie passen Ihr Zuhören der Ebene des Gesprächs an: Intellektuelle Inhalte nehmen Sie mit Ihrem »logisch-rationalen Ohr« auf; wenn Menschen über ihre Probleme reden, hören Sie mit Ihrem »assoziativ-intuitiven Ohr« zu.
- Durch die Verlagerung der inneren Orientierung je nach Inhalt erlangen Sie ein Höchstmaß an Präzision bei der Informationsaufnahme – sei es für Data, präzise Informationen, allgemeine oder emotionale Inhalte.
- In Sitzungen und bei Vorträgen sind Sie in der Lage, im Alpha-Zustand über lange Zeit präsent und aufnahmefähig zu bleiben, auch bei komplexen Themen und schwierigen Inhalten – und das bis spät in den Abend hinein.
- Wenn Sie unter Stress oder Zeitdruck zuhören müssen, können Sie Ihren eigenen Zustand regulieren, sodass Ihre Informationsaufnahme dennoch klar und präzise ist.
- In Einzelgesprächen schaffen Sie durch Ihre Präsenz ein förderliches Klima, durch das die Gespräche an Gehalt und Tiefe gewinnen.
- In Konflikten können Sie mit bewusstem Zuhören die Konfliktenergie entschärfen und auch in schwierigen Situationen mit einem hohen Maß an Objektivität zuhören, bis konstruktive Kommunikation wieder möglich wird.
- Menschen in schwierigen Situationen unterstützen Sie durch emphatisches Zuhören.

New Brain Technology beim Zuhören bedeutet:

- ein Höchstmaß an Objektivität bei der Informationsaufnahme,
- die Aufmerksamkeit gleichermaßen nach außen und nach innen offen zu halten,
- das Zuhören an den Inhalt anpassen zu können,
- durch gezielte Verlagerung der Orientierung Präzision zu erlangen,
- im Alpha-Zustand über lange Zeit präsent zu bleiben,
- unter Zeitdruck seinen eigenen Zustand zu regulieren,
- in Gesprächen ein gutes Klima zu erzeugen,
- in Konflikten die Konfliktenergie zu entschärfen,
- Menschen emphatisch zuzuhören.

Kapitel 11

Trainingsprogramm
alphaListening

Übersicht über die Trainingseinheiten

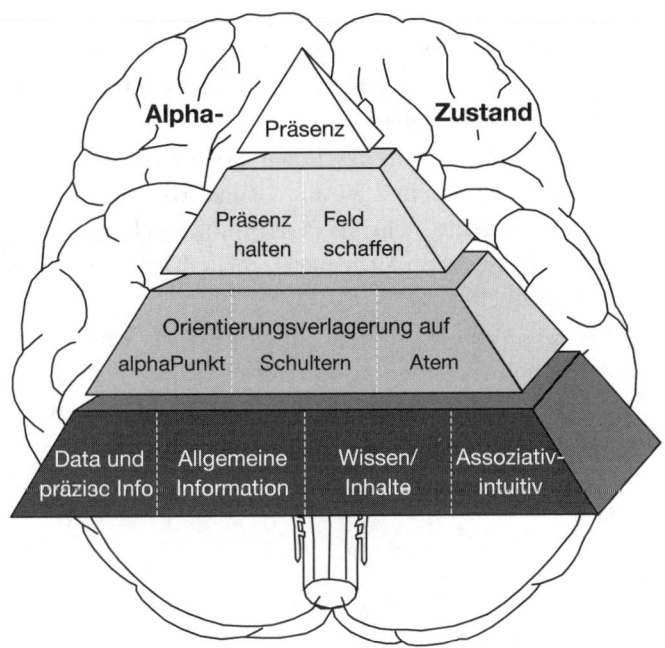

Nutzen

alphaListening intensiviert und vertieft die Fähigkeit, im Alpha-Zustand präsent zu bleiben. Dies bringt Ihnen direkten Nutzen im Arbeitsalltag, da Zuhören eine der wichtigsten Fähigkeiten im Berufsalltag ist, besonders für Führungskräfte. Ihr Zuhören im Arbeitsalltag gewinnt nicht nur an Präzision und Qualität, was Missverständnissen und Fehlern vorbeugt, sondern Sie werden auch in der Lage sein, Ihre Präsenz und Konzentration mühelos über lange Zeit aufrechtzuerhalten: Zuhören im Alpha-Zustand ist entspannend.

> alphaListening schult die Fähigkeit, im Alpha-Zustand auditive Information zu verarbeiten.

Sie gewinnen auch Nutzen im Privatleben, da Zuhören auch dort eine wesentliche Fähigkeit ist. Im persönlichen Leben spielt es oft eine entscheidende Rolle: in der Partnerschaft, bei den Kindern, in der Pflege von Freundschaften etc. Sie werden leichter die Ebene wechseln und in all diesen Lebenssituationen adäquat zuhören können.

> Zuhören bringt auch Nutzen im Privatleben.

Vorgehen

Die Voraussetzung ist der Alpha-Zustand.

Um die Listening-Skills in den folgenden Trainingseinheiten zu erarbeiten, müssen Sie den Zugang zum Alpha-Zustand erlernt und stabilisiert haben (siehe Seite 89).

Nur die erste Trainingseinheit setzt chronologisches Vorgehen voraus.

Sobald Sie die erste Trainingseinheit *Im Alpha-Zustand zuhören* erarbeitet haben, kennen Sie die Grundsätze von alphaListening und müssen nicht mehr strikt chronologisch vorgehen. Sie können sich die Anwendungsformen Schritt für Schritt aneignen oder situativ erarbeiten.

Sie brauchen zum Üben CDs oder ein Radio und Ihren Alltag.

Für den Skill-Aufbau kann ich Ihnen im Buch keine Übungen mitliefern. Bei der *Verlagerung der Orientierung je nach Inhalt* üben Sie am besten mit einer gesprochenen CD oder am Radio.

Die restlichen Übungsgelegenheiten bietet Ihr Alltag. Jede Sitzung, jedes Gespräch ist eine Gelegenheit, die alphaListening anzuwenden.

Trainingseinheit: Im Alpha-Zustand zuhören

Ziel
- Mühelos und konzentriert zuhören
- Erhöhte Wahrnehmung und Präsenz aufrechterhalten, auch über lange Zeiträume hinweg
- Verlagerung der Orientierung je nach Inhalt für präzise, adäquate Informationsaufnahme
- Auditive Information verankern

Zeitaufwand
- Infoteil lesen: 5 Minuten
- Skill-Aufbau: 15 – 20 Minuten

Material
- CD-Player
- Eine ruhige klassische CD
- Eine gesprochene CD
- Radio
- Ihr Alltag!

Zuhören ist ein »einmaliger« Prozess. Bei schriftlichem Material können Sie etwas später nochmals lesen, wenn es nötig ist, oder von der Inhaltsebene aus in einem zweiten Durchgang die Data erarbeiten. Beim Zuhören sind Sie gefordert, »in einem Durchgang« alles aufzunehmen: Inhalt, Informationen und detaillierte Daten. Das ist ein hoher Anspruch und erfordert 100-prozentige Präsenz im gegenwärtigen Moment. Auch Stimmungen und unausgesprochene Gefühle sind Informationen, die beim Reden übermittelt werden, und sollten wahrgenommen werden; diese subtileren Aspekte erfordern eine präzise Einstellung der Wahrnehmungsfähigkeit und erweitern das Spektrum des Zuhörens.

Beim Zuhören muss alles – von Inhalt bis Daten – beim ersten Mal aufgenommen werden.

Indikatoren guten Zuhörens

Kennen Sie Menschen, die gute Zuhörer sind? Was kennzeichnet sie? Was tun sie nicht? Bitte beobachten Sie im Alltag Menschen,

Beobachten Sie, was gute Zuhörer ausmacht.

die Sie für gute Zuhörer halten. Beobachten Sie dabei auch, wie Sie sich in ihrer Gegenwart fühlen.

Hier eine Reihe von Qualitäten, die gutes Zuhören ausmachen. Ich beziehe mich dabei auf jene Aspekte, die in einem Zweiergespräch wichtig sind. Bei Vorträgen, in Sitzungen, Vorlesungen, Radio oder TV etc. ist nur ein Teil dieser Indikatoren relevant.

Gute Zuhörer

Gute Zuhörer

sind präsent,
können Raum geben,
bleiben in Verbindung,
lassen Denkpausen zu,
hören mit ungeteilter
Aufmerksamkeit zu,
sind nicht mit anderen
Gedanken beschäftigt.

- sind fühlbar präsent, innerlich frei für den anderen;
- können Raum geben und signalisieren Interesse;
- sind in einer inneren und äußeren Verbindung mit dem Redner;
- gewähren »Denk- oder Fühlpausen«, ohne gleich dreinzureden;
- haben einen ruhigen, klaren Mind und hören mit ungeteilter Aufmerksamkeit zu;
- sind nicht mit ihren eigenen Gedanken beschäftigt, sondern mit ihrem ganzen Wesen anwesend.

All dies hat zu tun mit
»Dasein«.

All diese Qualitäten haben zu tun mit der »Art des Daseins«, nicht damit, dass der Zuhörer »etwas tut«.

Es gibt viele Kommuni-
kationstechniken; alpha-
Listening beschränkt
sich auf das Zuhören.

Kommunikation beinhaltet selbstverständlich noch andere Elemente wie aktives Zuhören durch Reflektieren und gezielte Fragen, aktive Gesprächsführung etc. Dies sind im Ansatz Themen der nächsten Trainingseinheit. Aber alphaListening beschränkt sich im Kern ganz bewusst auf das Zuhören an sich.

Bitte lesen Sie die
Anleitungen im Haupt-
text, und machen Sie
die Übungen.

Skill-Aufbau

Der Zugang zum Alpha-Zustand über die Verlagerung Ihrer inneren Aufmerksamkeit auf dem alphaPunkt ist immer und bei jeder Anwendungsform der Einstieg, da dies schlagartig den Mind zur Ruhe bringt.

Für das Zuhören müssen Sie den Alpha-Zustand über längere Zeit aufrechterhalten, mindestens so lange, wie Ihr Gegenüber spricht. Dazu werden Sie nicht »am Punkt« bleiben. Die innere Aufmerksamkeit auf dem alphaPunkt erzeugt eine starke Betonung der mentalen Fähigkeiten, was für das Lesen essenziell ist. Wenn Sie jedoch zuhören, wollen Sie sich auch auf anderen Ebenen einstimmen können.

Deshalb verlagern Sie beim alphaListening Ihre innere Aufmerksamkeit auf die Höhe Ihrer Schultern. Damit orientieren Sie sich im Körper zwischen Kopf und Bauch, das heißt zwischen dem oberen, mentalen Bereich und dem unteren, emotional-gefühlsbetonten Bereich:

- Gehen Sie mit Ihrer inneren Aufmerksamkeit beim Einatmen zuerst auf den alphaPunkt. Nehmen Sie Ihren Zustand wahr, während Sie ausatmen, und bleiben Sie zwei bis drei Atemzüge dabei.
- Mit dem nächsten Ausatmen stellen Sie sich vor, dass auf Ihren beiden Schultern gleichzeitig ein ganz angenehmer Kontakt entsteht: etwas Leichtes, Warmes, Wohliges.
- Bleiben Sie einige Atemzüge lang sitzen, mit Ihrer inneren Orientierung auf den Schultern.

Abbildung 37: **Weg der inneren Aufmerksamkeit beim alphaListening**

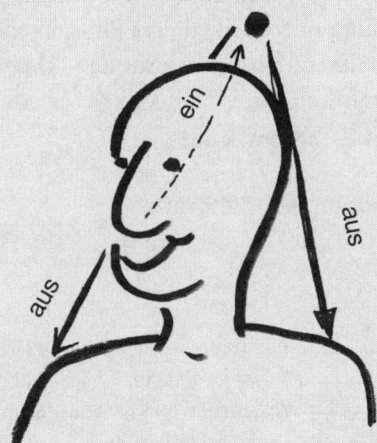

Konnten Sie die Orientierungsverlagerung empfindungsmäßig nachvollziehen?

- Wie fühlt sich Ihr Körper an?
- Wie geht Ihr Atem?
- Haben Sie viele, wenig oder keine Gedanken?

- Können Sie wahrnehmen, dass Sie den Alpha-Zustand auch mit der Orientierung auf den Schultern halten können?

Die Verlagerung der Orientierung auf die Schultern ist die Basis fürs alphaListening. Bitte nehmen Sie sich daher genügend Zeit, diese Basis zu stabilisieren.

Falls Sie diese Orientierungsverlagerung nicht nachempfinden konnten, geben Sie sich etwas mehr Zeit. Stellen Sie es sich am Anfang einfach vor, bis Sie es mit etwas Übung auch empfinden können.

Verlagerung der Orientierung je nach Inhalt

Wenn es interessant ist, geht man innerlich mit.

Beim Zuhören hat man die Tendenz, innerlich mitzugehen. Beobachten Sie sich selber oder andere in einem anregenden Gespräch – Sie werden dies leicht nachvollziehen können.

Das kann bewusst genutzt werden, um die Präzision der Inhaltsaufnahme zu erhöhen.

Bei alphaListening nutzen Sie dieses Phänomen bewusst, um die Präzision der Inhaltsaufnahme zu erhöhen. Dazu passen Sie Ihre Orientierung dem Inhalt an.

Die Ebenen des Zuhörens sind:

Die Ebenen des Zuhörens sind:

Abbildung 38: **Ebenen des Zuhörens**

**am alphaPunkt,
Schultern,
Atem,
Bauch.**

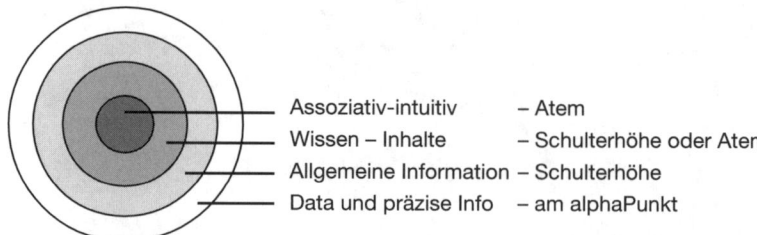

Assoziativ-intuitiv	– Atem
Wissen – Inhalte	– Schulterhöhe oder Atem
Allgemeine Information	– Schulterhöhe
Data und präzise Info	– am alphaPunkt

Mit der Zeit, wenn die Praxis Ihnen vertrauter geworden ist, wird diese Orientierungsverlagerung ganz von selbst geschehen.

S. 275 Auf Seite 275 finden Sie Übungen, die Ihnen diese verschiedenen Ebenen des Zuhörens erfahrbar machen. Dazu brauchen Sie

Ihre CDs und ein Radiogerät. Lassen Sie sich bitte wieder genügend Zeit für diese Schritte. Sie sind die Grundlage der Listening-Praxis.

Auditive Information verankern

Sind Sie gefordert, auditive Information intellektuell, assoziativ oder emotional weiterzuverarbeiten oder wiedergeben zu können, ist es am besten, sie bei der Aufnahme gleich festzuhalten und zu verankern, da – wie bereits erwähnt – gesprochene Worte in der Regel nicht wiederholt werden.

Zuhören ist »einmalig«. Verankern Sie Inhalte gleich bei der Aufnahme.

Es gibt Menschen, die Informationen besser behalten, wenn sie sie auditiv aufnehmen. Andere wiederum müssen sie sehen, um sie im Gedächtnis zu speichern. Finden Sie heraus, über welchen Sinneskanal Sie am besten verarbeiten. Der sicherste Weg ist, wenn Sie beide Kanäle nutzen.

Finden Sie heraus, über welchen Kanal Sie am besten verarbeiten.

Mind Mapping ist auch dazu die beste, weil ganzheitliche und wirkungsvollste Methode. Neben der visuellen Verstärkung sind Sie durch die Erstellung eines Mind Maps, das Sie ja selber strukturieren und ordnen müssen, viel stärker gefordert, klar zuzuhören. Sie werden merken, wann Sie abwesend waren und »Löcher« haben. Mehr zu Mind Mapping im Abschnitt *Gedächtnis und Erinnern*, Seite 70.

Mind Mapping ist eine visuelle und strukturierte Notizform und hilft, präsent zu bleiben.

Machen Sie dazu die Übung 30 auf Seite 280.

In Situationen, in denen Sie kein Notizpapier haben oder in denen es nicht angebracht ist, Notizen zu machen, gibt es noch andere Ankermethoden:

S. 280
Es gibt noch andere Ankermethoden:

- Wenn Sie starke visuelle Fähigkeiten haben, können Sie diese nutzen, indem Sie in der Vorstellung die Kernaussagen im Raum verankern. Sie platzieren die wichtigsten Inhalte in den vier Ecken des Raumes, stellen sie auf oder unter den Tisch, hängen sie in den Fensterrahmen oder an die Lampe etc. Gestalten Sie dies in Ihrer Imagination möglichst auffällig. Sie können jedes beliebige Umfeld als Ankerplatz nutzen: verschiedene Stationen eines bekannten Weges, Ihr Auto etc.

Visuelle Vorstellung

- Sind Sie eher kinästhetisch veranlagt, verknüpfen Sie die Inhalte mit Ihren Fingerkuppen oder an verschiedenen Teilen Ihres Kör-

Kinästhetische Verankerung

pers. Bei jeder wesentlichen Aussage machen Sie eine mentale Notiz und verankern diese über den Druck von Daumen und Finger an die vier Fingerkuppen der rechten oder linken Hand oder irgendwo am Körper.

Mnemotechniken
- Oder Sie nutzen die gängige Mnemotechnik, den Inhalten »assoziative Welten« oder Bilder zuordnen. Dazu gibt es ein reiches Angebot an Bücher und Seminare. Vera Birkenbihls Buch *Stroh im Kopf* hat zahlreiche witzige und wirkungsvolle Anleitungen.

Zusammenfassung der Trainingseinheit
Im Alpha-Zustand zuhören

- Zuhören ist »einmalig« und erfordert 100-prozentige Präsenz und Informationsaufnahme auf allen Ebenen: Inhalt, Info und Datenmaterial.
- Gute Zuhörer können Raum geben, bleiben in Verbindung und sind mental und emotional präsent.
- Stress und Zeitdruck erschwert das Zuhören und erfordert die Regulierung des eigenen Zustandes als Grundlage präziser Informationsaufnahme.
- Die innere Orientierung beim Zuhören geht von der Schulterhöhe aus.
- Die Orientierung kann auf den alphaPunkt, die Schultern, den Atem oder in den Bauch verlagert werden.
- Sie passt sich dem Inhalt an, oder man verlagert sie aktiv entsprechend des Inhaltes.
- Um auditive Information zu festigen, sollte sie sinnlich geankert werden, am besten mit Mind Mapping.

Umsetzung im Arbeitsalltag

Üben Sie in den nächsten Tagen, wann immer Sie daran denken; aber nicht beim Autofahren!
Üben Sie alphaListening während der nächsten Tage, wenn Sie Radio hören, beim Fernsehen, in Sitzungen oder Vorträgen. Warten Sie noch mit der Anwendung in Einzelgesprächen, bis Sie etwas vertrauter sind mit der Praxis. Tun Sie es *nicht* beim Autofahren; dort wollen Sie ganz klar Beta-präsent sein, um körperliche Reaktionen unmittelbar aktivieren zu können.

Stellen Sie sich immer wieder die Fragen »Wie höre ich zu? Kann ich meinen Mind präsent halten, während ich zuhöre?« Dies wird Sie unweigerlich zur Anwendung des Erlernten bringen. Betrachten Sie während des Zuhörens für einen kurzen Moment die Situation und den Inhalt, und fragen Sie sich, auf welcher Ebene Ihr Zuhören angebracht ist. Die Umsetzung von alphaListening ist vorwiegend eine Frage des Gewahrseins. Wenn Sie Ihre Präsenz verlieren und es merken, werden Sie wie selbstverständlich über den alphaPunkt zurück auf die Schultern gehen. Dieser Automationsprozess wird circa vier bis sechs Wochen dauern.

Zweifel, Schwierigkeiten und die meist- gestellten Fragen

?

Ich nehme keine Inhalte auf, wenn ich meine Aufmerksamkeit auf der inneren Orientierung habe.

Dann haben Sie mit größter Wahrscheinlichkeit zu viel Ihrer Aufmerksamkeit nach innen gerichtet. Wenn Sie mit Ihrer Aufmerksamkeit zu 100 Prozent nach innen gehen, sind Sie zu wenig über Ihre Sinne mit dem Außen verbunden und nehmen demzufolge zu wenig auf. Gehen Sie nur mit einem Teil Ihrer Aufmerksamkeit nach innen auf die Orientierungsebenen, mit etwa 10 Prozent, und bleiben Sie dann empfindungsmäßig damit verbunden. Es ist mehr ein inneres Gewahrsein der Schultern, des Atems oder des Bauch als ein gezieltes Richten der Aufmerksamkeit. Dieses Gewahrsein kann gut mit der zuhörenden Aufmerksamkeit gleichzeitig aufrechterhalten werden.

Sobald ich meine Orientierung in den Bauch verlege, schlafe ich ein.

Ja, das kann geschehen. Wenn Sie mit der Orientierung auf die Ebene des Bauches gehen, sind in Ihrem Gehirn Alpha-Wellen in tieferen Frequenzen messbar, »Low-alpha« zwischen 8 bis 10 Hertz. Dies entspricht tieferen Entspannungszuständen und ist »gefährlich« nahe am Übergang zum Schlaf. Am Anfang, wenn das Nervensystem noch nicht gewohnt ist, auf diesen Ebenen wach zu bleiben, zieht es einen gerne in den Schlaf. Das sollte sich jedoch nach ein paar Tagen einpendeln, sodass Sie wach und präsent bleiben können, auch wenn Ihre Orientierung im Bauch ist. Aus diesem Grund empfehle ich, nur bei Konflikten oder bei starker Aktivierung des Nervensystems die Orientierung auf den Bauch zu nehmen. Wenn Sie beim Atem bleiben, nehmen Sie ebenfalls assoziativ-intuitiv wahr, sind aber in punkto Einschlafen auf der sicheren Seite. Es ist noch zu erwähnen, dass sich der Körper nimmt, was er braucht: Sollten Sie also übermüdet sein und an die Wach-Schlaf-Grenze gehen, werden Sie viel leichter in den Schlaf hinüberrutschen, als wenn Sie körperlich ausgeruht und frisch sind.

Trainingseinheit: **Anwendungsformen von** *alphaListening*

Ziel

- Verschiedene Anwendungsformen kennen lernen
- Mit Mind Maps den Mind »bei der Stange halten«
- In Sitzungen und Einzelgesprächen das »Feld« bewusst gestalten und nutzen
- Unter Zeitdruck und Stress förderliche Voraussetzungen fürs Zuhören schaffen
- Wertfreies Zuhören als konstruktiver Konfliktlösungsansatz
- Emphatisches Zuhören als Unterstützung für Menschen in schwierigen Lebenssituationen.

Zeitaufwand

- Infoteile lesen: 5 Min
- Skill-Aufbau lesen: 5 – 10 Minuten

Material

- Ihr Arbeitsalltag und alles, was Ihnen das Leben bietet!

Aufmerksamkeit ist Energie, ein großes Potenzial an Energie. Wenn Menschen zuhören, ist ihre Aufmerksamkeit auf eine Sache gerichtet. Dadurch entsteht ein »Feld«. Wenn die Aufmerksamkeit hoch und konzentriert ist, ist diese Energie geordnet und kohärent und es entsteht ein optimales Feld für die Übermittlung von Informationen. Auch hier ist der Supraleiter eine treffende Analogie. In Sitzungen, Vorträgen oder Einzelgesprächen ist es die Qualität der Aufmerksamkeit der Menschen, die die Qualität und Intensität des Feldes erzeugt. Ist die Aufmerksamkeit stark und klar, ist das Feld störungsfrei. Kommunikation wird reibungslos und klar sein, und das kreative Potenzial ist hoch.

Aufmerksamkeit ist Energie und schafft ein Feld.

Deshalb ist es wichtig, die Präsenz zu halten. Mentale Abwesenheit schafft »Löcher« im Feld und mindert das kreative Potenzial. Ob das Bewusstseinspotenzial und die darin enthaltenen kreativen Ressourcen der Sitzungsteilnehmer vorhanden sind oder nicht, wirkt sich entscheidend auf die Qualität der Ergebnisse aus.

Mentale Abwesenheit ist »ein Loch im Feld«.

Zuhören in Sitzungen

Viel Zeit wird in Sitzungen verbracht.

Mentale Abwesenheit in Sitzungen ist »normal«.

Sitzungen machen in vielen Berufen einen beachtlichen Teil der täglichen Arbeit aus.

Mentale Abwesenheit in Sitzungen ist weit verbreitet. Man ist mental abwesend, wenn man während der Sitzung gedanklich woanders ist oder andere Arbeit erledigt. Ich rede mit vielen Menschen über dieses Phänomen und stelle fest, dass es als »normal« empfunden wird: In Sitzungen bemerke es ja meist keiner, wenn man sich für eine Weile mental »verabschiede«.

Sie ist jedoch Ursache von Fehlern und hat quantifizierbare Konsequenzen:

Verlust von Potenzial.

Dieser Umstand hat jedoch Konsequenzen. Einerseits entzieht er dem Feld Energie und kreative Ressourcen; außerdem ist mangelndes Zuhören die Ursache von Fehlern und Leerläufen. Würden die direkten und indirekten Folgen mentaler Abwesenheit in Sitzungen in »bare Münze« umgesetzt, wäre es sofort ein zentrales Thema.

Wird in Sitzungen das kreative Mit-Denken von Teilnehmern gefordert, um Neues zu entwickeln, Probleme zu lösen oder wichtige Entscheidungen zu fällen etc., bedeutet mentale Abwesenheit einen Verlust von Potenzial und kreativen Ressourcen. Das wirkt sich direkt auf die Qualität neuer Entwicklungen, Lösungen etc. aus – wenn sie denn überhaupt zustande kommen. Dieser Verlust ist schwierig zu quantifizieren, kann jedoch entscheidend sein und gravierende Folgen haben.

Bitte lesen Sie die Anleitungen im Haupttext.

Skill-Aufbau

Um in Sitzungen Ihre Präsenz zu erhöhen, verlagern Sie Ihre innere Orientierung entsprechend den Inhalten: Bei allgemeinen Inhalten gehen Sie mit Ihrer inneren Aufmerksamkeit auf die Schultern und halten Ihre Präsenz. Wenn Data oder präzise Inhalte vermittelt werden, gehen Sie mit Ihrer inneren Aufmerksamkeit auf dem alphaPunkt. Wenn Sie nicht direkt angesprochen sind und dem Inhalt nur am Rande folgen müssen, bleiben Sie mit Ihrer inneren Aufmerksamkeit auf dem Atem. Gehen Sie in Sitzungen und Vorträgen nicht auf die Ebene des Bauches, da diese Art des Zuhörens zum einen stärker gefühlsorientiert ist als auf sachliche Inhalte ausgerichtet, und Sie zum anderen dabei leicht einschlafen können.

Können Sie nicht direkt auf die Sitzung Einfluss nehmen, müssen Sie stark an der Art und Weise Ihres Zuhörens und Ihrer Präsenz arbeiten und den Mind »bei der Stange halten«. Wenn Sie in Gedanken abschweifen, weil der Inhalt Ihre Aufmerksamkeit nicht fesseln kann, machen Sie Mind Map-Notizen. Das eine sehr gute Möglichkeit, nicht nur die Inhalte zu ankern, sondern auch eine Struktur zu schaffen. Ist der Themenablauf gut strukturiert, fällt das Mind Mapping leicht. Geht es jedoch in der Sitzung eher etwas chaotisch zu (was oft auch eine Ursache dafür ist, dass die Teilnehmer Schwierigkeiten haben zu folgen und sich deshalb langweilen), brauchen Sie eine wache Aufmerksamkeit, um Struktur in dieses Chaos zu bringen. Damit beschäftigen Sie Ihren Mind mit den Inhalten und bleiben präsent.

Zuhören unter Stress

Unter Zeitdruck entsteht aufgrund der äußeren Langsamkeit und des inneren Gefühls von (Zeit-)Druck eine Spannung, die zu extremem Stress anwachsen kann. Das Gehirn würde viel schneller arbeiten, und man weiß nach der Hälfte des Satzes bereits, was die andere Person sagen will – und dennoch muss man den Satz zu Ende hören …

Sprache ist langsam, der Mind aber ist schnell. Unter Stress erzeugt das Spannung.

Wenn es nicht möglich ist, die Situation zu verändern – was meistens der Fall ist – gilt es, bei sich selbst den Stress abzubauen.

Diesen inneren Stress gilt es abzubauen.

Skill-Aufbau

Weil Sprache so langsam ist und Sie den Redner nicht »schneller machen« können, müssen Sie sich selber verlangsamen.

Sie atmen ein, gehen mit Ihrer inneren Aufmerksamkeit zunächst auf dem alphaPunkt und beim Ausatmen auf dem Atem. Dann bleiben Sie mit Ihrer inneren Aufmerksamkeit auf dem

Bitte lesen Sie die Anleitungen im Haupttext.

Fluss Ihres Atmens, spüren das Einatmen und das Ausatmen: ein – aus – ein – aus … bis Sie merken, dass das Nervensystem sich beruhigt, Ihr Atem langsamer, Ihr Körper entspannter und Ihr Mind ruhiger wird. Dabei halten Sie die Präsenz, damit Sie dem Inhalt des Gesprächs weiter folgen können.

»*Das ganze Leben ist ein Prozess des Miteinander-in-Beziehung-Stehens. Erhöhe die Qualität dieses Prozesses, und der Rest wird sich von selbst ergeben.*« Moshe Feldenkrais

Einzelgespräche

In Einzelgesprächen ist der Kontakt und die Ansprache unmittelbar.

Zuhören in Einzelgesprächen ist am einfachsten und am anspruchsvollsten zugleich. Dieser Kontakt ist unmittelbar, und mentale Abwesenheit wird bewusst oder unbewusst sofort registriert. Menschen spüren schnell, ob jemand wirklich präsent oder nur physisch anwesend ist. Präsent zu bleiben, ist also in Einzelgesprächen sehr wichtig, ob es nun um rein sachliche Inhalte geht oder ob emotionale Aspekte hineinspielen.

Je störungsfreier das Feld, umso reibungsloser die Informationsübertragung.

Je intensiver und störungsfreier das Feld, umso reibungsloser die Informationsübertragung jeglicher Art. Wenn Sie mit ungeteilter Aufmerksamkeit im Alpha-Zustand zuhören, intensivieren Sie das Feld und fördern damit den Austausch von Informationen – auch wenn Ihr Gegenüber dies nicht tut. Es wäre natürlich ideal, wenn sich beide Gesprächsteilnehmer um die Qualität des Feldes bemühen würden. Mit 50 Prozent Einfluss wirken Sie jedoch maßgeblich an seiner Gestaltung mit und können damit die Umstände förderlich beeinflussen.

Bitte lesen Sie die Anleitungen im Haupttext.

Skill-Aufbau

Bei jedem Einzelgespräch gibt es in der Regel eine »Aufwärmphase«. Dort ist die Qualität des Kontaktes am wichtigsten.

Man sagt, dass diese sich in den ersten paar Sekunden formiert. Deshalb sollte man dieser Phase des Gesprächseinstiegs besondere Aufmerksamkeit widmen. Kontakt und Vertrauen werden hergestellt durch Augenkontakt, einladende Mimik und ein Lächeln, wenn es angebracht ist.

Beim Zuhören lassen Sie Ihre Orientierung mit dem Inhalt mitgehen oder, wenn es noch nicht von selbst passiert, passen Sie sie an. Gehen Sie dabei sehr subtil vor: Nur ein kleiner Teil Ihrer Aufmerksamkeit – etwa 10 Prozent – sollte nach innen auf Ihre innere Orientierung gerichtet sein, damit Sie ganz für Ihr Gegenüber präsent sind.

Konflikte

»Erkenne alle Konflikte als Muster von Energie, die ein harmonisches Gleichgewicht in einem Ganzen anstreben.« Dhyani Ywhoo, Etowah Cherokee

Im Geschäftsleben geht es in der Regel um sachbezogene Konflikte und um inhaltliche Differenzen; wenn dabei keine Emotionen involviert sind, reichen gute Gesprächs- und Verhandlungstechniken. In emotionsgeladenen Konflikten jedoch kann die hier vorgeschlagene Art der Konfliktlösung über das Zuhörens in adäquater Form ebenfalls angewendet werden. Ist die emotionale Ebene erst einmal geklärt und das Feld wieder »rein«, können auch sachliche Differenzen erfolgreicher gelöst werden. Ich beziehe mich im Folgenden auf solche emotionsgeladenen zwischenmenschlichen Konflikte.

Wenn keine Emotionen involviert sind, reichen gute Verhandlungstechniken. Kommen Emotionen auf, entsteht Konfliktenergie.

Bitte erinnern Sie sich an eine Konfliktsituation, bei der Sie emotional aktiviert waren. Was passierte da in Ihnen? Was geschah im Körper? Was geschah im Mind? Was lief emotional ab?

Bei den meisten Menschen steigt der Puls, der Atem wird schnell, oft rötet sich die Haut, und die Hände werden feucht und beginnen zu zittern, der Mind wird schnell und hitzig. Manchmal vergreift man sich auch im Ton oder in dem, was man sagt.

Andere Menschen »gefrieren«: Sie werden blass, fühlen sich wie gelähmt, der Kopf wird ganz leer, und sie können nicht mehr sprechen.

Emotionen erzeugen physiologische und psychologische Reaktionen: Aktivierungen im Nervensystem. Diese Aktivierung zu beruhigen macht oft schon 50 Prozent der Konfliktlösung aus.

Konflikte generell erzeugen Stress, eine Aktivierung des Nervensystems, was für jegliche Art des Informationsaustausches hinderlich ist – sowohl für das Reden wie auch das Zuhören.

Gutes Zuhören kann wirken wie ein Ventil, das »den Dampf ablässt« und ist ein Schlüssel zu konstruktiver Konfliktlösung. Wenn es gelingt, aufrichtig wertfrei zuzuhören, löst dies die Konfliktenergie, und Kommunikation ist wieder möglich. Damit öffnet sich ein Weg für eine konstruktive Lösung des Konfliktes.

Bitte lesen Sie die Anleitungen im Haupttext.

Skill-Aufbau

Wenn Sie emotionsgeladene Konfliktsituationen konstruktiv lösen wollen, können Sie in der Regel nicht darauf warten, dass der andere den ersten Schritt macht – vor allem wenn die Gegenseite das Gleiche tut ... Wenn Sie jedoch selbst emotional aktiviert sind, führt der erste Schritt zu Ihnen selbst. Als erstes gilt es, den eigenen Dampf zu »ventilieren«, indem Sie Ihr Nervensystem beruhigen. Dazu gehen Sie mit Ihrer inneren Orientierung auf dem Atem oder auf dem Bauch.

Wenn Sie merken, dass sich Ihr Nervensystem etwas beruhigt hat, der Atem langsamer, der Körper entspannt und der Mind ruhiger geworden ist, können Sie besser zuhören.

Mit den folgenden drei Schritten gelangen Sie zu einer konstruktiven Konfliktbewältigung:

Erster Schritt Gehen Sie mit Ihrer inneren Aufmerksamkeit auf den Atem oder die Schultern und halten die Präsenz. Das kann unter Umständen in Konfliktsituationen sehr anstrengend sein, weil die Reaktionen in Konflikten instinktgesteuert und keine »Kopfsache« sind. Aber wenn Sie sich entschieden haben, zuzuhören und damit zu agieren statt zu reagieren, wird Ihnen diese Praxis dabei helfen.

Hören Sie zu, mit voller Aufmerksamkeit. Lassen Sie die andere Person reden und unterbrechen Sie nicht. Machen Sie sich Notizen über das, was Sie dazu zu sagen haben, falls das angebracht und möglich ist.

Versuchen Sie, innerlich nicht zu bewerten, zu reagieren, in innere Dialoge zu gehen oder sich auf Ihre Antworten vorzubereiten. Seien Sie einfach nur präsent.

Wenn Sie innerlich zu viel Spannung aufbauen, sodass Sie nicht mehr zuhören können, gehen Sie wieder auf den Atem in den Bauch.

Wenn Sie wirklich so »grenzenlos« zuhören können, wird das Ihr Gegenüber beruhigen. Achten Sie darauf, ob Sie irgendein Anzeichen feststellen können, dass Ihr Zuhören Wirkung zeigt, zum Beispiel, dass Ihr Gegenüber ruhiger wird, langsamer atmet, die Rötung der Haut und oder das Zittern der Hände zurückgeht, er langsamer spricht oder Pausen macht.

Dann können Sie in den Aktivmodus schalten – aber halt, noch nicht die eigene Meinung bringen!

Zweiter Schritt Zuerst gilt es, dem Gegenüber zu zeigen, dass man gehört hat, was er gesagt hat. Das heißt jedoch nicht, dass Sie damit einverstanden sind – das ist wichtig, denn ansonsten hätten Sie wohl große Widerstände, dies zu tun. Wiederholen Sie, wenn möglich mit den Worten des anderen, was er gesagt hat. Tun Sie dies wertungsfrei mit einer neutralen Haltung.

Geben Sie diesem Teil des Gesprächs genügend Zeit und Raum. Bleiben Sie dabei, bis das Gegenüber sich gehört fühlt. Sie können sich das auch bestätigen lassen: »Fühlst Du dich jetzt gehört und/oder verstanden von mir?« Wenn Sie hier ein klares »Ja« bekommen, dann wird sich die Konfliktenergie zum größten Teil gelegt haben.

Dritter Schritt Wenn sich die andere Person gehört fühlt und sich damit die Situation beruhigt hat, können Sie fragen, ob sie bereit sei, nun auch Ihnen zuzuhören. Ohne ein Einverständnis werden Sie Ihrerseits wenig Chancen haben, angehört und verstanden zu werden.

Ist man in einer Konfliktsituation an diesem Punkt angelangt, hat sich die Konfliktenergie meist aufgelöst und konstruktive, lösungsorientierte Kommunikation wird wieder möglich sein. Es ist nun natürlich genauso wichtig, sich wertungsfrei, ohne anzuklagen, und konstruktiv zu äußern. Dieses Thema sprengt allerdings den Rahmen des Buches. Aber ich möchte Sie gerne auf das Buch *Gewaltfreie Kommunikation. Eine Sprache des Lebens* von Marshall Rosenberg hinweisen, das im Literaturverzeichnis aufgeführt ist.

Emphatisches Zuhören

Emphatisches Zuhören ist eine wichtige Fähigkeit.

Es gibt noch eine Art von Zuhören, die in den zwischenmenschlichen Bereich gehört: emphatisches Zuhören. Besonders für Führungskräfte und Personalverantwortliche ist dies eine wichtige Fähigkeit, die im Arbeitsfeld in gewissen Situationen angebracht und wichtig ist, weil sie Menschlichkeit kommuniziert und Vertrauen schafft.

Aber auch im Privatleben und in Freundschaften kann diese Art des Zuhörens in vielen Situationen praktiziert werden und hilfreich sein.

Es ist angebracht, wenn Menschen in schwierigen Situationen sind.

Emphatisches, voll präsentes Zuhören ist wichtig und hilfreich, wenn Menschen in schwierigen Situationen sind, wenn zum Beispiel

- ein Mitarbeiter ein Familienmitglied verloren hat,
- ein nahe stehender Mensch oder ein Kind verunglückt ist,
- jemand eine schwere oder gar unheilbare Krankheit hat,
- jemand seine Stelle verliert,
- ein Mensch in einer Depression ist etc.

Kluge Worte sind dann meist fehl am Platz.

In diesen Situationen sind kluge Worte meist fehl am Platz; oft gibt es nichts zu sagen, und man kann nur da sein und zuhören. Zuhören, ohne zu interpretieren, ohne zu werten, ohne antworten zu müssen oder Ratschläge zu geben – einfach nur zuhören.

Da wollen Menschen einfach nur gehört und wahrgenommen werden.

Diese Art, für einen Menschen da zu sein, ist wertvoll, weil es das tiefste menschliche Bedürfnis erfüllt: wahrgenommen, gehört und verstanden zu werden. Ein Mitarbeiter, der eine menschlich schwierige Situation zu meistern hat, braucht diese Art von Zuhören von seinem Vorgesetzten.

Einfühlsames Zuhören ist keine »Technik«,

Emphatisches Zuhören ist Zuhören mit Herz und Verstand; eine tiefe menschliche Fähigkeit, getragen von Mitgefühl und Verständnis. Dafür gibt es keine »Technik« – es ist eher eine innere Haltung. Es gibt Menschen, die das ganz natürlich aus sich selbst heraus aktivieren können. Andere wiederum müssen daran arbeiten. Mit den erlernten Listening-Skills kennen Sie alle Elemente, diese Art des Zuhörens und Daseins für andere Menschen zu kultivieren.

es kann nur kultiviert werden.

Skill-Aufbau

Nachfolgend einige Anregungen, die einen äußeren und inneren Rahmen dazu schaffen können. Verstehen Sie sie nicht als Regeln oder »Rezepte«, denn emphatisches Zuhören ist, wie gesagt, eine innere Haltung.

Bitte lesen Sie die Anleitungen im Haupttext.

- Bei dieser Art emotional anspruchsvollen Zuhörens sollten Sie einen Zeitrahmen kommunizieren. Damit schaffen Sie einen sicheren Rahmen.
- Aktivieren Sie den Alpha-Zustand und halten Sie Ihre Präsenz. Hören Sie einfach zu – wie ein weiter Raum, in den alles eintreten darf, wie ein Ozean, für den kein Fluss zu viel ist. Bleiben Sie dabei, auch wenn Ihr Gegenüber an schwierige, schmerzhafte Gefühle kommt. In solchen Situationen ist das oft das Einzige, was wirklich gefragt ist. Merken Sie jedoch, wenn es Ihnen zu viel wird. Es ist wichtig, die eigenen Ressourcen zu halten und sich nicht »anstecken« lassen von Emotionen und Gefühlen. Hier hilft es, beim eigenen Atem zu bleiben.
- Sie werden sich vielleicht manchmal als Zuhörer hilflos fühlen und möchten helfen, Ratschläge geben oder einfach etwas für den anderen tun. Das ist jedoch meistens nicht gefragt. Auch die Sätze: »Ist ja nicht so schlimm« oder »Es wird schon wieder besser«, sind meistens wenig tröstlich. Sie sollten auch nicht bei allem, was die andere Person erzählt, gleich mit dem Satz »ja, bei mir ist das auch so …« reagieren – dann ist die Aufmerksamkeit nämlich weg vom anderen und bei Ihnen. Kommunizieren Sie Ihr Verständnis oder Mitgefühl einfach, indem Sie mit wenigen Worten wiederholen, was der andere gesagt hat – möglichst mit den gleichen

Worten. Was in Konflikten oft Wunder wirkt, ist auch hier eine hilfreiche Interventionsmöglichkeit.

- Wie beim Zuhören in Einzelgesprächen hat man als Zuhörer die Tendenz, innerlich mitzugehen. Wenn Sie Menschen in Gesprächen beobachten, werden Sie feststellen, dass der Zuhörer den Sprechenden oft – meist unbewusst – spiegelt, das heißt seine Mimik und Gestik übernimmt. Beim emphatischen Zuhören ist dies in einer adäquaten und vor allem unterstützenden Art zu praktizieren. Indem Sie zum Beispiel einmal bewusst nicht lächeln, wenn Ihr Gesprächspartner lächelt, während er Ihnen eine schlimme Geschichte erzählt – solche Inkongruenzen zu unterstützen wäre nicht sinnvoll. Statt »mit zu leiden«, wenn der andere verzweifelt ist, hilft ihm eine aufrichtig mitfühlende Haltung viel mehr.

Für emphatisches Zuhören gibt kein »Rezept«. Es ist eher eine feinfühlige, tiefe Art des Hinhorchens und ein gutes Gefühl dafür gefragt, was angebracht und hilfreich ist – und das kann man lernen.

Es muss auch nicht erst ein großer »Notfall« auf Sie zukommen, damit Sie diese Haltung »üben« können. Versuchen Sie doch einfach das nächste Mal, wenn Sie mit Ihrer Partnerin oder Ihrem Partner zusammen einen ruhigen Abend haben, auf diese Art für sie/ihn da zu sein und lassen Sie sich überraschen, was dabei geschieht. Ich habe schon von kleinen und großen Wundern gehört …

Umsetzung im Arbeitsalltag

Der Alltag bietet viele Umsetzungsmöglichkeiten.

Die Umsetzung im Alltag wurde bei jeder Anwendungsform bereits kurz angesprochen. Ihr Alltag bietet zahlreiche Gelegenheiten für die Umsetzung: Jedes Gespräch, jede Sitzung, jede Konversation etc. ist eine Gelegenheit, alphaListening anzuwenden.

Mind Maps steigern den Behaltenswert.

Je nach Situation haben Sie die Möglichkeit, Ihr Zuhören zu optimieren und die Situation für Sie interessanter zu gestalten. Mind Map-Notizen stärken den Behaltenswert.

Die Anwendungsformen

Die Anwendungsformen sind an die Situation gebunden. Je nachdem können Sie Ihre Präsenz entsprechend förderlich gestalten.

Die »hohe Schule des Zuhörens« ist die Konfliktlösung durch Zuhören und das emphatische Zuhören – und da gilt es zu »üben«, wenn es gefragt ist. Üben heißt hier, alles Erlernte anzuwenden, so gut es eben geht, jede Gelegenheit nutzen, um damit Erfahrungen zu machen und dabei einen Schritt sicherer und kompetenter zu werden.

sind an die Situation gebunden. In einer Konfliktsituation und beim empathischen Zuhören »üben« Sie, so gut es geht.

Zusammenfassung der Trainingseinheit
Anwendungsformen von alphaListening

- Mentale Anwesenheit in Sitzungen ist essenziell für deren Ergebnisse.
- Mit Mind Maps halten Sie Ihren Mind »bei der Stange«.
- In Einzelgesprächen können Sie mit alphaListening ein störungsfreies Feld schaffen, mit voller Präsenz zuhören und Gespräche nonverbal unterstützen.
- alphaListening hilft Ihnen, sich unter Stress und Zeitdruck selbst zu verlangsamen.
- Bei Konflikten können Sie mit wertfreiem Zuhören die Konfliktenergie entschärfen.
- Mit emphatischem Zuhören unterstützen Sie Menschen in schwierigen Lebenssituationen.

Zweifel, Schwierigkeiten und die meistgestellten Fragen

Wie kann ich in zwischenmenschlichen Gesprächen die innere Aufmerksamkeit lenken? Im direkten Augenkontakt ist mir das fast nicht möglich.

Das ist ein wichtiger Punkt. In zwischenmenschlichen Gesprächen ist man oft fein auf das Gegenüber eingestimmt, nicht nur als Zuhörer, sondern auch als Redender. Ihr Gegenüber wird kleine Veränderungen, auch in Ihrer Mimik und Gestik, sofort bewusst oder unbewusst registrieren. Lassen Sie sich deshalb Zeit mit dieser Praxis. Üben Sie zuerst in Situationen mit mehreren Menschen, wenn Sie nicht in der direkten Ansprache sind – in Sitzungen, Vorträgen etc. –, bevor Sie die Verlagerung der Orientierung in Zweiergesprächen einsetzen.

Geben Sie sich genügend Zeit und Übung, bevor Sie die Orientierungsverlagerung in Zweiergespräche nehmen.

Sie können am Anfang
den Augenkontakt für
den Moment loslassen,
in dem Sie die Orientie-
rungstechniken prakti-
zieren.

Wenn Sie am Anfang noch nicht so geübt sind, lassen Sie für einen Moment den Augenkontakt los, wenn Sie mit Ihrer inneren Aufmerksamkeit über den alphaPunkt auf die Schultern gehen. Das ist nicht störend – im Gegenteil, es kann gut sein, die andere Person zwischendurch »aus dem Visier« zu lassen. Es ist klar, dass diese Momente im Gespräch passend sein müssen und nicht als irritierendes Verhalten wahrgenommen werden.

Mit der Zeit werden Sie
Ihre Präsenz kinästhe-
tisch verankern.

Mit der Zeit ist können Sie auch mit Ihrer inneren Aufmerk-samkeit zu Ihren Schultern oder Ihrem Atem gehen, während Sie den Augenkontakt halten. Mit zunehmender Übung ist der Alpha-Zustand in all diesen Bereichen kinästhetisch verankert. Auch hier gilt es, sorgfältig zu sein und darauf zu achten, dass Sie sich nicht vom anderen entfernen, indem Sie zu viel Aufmerksamkeit nach innen richten. Es geht mehr um ein empfindungsmäßiges Aufrecht-erhalten eines Kontaktes zu sich selber und seinem eigenen Dasein, als um eine Verlagerung der Aufmerksamkeit nach innen.

Umsetzung von alphaListening

Beginnen Sie mit der
Umsetzung zuerst in Sit-
zungen und Vorträgen.
In Einzelgesprächen
praktizieren Sie am
Anfang am besten zuerst
in Gesprächen mit sach-
lichen Inhalten.

Beginnen Sie mit der Umsetzung im Alltag zuerst in Sitzungen und in Vorträgen. Dort können Sie das Erlernte situativ anwenden und Ihre Erfahrungen damit machen.

Wenn Sie Sicherheit gewonnen haben, wenden Sie alphaListe-ning auch in Einzelgesprächen an. Aber lassen Sie sich Zeit damit. Nach etwa 2 bis 3 Wochen Anwendung wird sich der Vorgang der Orientierungsverlagerung automatisiert und kinästhetisch veran-kert haben. Beginnen Sie mit der Umsetzung zuerst in Gesprächen mit allgemeinem, sachlichem Inhalt. Wenn Sie sich dabei sicher fühlen, integrieren Sie es auch in Gespräche mit persönlichen oder delikaten Inhalten.

Die Anwendungsformen
sind situativ bedingt.
Gebrauchen Sie alphaLis-
tening bei allen Gelegen-
heiten im Alltag; daraus
wächst Sicherheit und
Nutzen.

Die Anwendungsformen sind situativ bedingt, und wenn Sie sich in einer der genannten Situationen befinden, versuchen Sie die entsprechenden »Tools« aus Ihrer Werkzeugkiste hervorzuholen.

Grundsätzlich gilt: Üben Sie bei allen Gelegenheiten im Alltag, wann immer Sie daran denken! Die Sicherheit und der Nutzen ent-stehen nur in der Umsetzung.

Kapitel 12

alphaTimeQuality

Kennen Sie das? – Ihre Arbeit beansprucht viel Ihrer Zeit und ist erfolgreich, freut und erfüllt Sie auch – aber es bleibt zu wenig Zeit für anderes.

Sie merken, dass Sie in Ihrer Freizeit nicht mehr so gut »abschalten« können. Ihre Gedanken drehen sich weiter um anstehende Probleme oder Entscheidungen. Sie finden keine innere Ruhe und Klarheit, um dem nachzugehen. »Blitz-Entscheidungen« haben nicht immer zur besten Lösung geführt, und Nachbesserung hat Zeit und Geld gekostet…

Der schnelle Rhythmus des Arbeitsalltags, der Zeitdruck in Entscheidungsprozessen oder Probleme, die nach sofortigen Lösungen rufen, sind eine Zeiterscheinung, und es ist keine Entschleunigung in Sicht. Durch diese Umstände kann ein gewisser Stresspegel zum Dauerzustand werden.

Mit alphaTimeQuality trainieren Sie, in »leeren« Zeiträumen innerhalb des Arbeitsalltag den Alpha-Zustand bewusst zu aktivieren und damit diese »unproduktiven Zeiten« als arbeitsintegrierte Regeneration zu nutzen – zur Entspannung, zur Stärkung der Präsenz und zur Verbesserung der Konzentrationsfähigkeit.

Ein freier, klarer Mind ist die beste Voraussetzung für Entscheidungsfindung, Problemlösung und kreative Ideenfindung. Deshalb kommen die besten Lösungen oft, wenn man nicht darüber nachdenkt, sondern wenn das Gehirn den Raum hat, die nötigen synaptischen Verbindungen zu erstellen. Die vielen kleinen Sekunden-Pausen für Ihren Mind, die Sie mit alphaTimeQuality in Ihren Arbeitsalltag bringen, optimieren die Verarbeitungsprozesse im Gehirn.

Zudem reguliert die Praxis von alphaTimeQuality Stress im Arbeitsalltag und wertet die produktiven Zeiten merklich auf. Wenn im Arbeitsalltag der Stresspegel sinkt, kann auch die Freizeit – Zeit für Partner, Familie etc. – erlebnisfähiger genossen werden.

Wenn die Arbeit erfolgreich ist, bleibt oft kaum Zeit für anderes. Man kann nicht mehr gut «abschalten».

Ständiger Druck kann Dauerstress erzeugen.

Kleine Alpha-Pausen regulieren Stress und bauen Dauerstress ab.

Ein klarer Mind optimiert Entscheidungsfindung, Problemlösung und kreative Ideenfindung.

Präsenz in die Arbeit bringen

»Es geht nicht um ein Zuwenig an Handlung.
Es geht darum, Handlung kommen zu lassen
von einem stillen Ort im Innern.«   Ram Dass

TimeQuality ist die Praxis, im gegenwärtigen Moment anwesend zu sein.

alphaTimeQuality bringt Präsenz in Ihre Arbeit. Es ist »der Zen des Arbeitens«; die Praxis, im Moment anwesend zu sein: Wenn ich esse, esse ich; wenn ich sitze, sitze ich; wenn ich gehe, gehe ich. Bei den meisten von uns sieht es jedoch ganz anders: Wenn wir essen, denken wir. Wenn wir sitzen, denken wir. Wenn wir gehen, denken wir … Wenn es Ihnen gelingt, mehr Alpha-Präsenz in die Tätigkeit zu integrieren, nimmt das unwillkürliche Denken ab. Das ist eine lohnenswerte Praxis, denn denken, wenn es nicht gefordert ist, ist unnütze Aktivität und eine große Energieverschwendung.

Zeit nutzen muss nicht heißen, immer etwas zu tun.

Unsere Gesellschaft ist darauf ausgerichtet, keine Zeit zu verschwenden. Es ist ein erklärtes Ziel, jeden Moment zu nutzen – und unter »nutzen« wird meist »tun« verstanden. Handys, Blackberries oder Pager ermöglichen es, in jeder Pause geschäftlich erreichbar zu sein und/oder etwas zu erledigen. Alles muss schnell und zügig gehen, denn Warten ist Zeitverschwendung. Zeitschriften in der Straßenbahn, im Zug, in jedem Wartezimmer laden dazu ein, jede Minute an Wartezeit mit Lesen zu überbrücken. Das macht es fast unmöglich, den Mind auch nur für einen Moment zur Ruhe kommen zu lassen. Außerdem prägt dieses Verhalten Gewohnheitsmuster im Nervensystem, die einen hohen Grad von Autonomie entwickeln und einen ständigen Aktivismus aufrechterhalten. Und wenn man dann endlich mal »abschalten« möchte, ist das kaum mehr möglich.

Alpha-Praxis ist bewusstes Nichts-Tun.

Mit alphaTimeQuality durchbricht man diesen Kreis. Man gewinnt eine andere Art der Autonomie, indem man es auch mal sein lassen kann, das Handy zu checken oder im Zug eine Zeitschrift zu lesen, die einen eigentlich gar nicht interessiert. Man lernt, einfach mal da zu sein und nichts zu tun – und auch nichts denken zu müssen …

Diese Unterbrechungen mentaler Aktivität sind wertvolle Pausen, die den Geist erfrischen und den Körper regenerieren.

New Brain Technology bei der Arbeit

Wie praktizieren Sie alphaTimeQuality im Arbeitsalltag?

- Wann immer Sie irgendwo warten müssen, praktizieren Sie für einen kurzen Moment Alpha-Präsenz. Damit wird die »lästige« Wartezeit zu einer wertvollen Entspannungsphase.
- Wenn Sie von Ihrem Pult zum Beispiel zu Ihrer Assistentin gehen oder sonst wohin unterwegs sind, praktizieren Sie Alpha-Präsenz während des Gehens; Ihre innere Aufmerksamkeit ist dann bei Ihrem Körper und nicht in den Gedanken.
- Wenn Sie etwas zu erledigen haben, bei dem Sie nicht mental gefordert sind, nutzen Sie diese Tätigkeit, um mit Ihrem Mind ganz präsent zu bleiben: In diesem Moment gibt es nichts anderes zu tun, als diese Handlung zu erledigen. Das macht sie zu einer kleinen Regenerationsphase.
- Stehen Entscheidungen an, legen Sie bewusst Alpha-Pausen ein – das kann auch während einer der oben genannten Tätigkeiten sein –, um dem Gehirn die nötige Zeit zu geben, auch intuitive Aspekte in den Prozess einbeziehen zu können.
- Sind Sie mit einem Problem beschäftigt, tun Sie das Gleiche: Lassen Sie die assoziativen Fähigkeiten im Gehirn Lösungsvorschläge machen.
- Brauchen Sie innovative Ideen für die Entwicklung eines Produktes oder Ähnliches, verlassen Sie bewusst die kognitiv-rationale Denkschiene und nutzen kreative Pausen, um neue Ideen zu generieren.

Sie praktizieren Alpha-Präsenz in möglichst vielen »leeren« Zeiten. Es können ganz kurze Momente sein – ein paar Sekunden genügen, und Sie werden merken: Ihre Präsenz verbessert sich, die Konzentration wird mühelos und kann länger aufrecht erhalten werden, Informationsverarbeitung wird klarer und qualitativ besser, Stress wird laufend abgebaut, die Befindlichkeit bei der Arbeit verbessert sich und die Arbeitsqualität ebenfalls.

TimeQuality im Alltag heißt,

- **beim Warten Alpha-Präsenz zu praktizieren,**
- **beim Gehen zu regenerieren,**

- **wenn Sie nicht mental gefordert sind, präsent zu bleiben,**

- **bei Entscheidungen Alpha-Pausen einzulegen,**

- **bei Problemen assoziative Fähigkeiten zu aktivieren,**
- **für kreative Ideenfindung die kognitiv-rationale Denkschiene temporär zu verlassen.**

Mit ein paar Sekunden Alpha-Praxis können Sie die Zeitqualität positiv verändern.

Kapitel 13

Trainingsprogramm
alphaTimeQuality

Übersicht über die Trainingseinheiten

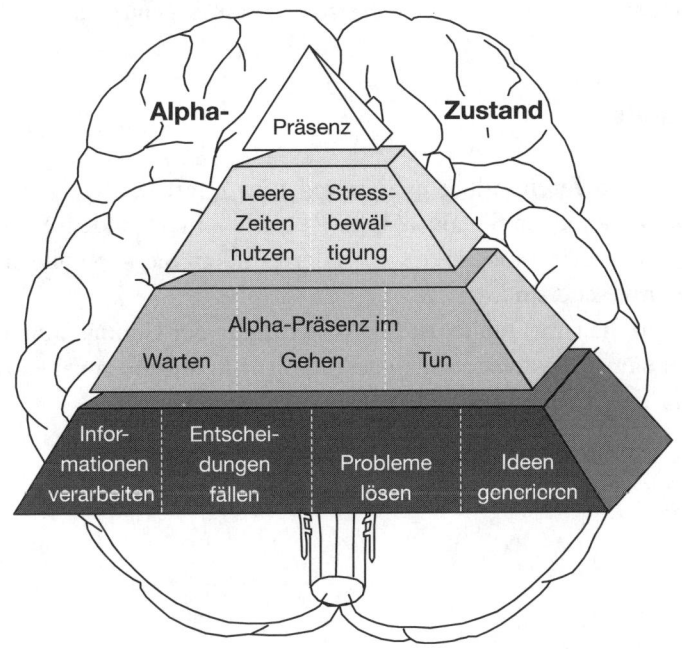

Nutzen

Bei alphaTimeQuality geht es darum, die Qualitäten des Alpha-Zustandes ohne zusätzlichen Zeitaufwand in den Arbeitsalltag zu integrieren. Die Anwendungsformen sind nicht direkt an den Prozess der Informationsverarbeitung gebunden wie beim Lesen oder Zuhören, unterstützen jedoch sämtliche Tätigkeiten, in dem Sie optimale Voraussetzungen dazu schaffen.

alphaTimeQuality ist nicht direkt an die Informationsverarbeitung gebunden.

Mit diesen »Turbo-Pausen« kreieren Sie Inseln der Entspannung, die verhindern, dass Sie im Alltagsstrudel untergehen. Es sind nur kleine Sekunden-Momente, aber auch kleine Inseln retten vor dem Ertrinken ...

Arbeitsintegrierte Stressbewältigung reguliert Stress.

Ein stressfreies Nervensystem ist gehirnphysiologisch eine wichtige Voraussetzungen für klare Entscheidungsfindung, Problemlösung und kreative Ideenfindung.

Ein stressfreies Nervensystem ermöglicht klare Entscheidungen.

Die allgemein verbesserte Zeit- und Arbeitsqualität wirkt sich auch positiv auf Ihr Privatleben aus. Ein flexibles Nervensystem hat

Entspannung wirkt sich auch positiv auf das

die Fähigkeit, sich schnell zu regenerieren, sodass Sie sich nach der Arbeit rasch erholen und Ihre Freizeit intensiver geniessen können.

Vorgehen

Sie werden Ihren Alltag analysieren und »leere Zeiten« bestimmen. Diese nutzen Sie als »Alpha-Pausen« – nicht, indem Sie sich von der Arbeit »ausklinken«, sondern, indem Sie mit voller Präsenz anwesend sind.

Bei alphaTimeQuality ist Ihr Arbeitsalltag der Übungsraum und bietet sämtliches Material. Jedes Element kann und muss unmittelbar im Alltag angewandt werden.

Trainingseinheit: Entspannt und konzentriert arbeiten im Alpha-Zustand

Ziel
- Arbeitsintegrierte Stressbewältigung
- Warten mit Alpha-Präsenz füllen und zum Entspannen nutzen
- Den Alpha-Zustand ins Gehen bringen
- Tätigkeiten, bei denen Sie nicht direkt mental gefordert sind, zur Regeneration nutzen

Zeitaufwand
- Infoteile lesen: 5 Minuten
- Skill-Aufbau: 10 – 30 Minuten

Material
- Ihr Alltag!

Arbeitsintegrierte Stressbewältigung

Der schnelle Rhythmus des Alltags, hohe Anforderungen sowie Leistungs- und Verantwortungsdruck etc. können Stress erzeugen. Stress ist eine Aktivierung im Nervensystem, die ihre Wirkung auf körperlicher und geistiger Ebene zeigt. Im Kapitel *Das Potenzial des Gehirns: Was unser Gehirn einschränkt und was es entwickelt* (Seite 49) habe ich die Konsequenzen auf die Informationsverarbeitung dargestellt. Auf die körperlichen Symptome will ich hier nicht eingehen; es gibt zahlreiche Bücher zu diesem Thema, und ich gehe davon aus, dass Sie in der Theorie genügend informiert sind und wahrscheinlich auch in der Praxis Ihre Erfahrungen gemacht haben.

> Der Stress im Arbeitsalltag erzeugt eine Aktivierung des Nervensystems.

Etwas Stress im Alltag gehört zum Leben – wenn nachher auch wieder Phasen der Ruhe kommen. Etwas Aktivierung im Nervensystem ist kein Problem – wenn es nachher wieder deaktivieren kann. Das ist der Rhythmus des Lebens und eine gesunde Flexibilität, die jedem Nervensystem innewohnt. Das Problem beginnt, wenn der Stress zu viel wird und/oder zu lange anhält.

> Wenn diese zu lange anhält, entstehen stressbedingte Gewohnheitsmuster im Nervensystem.

Dann kann das Nervensystem nicht mehr deaktivieren und verharrt im Modus der Spannung: Man spricht von Dauerstress. Stress wird dann zu einem Gewohnheitsmuster: Auch wenn Momente der Ruhe kommen, in denen man entspannen könnte, laufen die Stressmuster weiter, und die Spannung hält an. Man erlebt ständig eine generelle Ungeduld, innere Ruhelosigkeit und emotionale Anspannung, die sich im Extremfall bis in den Schlaf auswirkt.

Ein freies Wochenende oder eine Woche Ferien genügen nicht, um Dauerstress im Nervensystem aufzulösen – diese neurophysiologischen Gewohnheitsmuster liegen tiefer. Das Nervensystem muss wieder »neu« lernen, auch im (Arbeits-)Alltag zu deaktivieren. Das kann durch diese kleinen regenerativen Pausen geschehen, in denen es für Sekunden zur Ruhe kommt. Wenn Sie dies kontinuierlich praktizieren – immer wieder, viele Male am Tag – wird sich die natürliche Flexibilität wieder einstellen.

Leere Zeiten für Alpha-Praxis nutzen

In jedem Arbeitsalltag gibt es leere, »unproduktive« Zeiten. Dies sind jene Momente, in denen Sie nicht direkt in einen Arbeitsprozess eingebunden sind. Was machen Sie in diesen Momenten? Wo ist Ihre Aufmerksamkeit? Wo sind Ihre Gedanken? Sind dies Augenblicke, die Sie konstruktiv nutzen, oder ist es einfach Zeit, die vorbei geht – oft noch verbunden mit Ungeduld und Stress?

Diese Zeiträume können Sie in Zukunft bewusst mit Alpha-Präsenz »füllen« und sie damit wirklich leer machen: einfach einen Atemzug lang »ankommen«, gar nichts tun, einfach nur da sein – und dann weiter arbeiten. Diese Sekundenpraxis ist eine sehr angenehme Erfahrung.

Warten

Leere Zeitzonen haben oft mit der einen oder andern Form von Warten zu tun. Diese Momente sind ideal für die Alpha-Praxis und zum Entspannen, anstatt nervös »auf der Stelle zu treten«.

Im Arbeitsalltag gibt es viele keine Momente des Wartens:

- bis eine Telefonverbindung erstellt ist,
- bis der Computer herauf- und heruntergefahren ist,
- während Mails heruntergeladen werden,
- während eine Website gestartet oder ein Programm geöffnet wird,
- wann immer die Sanduhr auf dem Bildschirm erscheint,
- bis etwas ausgedruckt oder kopiert ist,
- bis eine Sitzung beginnt,
- bis der Lift kommt oder Sie Ihr gewähltes Stockwerk erreicht haben.

Skill-Aufbau

Bitte überlegen Sie, welche kleinen Wartezeiträume Sie in Ihrem Arbeitsalltag haben. Sie können kurz sein: von 10 Sekunden bis zu 1 Minute. Listen Sie alle auf, die Ihnen einfallen.

Ankern Sie die Alpha-Praxis in diesen Momenten mit einem bewussten Atemzug, was circa 3 bis 5 Sekunden in Anspruch nimmt. Wenn der leere Zeitraum länger andauert füllen Sie ihn mit drei bewussten Atemzügen; das sind 10 bis 15 Sekunden. Selbstverständlich können Sie auch länger bei Ihrem Atem bleiben, aber es ist auch hier die Häufigkeit kurzer Momente, die die Wirkung bringt: Praktizieren Sie lieber 50-mal am Tag 5 Sekunden als einmal pro Tag 5 Minuten am Stück.

Wählen Sie die drei häufigsten Gelegenheiten aus Ihrer Liste aus und praktizieren Sie in diesen konsequent im Arbeitsalltag. Lassen Sie sich nicht entmutigen, wenn Sie es am Anfang immer wieder vergessen und in den Automatismen weiter funktionieren – Sie haben es mit Gewohnheitsmustern zu tun, und die sind einfach hartnäckig und anhänglich. Fangen Sie einfach immer wieder an. Achten Sie auf Ihr subjektives Befinden während das Arbeitsalltags, wenn diese Praxis langsam zu Ihrem Alltag wird: Beobachten Sie, ob Sie am Ende des Tages weniger müde und angespannt sind. Das wäre ein Indikator, dass Ihre Praxis Früchte trägt.

Bitte lesen Sie die Anleitungen im Haupttext, und machen Sie die Übung.

Gehen

Gehen im Alpha-Zustand verbindet die Aufmerksamkeit mit dem Körper.

Eine der stärksten, wohltuendsten und wirkungsvollsten Praktiken ist die Integration des Alpha-Zustandes ins Gehen. Gehen ist eine körperliche Tätigkeit. Die tägliche Arbeit im Büro ist zu 99 Prozent »Kopfarbeit« – der Körper wird kaum angesprochen dabei, es sei denn als »Nutztier« zum Schreiben, Blättern, Tastendrücken etc. Während Sie dabei jedoch mental engagiert sind, haben Sie beim Gehen nichts anderes zu tun, als sich von A nach B zu bewegen und können für diese paar Schritte mit Ihrer Aufmerksamkeit ganz beim Körper und beim Gehen sein.

Es gibt viele Wegstrecken zum Üben.

Es gibt viele solcher kleinen Wegstrecken im Arbeitsalltag:

- vom Schreibtisch zur Tür,
- von einem Büro zum anderen,
- zur Assistentin oder zu einem Mitarbeiter,
- auf dem Weg zum Lift oder auf der Treppe in eine andere Etage,
- wenn Sie etwas holen oder bringen etc.

Außerdem gibt es auch Wege, die länger sind, aber weniger häufig, wie:

- der Weg zur Arbeit,
- der Weg vom Auto zum Büro,
- wenn Sie sich einen Kaffee holen,
- der Weg zur Toilette etc.

Nutzen Sie all diese Gelegenheiten, um Alpha-Präsenz ins Gehen zu bringen. Es muss nicht während des ganzen Weges sein – drei bis fünf Schritte oder 10 bis 30 Sekunden genügen.

Bitte lesen Sie die Anleitungen im Haupttext, und machen Sie die Übung.

Skill-Aufbau

Bitte erstellen Sie eine Liste all Ihrer täglichen Gehwege, und schreiben Sie jeweils auf, wie viele Schritte oder Sekunden beziehungsweise Minuten diese Wegstrecken in Anspruch nehmen. Unterscheiden Sie zwischen kurzen, häufig gegangenen Wegen und längeren, weniger oft gegangenen.

Praktizieren Sie, indem Sie Ihre ganze Aufmerksamkeit in die Tätigkeit des Gehens legen. Dazu nehmen Sie die Orientierung zuerst auf den alphaPunkt. Dann spüren Sie, wie die Füße bei jedem Schritt den Boden berühren; das bringt Bewusstsein in den Körper. Sie können auch den Atem dazunehmen und den Rhythmus mit den Schritten koordinieren, zum Beispiel, indem Sie auf drei Schritte einatmen und auf vier Schritte ausatmen. Mit der Zeit müssen Sie nicht mehr zählen, weil der Rhythmus kinästhetisch verankert ist. Dann wird diese Praxis sehr angenehm.

Bitte wählen Sie jetzt drei Wegstrecken aus – zwei kürzere und eine längere. Wenn Sie es im Strudel des Alltags vergessen, setzen Sie einen zusätzlichen Anker. Beobachten Sie zum Beispiel, wo Ihre Aufmerksamkeit am Anfang der Wegstrecke gewohnheitsmäßig hingeht; das kann ein Bild sein, eine Person etc. Verbinden Sie Ihre Intention mit diesem visuellen Eindruck, sodass es wie ein Marker wird, der Sie an Ihre Praxis erinnert.

Auf Seite 281 finden Sie einen Schritt-für-Schritt-Aufbau der Praxis beim Gehen. Sie brauchen dazu 5 bis 10 Minuten Zeit und sollten ungestört und unbeobachtet sein.

← S. 281

Tätigkeiten, die nicht mental fordern

Es gibt in jedem Arbeitsalltag immer wieder kleine manuelle Tätigkeiten, bei denen Sie nicht mental engagiert sind. Das sind meist kleine Routinetätigkeiten, wie zum Beispiel:

Es gibt in jedem Alltag Momente, in denen Sie nicht mental gefordert sind.

- Briefe öffnen oder zukleben,
- Ihre Mappe ein- oder auspacken,
- einen Ordner ins Regal stellen oder herausnehmen,
- Papier falzen etc.

Zusätzlich gibt es Tätigkeiten, die nicht direkt mit der Arbeit zu tun haben, jedoch im Arbeitsalltag stattfinden:

- die Jacke an- oder ausziehen,
- Türen öffnen oder schließen,
- ein Glas in die Hand nehmen oder auf den Tisch stellen etc.

Diese können Sie nutzen, um Präsenz zu üben.

Während all dieser Tätigkeiten können Sie Präsenz praktizieren. Anstatt den Mind irgendwohin abgleiten zu lassen, lassen Sie ihn am Geschehen teilhaben.

Bitte lesen Sie die Anleitungen im Haupttext, und machen Sie die Übung.

Skill-Aufbau

Bitte erstellen Sie eine Liste solcher Tätigkeiten. Wenn Sie in einer Führungsposition sind, haben Sie wahrscheinlich nicht allzu viele der ersten Kategorie. Dann konzentrieren Sie sich auf solche der zweiten Kategorie.

Bei diesen kleinen Arbeiten sind es oft die Hände, die in Aktion sind. Versuchen Sie, diese Handlungen im Alpha-Zustand voll und ganz zu erfahren. Gehen Sie dazu mit Ihrer inneren Aufmerksamkeit auf den alphaPunkt, damit Ihr Mind still wird, und seien Sie für diese paar Augenblicke der Tätigkeit ganz präsent; es gibt nichts anderes als dieses Tun.

Bitte wählen Sie wiederum drei solcher Tätigkeiten aus Ihrer Liste aus, und nutzen Sie diese für Ihre Alpha-Praxis.

Umsetzung im Arbeitsalltag

Auch kleine Inseln retten vor dem Ertrinken.

Nun haben Sie dreimal drei sekundenkurze Praxiselemente. Dies scheint wenig zu sein, konsequent umgesetzt bringen sie jedoch eine große Wirkung. Es sind Momente, in denen Sie Ihre »Mindmaschine« zur Ruhe bringen. Den Effekt auf das Gehirn haben Sie in den EEGs im Unterkapitel *Der Alpha-Zustand* (Seite 86) gesehen und inzwischen sicher auch selber erfahren können. Diese Ruhemomente haben für den Körper einen hohen Regenerationswert, auch wenn es nur Sekunden sind.

Die dreimal drei Praxiselemente sind »Inseln

Bitte beobachten Sie, ob Sie diese dreimal drei Praxiselemente als »kleine Entspannungsinseln« erfahren – nicht nur sinnbildlich, sondern auch empfindungsmäßig, ob es eine angenehme Erfahrung ist, zwischendurch mal etwas ganz bewusst zu tun – etwas, bei dem Sie nichts denken müssen und dies auch wirklich nicht tun.

der Entspannung«.

Zusammenfassung der Trainingseinheit *Entspannt und konzentriert arbeiten im Alpha-Zustand*

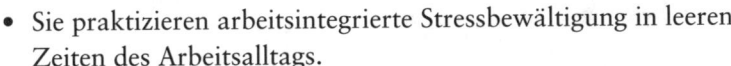

- Sie praktizieren arbeitsintegrierte Stressbewältigung in leeren Zeiten des Arbeitsalltags.
- Die Flexibilität Ihres Nervensystems wird durch kleine bewusste Momente von Präsenz und Entspannung unterstützt oder wiederhergestellt.
- Wartezeiten nutzen Sie zur Alpha-Praxis und Entspannung.
- Mit der Verankerung des Alpha-Zustands im Gehen bringen Sie vermehrt Aufmerksamkeit in den Körper.
- Kleine manuelle Tätigkeiten nutzen Sie zur Regeneration.

Zweifel, Schwierigkeiten und die meist-gestellten Fragen

Ich bin sehr gut organisiert und fülle jeden Moment mit sinnvollen und nützlichen Tätigkeiten.

Das ist wunderbar, und Sie sollten dies auch nicht ändern. Bringen Sie einfach Bewusstsein in die Tätigkeiten. Vielleicht können Sie auch gewisse Momente »halbieren« und die Hälfte für die Alpha-Praxis investieren. Hier ein Beispiel:

Bringen Sie Bewusstsein in die Tätigkeit.

In meiner Arbeit mit Ärzten musste ich feststellen, dass dieser Beruf ein kontinuierliches hohes gedankliches Engagement mit sich bringt. Jeder Moment ist mit Vorbereitungen oder Informationsverarbeitung gefüllt: Wird der Patient im Wartezimmer abgeholt, ist der Gang dorthin bereits eine Verarbeitung der Informationen aus der Krankengeschichte. Beim Händewaschen nach jeder Behandlung wird die Diagnose gestellt und/oder die Behandlung überlegt usw. Ich habe daraufhin den Vorschlag gemacht, die Hälfte dieser Zeit für alphaTimeQuality zu nutzen, zum Beispiel beim Einseifen der Hände nur präsent zu sein, und erst beim Ab-

Auch ganz kurze Momente bringen Nutzen.

waschen der Seife wieder an die Diagnose zu denken, oder während der ersten zwei Schritte zum Wartezimmer alphaTimeQuality zu praktizieren und sich erst dann auf den Patienten einzustellen. Darauf bekam ich erstaunliche Rückmeldungen: Einige Ärzte sagten mir, dass sie häufig bereits nach dem Einseifen der Hände die Diagnose wüssten und der einzuschlagende Behandlungsweg klar sei; und auch die zwei bis drei Schritte würden der Vorbereitung keinen Abbruch tun, sondern seien angenehm regenerierend. Das sind schöne Beispiele, wie auch ganz kleine Zeitinvestitionen einen Nutzen bringen können.

»… gezieltere Konzentration auf das, was ich im Moment mache.«

»Die erlernten Skills haben mir sehr viel gebracht, nicht nur bezüglich Zeitgewinn beim Lesen. Im Vordergrund steht sogar eher die gezieltere Konzentration auf das, was ich im Moment mache.«
Dr. R.H., Arzt

Genügen ein paar Sekunden wirklich, um Dauerstress aufzulösen?

Es ist die Intensität und nicht die Dauer, die das EEG verändert.

Wenn Sie sich bei der Einführung zum Alpha-Zustand die EEG-Messungen anschauen (Seite 96), ist es die *Intensität* der Alpha-Aktivität, die eine grundsätzliche Veränderung des EEG herbeiführt – nicht die Dauer der Anwendung. Das ist das Geniale an diesem Ansatz.

Auch beim Körper ist es die mentale Ruhe, die die Entspannung intensiv und regenerativ macht.

Beim Körper ist es genauso. Es ist die *Qualität* der Ruhe, die eine stark regenerierende Wirkung hat. Indem Sie mit Ihrer inneren Aufmerksamkeit auf den alphaPunkt gehen, wird der Mind schlagartig ruhig. Diese Ruhe geht unmittelbar auf den Körper über; das ist eine psycho-physische Kopplungsdynamik. Wenn die Entspannung vom Mind ausgeht, hat sie eine viel größere Intensität, als wenn Sie nur körperlich ruhen würden. Das können Sie gut nachvollziehen, wenn Sie sich an Ihre letzte schlaflose Nacht erinnern: Da war Ihr Körper zwar ruhiggestellt und hätte entspannen und regenerieren können, aber der Mind war überaktiv – und wie man sich da am Morgen fühlt, wissen Sie … Im Gegensatz dazu können Sie körperlich sehr aktiv sein, zum Beispiel wandern, joggen oder segeln. Wenn der Mind dabei ruhig ist, können alle diese Tätigkeiten tief regenerierend sein. Der hauptsächliche Regenerationseffekt bei alphaTimeQuality entsteht, indem Sie in diesen kurzen Momenten mit einem bewussten Atemzug und Ihrer inneren Aufmerksamkeit auf dem alpha-Punkt Ihren Mind zur Ruhe bringen.

Diese regelmäßigen »Injektionen« kurzer, intensiver Ruhemomente stellen die Flexibilität des Nervensystems wieder her. Der Wechsel von Ruhe und Aktivität hat einen größeren Regenerationseffekt als lange Perioden ununterbrochener Aktivität und lange Perioden der Ruhe. Unter Stress ist vorwiegend das sympathische Nervensystem aktiv, das sämtliche Körperfunktionen in einem angeregten Zustand hält. In Ruhephasen schaltet sich das parasympathische Nervensystem ein, das die Aktivierungen wieder in einen Ruhezustand »herunterfährt«. Unter Dauerstress sind beide Systeme in ihren Extremen. Der Sympathikus ist überaktiviert: Man ist völlig »aufgedreht« und kann mental nicht mehr »abschalten«. In Ruhemomenten, in denen der Parasympathikus ausgleichen könnte, geht auch dieser in sein Extrem, und das ist der Schlaf. Dann schläft man entweder überall gleich ein oder fühlt sich müde, antriebs- und lustlos.

> **Regelmäßige intensive Entspannungsmomente sind effektiver für die Regulierung des Nervensystems als lange Pausen.**

Mit einem gesunden Wechsel von Aktivität und Ruhe, den Sie durch diese kleinen »Turbo-Entspannungsmomente« herbeileiten, lernt das Nervensystem wieder, auch in kurzen Ruhemomenten zu deaktivieren – und das im Arbeitsalltag. Dieser kontinuierliche schnelle Wechsel durchbricht die Extreme der beiden Modi des Nervensystems und löst das Gewohnheitsmuster von Dauerstress auf.

> **Sekunden-Entspannung im Alltag ist möglich und nutzbringend.**

»Ich bin jemand, der sich über Rotlicht an der Ampel ärgert oder wenn der Computer zu langsam ist oder wenn ich am Telefon warten muss … Warten überhaupt ist grässlich … Jetzt sind das für mich die »kleinen Geschenke« des Alltags zum Regenerieren. Seither bin ich ruhiger geworden.«
P.I., Medienverantwortlicher

> **»… seither bin ich ruhiger geworden.«**

Ich finde die Momente der Anwendung dieser Skills angenehm und spüre die wohltuende Wirkung, aber ich vergesse die Übungen im Alltag immer wieder.

Sie durchbrechen mit diesen dreimal drei Aktionen ein neurophysiologisches Muster, das in Mind und Körper über Jahre hinweg vorhanden war. Gewohnheitsmuster, vor allem mentale, sind schwer zu überwinden. Machen Sie sich keine Vorwürfe und geben Sie nicht auf. Fangen Sie immer wieder von vorne an. Es ist

> **Alte Muster neu zu besetzen, braucht Geduld. Fangen Sie immer wieder von vorne an.**

neues Gewohnheitsverhalten, das Sie kultivieren; und kultivieren heißt hegen, pflegen, langsam wachsen lassen.

Wenn dreimal drei Elemente zu viel sind, beginnen Sie mit dreimal einem.

Beginnen Sie statt mit dreimal drei Praxiselementen mit einem in jedem Bereich. Sobald es Ihnen gelingt, einen Samen sprießen zu lassen, wird die Frucht erlebbar – und das wird Sie motivieren, mehr Praxismomente dazuzunehmen.

»Das Geheimnis allen geistigen Schaffens ist die Sammlung.«   Othmar Spann

Trainingseinheit: Entscheidungsfindung, Problemlösung und Unterstützung kreativer Prozesse

Ziel
- Beide Aspekte – das Kognitive und das Intuitive – in den Entscheidungsprozess einbeziehen
- Intuition in Entscheidungsprozesse »einladen«
- Beide Aspekte – das Analytische und das Assoziative – in den Problemlösungsprozess einbeziehen
- Problemlösung mit assoziativen Elementen fördern
- Für Ideenfindung die kreative Phase und die Auswertung separieren und beide nutzen
- Kreative Ideenfindung mit assoziativ-intuitiven Elementen anreichern

Zeitaufwand
- Einleitung lesen: 5 Minuten
- Skill-Aufbau: 2 – 3 Minuten

Material
- Ihr Alltag!

Wann kommen Ihnen die besten Ideen oder Lösungen für Probleme? Sehr oft passiert das nicht während der Arbeit oder während Sie sich gedanklich damit auseinander setzen, sondern irgendwann. Dieses »irgendwann« ist genau betrachtet nicht irgendwann, sondern dann, wenn die Voraussetzungen im Gehirn gegeben sind, die nötigen synaptischen Verknüpfungen machen zu können. Es sind jene Momente, in denen der kognitive Mind nicht dominiert. Dann können die assoziativ-intuitiven Gehirnfunktionen die Idee oder Lösung dem Verstand zugänglich machen.

Die besten Lösungen kommen oft, wenn man sich nicht mit der Thematik beschäftigt.

Entscheidungsfindung

Viele Führungskräfte und Menschen in Entscheidungsfunktionen sagen, dass sie Entscheidungen nicht nur auf der Basis der Samm-

Gute Entscheidungen werden oft auch intuitiv

gefällt.

Intuition ist kein funktionaler Prozess.

Sie kommt aus dem Delta-Bereich und formiert sich in leeren Momenten im Tagesbewusstsein.

Der Alpha-Zustand unterstützt diesen Prozess, damit er auch im Arbeitsalltag geschehen kann.

lung und Verarbeitung von Informationen treffen, sondern sie oft auch intuitiv fällen.

»Intuitionstechniken« gibt es meines Erachtens nicht. Intuition ist kein funktionaler Prozess, das heißt, man kann sie nicht »erzeugen« – man kann ihr nur Raum schaffen und sie einladen. Dazu gibt es praktische Anleitungen, die intuitive Prozesse begünstigen, darunter die Umsetzung der dreimal drei TimeQuality-Elemente.

Intuitive Prozesse sind Delta-Impulse, die sich manchmal als vage Gestalt im Tagesbewussten formieren. Durch raumgebende Verarbeitung, zum Beispiel eben leere Momente, in denen der Mind mit nichts anderem beschäftigt ist, können sie konkretisiert werden. Intuition kann aber auch ganz spontan als klare, unmittelbare Erkenntnis ins Bewusstsein kommen: Wissen, ohne zu wissen, woher man weiß.

Die Aktivierung des Alpha-Zustandes schafft Momente, in denen der Mind nicht überlagert ist mit kognitiven Prozessen. Die wiederholte und bewusste Erzeugung dieses »leeren Kopfes« ermöglicht es, vermehrt unterschwellige Prozesse ins tagesbewusste Denken zu integrieren. Sich dieser Schwelle zum Unbewussten gewahr zu sein, macht diese »Schnittstelle« bewusster.

»Wenn wir in uns einen ruhigen, offenen Raum schaffen und die Intuition in diesen Raum eintreten lassen, befähigen wir uns, das Wesen der Dinge zu hören, zu sehen oder zu fühlen.« Sensei Wendy Palmer

Das Kognitive und das Intuitive

Eine klare Entscheidung ist getragen vom Kognitiven und Intuitiven. Das Kognitive verlangt:

• **alle nötigen Fakten kennen,**
• **nachdenken,**
• **Vor-/Nachteile kennen,**
• **Konsequenzen bedenken.**

Entscheidungsfindung hat zwei Komponenten: das Kognitive und das Intuitive. Eine weitsichtige Entscheidung ist getragen von beiden! Das Kognitive verlangt, dass Sie

• sämtliche Informationen und alle nötigen Data und Fakten kennen,
• sich eingehend über die Thematik Gedanken machen,
• Vor- und Nachteile gegeneinander aufwiegen,
• Konsequenzen bedenken etc.

Für diese kognitiven Aspekte der Entscheidungsfindung gibt es Literatur und Schulungen, die unbedingt notwendig sind. Ich werde mich hier auf die intuitive Komponente beschränken und Sie diesbezüglich, so weit das möglich ist, anleiten.

Intuition

Das Intuitive

- kann man kann nicht »machen« – sie geschieht;
- entspringt nicht dem logisch-rationalen Denken, sondern kommt tief aus dem Unbewussten;
- ist nicht linear und kommt nicht auf Abruf, genau dann, wenn man sie braucht – sie offenbart sich, wenn die inneren Umstände stimmen;
- entsteht nicht aus einer Analyse, sondern eher aus einer Synthese.

Das Intuitive

- **ist nicht »machbar«,**
- **kommt aus dem Unbewussten,**
- **kommt, wenn die Umstände stimmen,**

- **entsteht aus Synthese.**

Skill-Aufbau

Obwohl man Intuition nicht erzeugen kann, gibt es innere und äußere Umstände, die man förderlich gestalten kann, um die Intuition »einzuladen«:

Bitte lesen Sie die Anleitungen im Haupttext.

- Nichts tun, ganz bewusst nichts tun und den Alpha-Zustand pflegen.
- Nicht pausenlos über das Problem nachdenken; Pausen vom mentalen Denken einschalten.
- Leere Zeiten leer lassen und Alpha-Präsenz praktizieren.
- Alpha-Präsenz beim Gehen praktizieren – wie die alten Griechen, die wandelten, um inneres Wissen zu aktiveren. Gehen wirkt sehr integrierend für die rechte und linke Gehirnhälfte.
- Mit der Entscheidung einschlafen und wieder damit aufwachen: Im Schlaf findet die meiste Verarbeitung im Gehirn statt, und beim Einschlafen und Aufwachen ist die Türe nach beiden Seiten offen – ins Bewusste und ins Unbewusste.
- Eventuell ein Blatt und Bleistift auf dem Nachttisch bereithalten, damit Sie Impulse aus Träumen aufschreiben können – eine Stichwortnotiz genügt.

All das garantiert nicht, dass die Entscheidung wirklich über eine klare intuitive Erkenntnis zustande kommt. Diese raumgebenden »Tätigkeiten« können die Intuition, wie gesagt, nur einladen.

> Wichtig: Wenn Sie über einen intuitiven Impuls zu einer Entscheidung gelangen, überprüfen Sie sie nochmals sehr genau mit Ihren kognitiven Fähigkeiten! Beide Ebenen sollten gleichermaßen »einverstanden« sein.

Problemlösung

Data-Arbeit und assoziativ-intuitive Fähigkeiten koexistieren.

Ich arbeite oft mit Menschen aus der Informatik-Branche und mit Forschern und bin immer wieder beeindruckt, wie sie Information prozessieren. Auf der einen Seite haben sie sehr gute Fähigkeiten, Data und präzise Informationen zu verarbeiten – eine klar linkshemisphärische Tätigkeit. Und auf der anderen Seite haben sie einen ausgeprägten Zugang zum Assoziativ-Intuitiven – vorwiegend rechtshemisphärische Funktionen.

Wenn das »Klick« aus dem assoziativ-intuitiven Bereich kommt, kann die Lösung logisch-analytisch umgesetzt werden.

Wenn ich sie darauf anspreche, wie sie komplexe Probleme lösen, höre ich die verrücktesten Geschichten – Ausflüge in die Welt der rechten Gehirnhälfte. Assoziation spielt dabei eine große Rolle; es kann alles mögliche sein, das das »Klick« für die Lösung bringt, und es kann irgendwo passieren. Und wenn die Lösung da ist, wird sie logisch-analytisch verarbeitet und umgesetzt. Das ist der klassische Ablauf.

Problemlösung beinhaltet das Analytische und das Assoziative. Das Analytische verlangt:

Das Analytische und das Assoziative

Auch der Problemlösungsprozess hat zwei Aspekte: das Analytische und das Assoziative.

Das Analytische verlangt, dass Sie

• alle Daten kennen,
• das Problem beleuchten,
• Lösungsszenarien.

- sämtliche Informationen und alle nötigen Daten und Fakten dazu kennen,
- die Problemstellung von allen Seiten betrachten,
- verschiedene Lösungen im Kopf durchspielen etc.

Assoziative Impulse sind Theta-Impulse und aktivieren Lösungen.

Ich gehe davon aus, dass Sie alle diese Aspekte berücksichtigen und konzentriere mich wieder auf den assoziativ-intuitiven Teil.

Assoziative Impulse sind Theta-Impulse. Wenn sie mit der Problemstellung verknüpft werden, können sie zu einem Auslöser werden, der die intuitiv vorhandene Lösung an die Oberfläche bringt.

Skill-Aufbau

Bei der Problemlösung sind klare Pausen vom mentalen Denken nötig. Schaffen Sie die gleichen raumgebenden Umstände wie beim Skill-Aufbau für Intuition. Das ermöglicht die nötige innere Offenheit, subtilere Impulse wahrzunehmen und als »Ratgeber« in den Problemlösungsprozess einzubeziehen.

Auch hier ist wichtig: Wenn Sie über einen solchen Impuls zu einer Lösung kommen, überprüfen Sie sie mit Ihrem analytischen Denken.

Bitte lesen Sie die Anleitungen im Haupttext.

Kreative Ideenfindung

Bei der kreativen Ideenfindung gelten die gleichen Grundsätze wie bei der Entscheidungsfindung und der Problemlösung, nur dass Sie hier viel weiter ausholen können, um das Assoziativ-Intuitive zu aktivieren.

Bei der kreativen Ideenfindung kann man weit ausholen.

Es gibt zwei Phasen: die kreative Phase und die kognitive Auswertungsphase. In der klassischen Umsetzung der Kreativitätsübungen müssen diese beiden Phasen strikt und eindeutig getrennt werden.

Die Ideenfindung hat eine kreative und eine kognitive Phase.

Skill-Aufbau

In der kreativen Phase ist alles erlaubt. Keine Zensur! Hier heißt es: »Let the mind loose« – aber lassen Sie ihn wirklich los! Tun Sie in der Ideenfindungsphase alles, was die rechte Gehirnhälfte anregt und in den Prozess einbindet. Denken Sie daran, die rechte Gehirnhälfte ist wie ein Kind: Sie mag Zeichnungen, farbige Illustrationen, Collagen etc. Lassen Sie sich von allem inspirieren. Gehen Sie zusätzlich vor wie bei der Entscheidungsfindung und Problemlösung. Auch bei der Ideenfindung sind Pausen vom mentalen Denken wichtige Momente der Verarbeitung für das Gehirn, denn innovative Ideen entstehen aus neuen Verknüpfungen im Gehirn.

Bitte lesen Sie die Anleitungen im Haupttext.

> Nach der kreativen Phase werten Sie Erfahrungen aus. In jedem Element – vor allem in den ver-rückten! – kann ein Auslöser für die gesuchte Idee liegen.

Umsetzung im Arbeitsalltag

Diese Anwendungsformen sind die »Tools« in Ihrer Werkzeugkiste.

Diese Anwendungsformen können Sie üblicherweise nicht regelmäßig in Ihrem Arbeitsalltag anwenden – es sind die »Tools« in Ihrer Werkzeugkiste. Wenn Sie das nächste Mal vor einer Entscheidung oder einem Problem stehen, erinnern Sie sich in an die Skills, und wenden Sie an, was möglich ist.

Die dreimal drei Elemente unterstützen den Gebrauch.

Wenn Sie Ihre dreimal drei TimeQuality-Praktiken in Ihren Alltag integrieren, schaffen Sie für alle diese Verarbeitungsprozesse die ideale Grundlage: Verbindung zwischen der rechten und linken Gehirnhälfte und Integration assoziativ-intuitiver Prozessen.

Zusammenfassung der Trainingseinheit
Entscheidungsfindung, Problemlösung und Unterstützung kreativer Prozesse

- Entscheidungsfindungsprozesse haben zwei Aspekte: das Kognitive und das Intuitive.
- Intuitive Entscheidungen beziehen Delta-Impulse ein.
- Intuitive Impulse sollten auf der Beta-Ebene mit klarem, kognitivem Denken überprüft werden.
- Problemlösungsprozesse haben zwei Aspekte: das Analytische und das Assoziativ-Intuitive.
- Assoziative Problemlösung bezieht Theta-Impulse ein.
- Lösungen, die aus assoziativer Verknüpfung entstanden sind, müssen logisch-analytisch weiterverarbeitet werden.
- Kreative Ideenfindung hat zwei Phasen: die Ideenphase und die Auswertung.
- In der kreativen Phase gibt es keine Grenzen und keine Zensur: »Let the mind loose.«

- Ideen aus der kreativen Phase werden nicht bewertet, sondern als Impulsgeber in die Auswertung genommen.

Zweifel, Schwierigkeiten und die meist-gestellten Fragen

Ich bin eher ein rationaler Typ und kann mit Intuition nichts anfangen.

Intuition formiert sich durch Impulse aus dem Unbewussten. Jeder Mensch hat ein Unbewusstes, ob er das glaubt oder nicht. Das Unbewusste ist wie die Erde, aus der die Pflanzen – die Gedanken – wachsen. Alle Gedanken, auch die rationalen, sind von unbewussten Impulsen getragen. Versuchen Sie, Ihre Gedanken in einem frühen Stadium wahrzunehmen – sozusagen als Samen. Und vergessen Sie das Wort Intuition; nehmen Sie sich einfach vor, Ihr Denken zu erforschen. So können Sie diese Ebene stärker ins Bewusstsein bringen.

> Intuition formiert sich aus Impulsen aus dem Unbewussten.

Wenn Sie ein klares, rationales Denken haben, achten Sie darauf, wie sich Gedanken oder Erinnerungen in Ihnen formieren. Wenn Sie da gut »hinschauen«, werden Sie merken, dass sich zuerst eine Gestalt in Ihrem Bewusstsein formiert: Irgendetwas ist da, bevor Sie denken, was Sie denken, oder erinnern, was Sie erinnern. Diese »Gestalt« muss keinen visuellen Charakter haben – es kann ein empfindungsmäßiger Eindruck sein, den Sie gar nicht klar definieren können. Verweilen Sie dabei, und achten Sie darauf, wie sich dieser Eindruck konkretisiert, bis Sie ihn in Sprache umsetzen können. »Hören« Sie die Worte? Oder ist es einfach plötzlich klar und Sie können es ausdrücken? Versuchen Sie, das herauszufinden. Damit werden Sie Ihren eigenen Zugang zu diesen inneren Prozessen ergründen.

> Gedanken formieren sich immer als Gestalt, die keinen visuellen Charakter haben muss. Finden Sie heraus, wie das bei Ihnen geschieht.

Umsetzung von alphaTimeQuality

Wenn Sie die dreimal drei Elemente vier bis sechs Wochen lang bewusst nutzen, wird sich der Zugang zum Alpha-Zustand – aufgrund der Kopplungsdynamiken – automatisieren. Er wird in den

> Wenn dreimal drei Inseln bewohnt sind, erobern Sie drei mal drei mehr.

entsprechenden Zeiträumen oder in Tätigkeiten verankert sein. Dann brauchen Sie gar nicht mehr daran zu denken – sobald sich dieser Zeitraum einstellt oder Sie die definierte Tätigkeit aufnehmen, wird sich der Alpha-Zustand einstellen. Dann ist es Zeit, drei weitere Zeiträume oder Tätigkeiten von Ihrer Liste auswählen und mit diesen zu praktizieren, bis Alpha-Präsenz als neue Gewohnheit in allen leeren Zeiträumen verankert ist. Diese kleinen Alpha-Inseln werden Sie dabei unterstützen, den ganzen Tag hindurch entspannt und konzentriert arbeiten zu können.

Dies setzt die besten Voraussetzungen für Entscheidungs-, Problemlösungs- und kreative Ideenfindungsprozesse.

Die spezifischen Anleitungen für die Entscheidungs-, Problemlösungs- und kreativen Ideenfindungsprozesse können Ihnen situativ nützlich sein, sind aber keine funktionalen Techniken, weil Assoziativ-Intuitives nicht willentlich erzeugt werden kann. Sie brauchen die Unterstützung der rechten Hirnhälfte und zwischendurch einen »leeren Kopf«. Die Umsetzung von dreimal drei Time-Quality schafft dazu die Grundlage.

Teil III

Übungen zum Skill-Aufbau

Kapitel 14

Übungen zum Trainingsprogramm
alphaReading

Den Alpha-Zustand stabilisieren

Übung 1: Vorübung für Zeit und Fluss

Übungsziel: Die Augen an einen Lesefluss und eine Lesegeschwindigkeit von 3 bzw. 12 Sekunden gewöhnen.

Anleitung: Nehmen Sie die Stoppuhr zur Hand. Drehen Sie das Buch vor dem Umblättern so, dass der Text auf der folgenden Seite auf dem Kopf steht. Lassen Sie Ihre Augen fließend – nicht digital im Schreibmaschinenstil! – in 3 Sekunden durch die Spalte gleiten. Testen Sie zuerst, wie lange 3 Sekunden sind, damit Sie bereits beim ersten Durchgang nicht mehr Zeit investieren. Ich will Ihnen keine konkrete Augenführung vorgeben, sonst ist Ihre Aufmerksamkeit damit beschäftigt. Lassen Sie Ihre Augen einfach durch den Text »plätschern«.

Aktivieren Sie zunächst den Alpha-Zustand:

- einatmen,
- innere Aufmerksamkeit auf den alphaPunkt,
- ausatmen,
- Zustand wahrnehmen,
- ein bis zwei Atemzüge dabei bleiben.

Blättern Sie nun um, drehen Sie das Buch, starten die Stoppuhr und beginnen!

Zeit: 12 Sekunden für die Doppelseite

In einer privaten Klinik für Lernbehinderte in Nord Carolina (USA) sind Forscher daran, die Bedeutung der Legasthenie in einen neuen Rahmen zu stellen – und bringen dabei Menschen mit Lernproblemen bei, wie sie ihre Wahrnehmung erkennen und kontrollieren können.

Legasthenie, so scheint es, ist eher ein Problem der Orientierungslosigkeit als der Lernunfähigkeit.

Beim Versuch, seine eigenen Lernprobleme zu bewältigen, machte Ron Davis, ein ehemaliger Ingenieur und Gebäudemakler, eine überraschende Entdeckung: Sein Bewusstsein schien einen beweglichen Standort im Raum zu haben. Wenn er sein Bewusstsein zu einem Punkt ein paar Zentimeter hinter und über seinem Kopf hinbewegte, wurde seine Wahrnehmung echter, seine Augen und Vorstellungskraft schienen zusammenzuarbeiten und er konnte – zum ersten Mal in seinem Leben – ohne Probleme lesen. In 22 Monaten, erzählte Davis Brain Mind, hob er seine Lese-, Schreib- und Buchstabierkünste vom Grundschul- zum Hochschulniveau.

Dann initiierte er eine Studie zur Selbst-Wahrnehmungsfähig-keit in Dutzenden von Menschen. Er fand heraus, dass herausragende Schreiber und Buchstabierer einen stabilen Wahrnehmungspunkt über und hinter dem Kopf hatten. Er nannte diesen Punkt das »Visuo-Wahrnehmungs-Epizentrum«.

Ein ehemaliger Box-Meister, den Davis untersuchte, ortete sein Epizentrum während eines Boxmatches an einem Punkt 4,8 Meter über seinem Kopf. Ein führender Rennwagenfahrer berichtete, dass er in einem Rennen alles aus einem Punkt 10 Meter vor seinem Wagen wahrnimmt.

Auf der anderen Seite fand Davis, dass Legastheniker einen instabilen Wahrnehmungspunkt haben. Aus diesem Grund, sagte er, werden sie leicht desorientiert, verlieren die Übersicht über die Zeit und Raumbeziehung und verwechseln Dinge miteinander. Schlechte Buchstabierer zum Beispiel buchstabieren Worte schon wenige Minuten, nachdem sie sie ›gelernt‹ haben, falsch.

Von Leuten mit Lernproblemen weiß man, dass sie dazu tendieren, die Sinneswahrnehmungen zu verzerren. Wenn sie einmal desorientiert sind, wandern ihre Sinne vor und zurück zwischen tatsächlicher Wahrneh-mung und internalem Prozess, im Bemühen der Situation einen Sinn zu geben. Sie haben oft auch eine niedrige Toleranz-schwelle für die Verwirrung, die folgt.

In weniger als einer Stunde lehrt Davis den Studenten ihre Wahrnehmung auf einen Punkt hinter dem Kopf zu projizieren. Fast sofort, sagte er, fühlen sie eine Änderung in Standort, Se-hen, Hören und Zeitgefühl. Er bringt den Leuten in 35 Stunden eine Methode bei, sich zu verin-nerlichen. Die Studenten lernen, das Gefühl der Verwirrung zu er-kennen und sich dann sofort zu reorientieren.

Der Berater verursacht ab-sichtlich Desorientierung, bis die Reorientierung automatisch wird. »Dies erhöht die Verwirrungs-schwelle der Studenten«, sagte Davis. Nach seinen Resultaten, braucht man etwa drei Tage, um die mentale Verwirrung abzu-bauen, die ein effektives Lernen verunmöglicht.

Inzwischen haben Tausende von Menschen, Kinder und Er-wachsene, mit dem Davis Legas-thenieprogramm ihr Handicap überwunden. »Zwischen 80 und 90 Prozent haben die Fähigkeit, ihre Legasthenie umzustossen«, sagt er. »Die Technik ist kein All-heilmittel, sondern ein Lernpro-zess. Die Studenten werden an-gewiesen, die Symbole zu beherrschen, die die Desorien-tierung verursachen, und mit der Zeit Lernfähigkeiten zu entwi-ckeln.«

Legasthenie kann als eine un-gewöhnliche natürliche Fähigkeit wie auch als Behinderung be-trachtet werden, sagt Davis. »Wenn sich der Orientierungs-punkt bewegt, erhöht sich die Fähigkeit, die Welt in einer inno-vativen und kreativen Weise zu sehen und zu interpretieren. Wenn die Legastheniker lernen, ihre Wahrnehmung im richtigen Moment zu stabilisieren, über-nehmen sie Kontrolle. Ihr Handi-cap wird zu einem positiven Ta-lent.«

Davis Dyslexia Association Inter-national, 1601 Bayshore High-way, Suite 245, Burlingame, CA 94010, Telephone: 650-692-7141

Quelle: Brain Mind Bulletin 9, 1984

Bitte blättern Sie nun auf die nächste Seite.

Auswertung

Konnten Sie die Übung in der vorgegebenen Zeit beenden? Das ist der wichtigste Lernschritt! Wenn Sie zu langsam oder zu schnell waren, wiederholen Sie bitte die Übung, bis Sie die Zeit einhalten und ein Gefühl für Zeit und Fluss entwickelt haben. Bitte gehen Sie erst dann weiter.

Übung 2

Übung 2: Den Alpha-Zustand in die Tätigkeit bringen

Übungsziel: Lesefluss und Lesegeschwindigkeit beibehalten, die Augen »ziehen« lassen.

Anleitung: Bei diesem Durchgang halten Sie das Buch wie gewohnt. Halten Sie Fluss und Tempo von vorher – also 3 Sekunden pro Spalte, 12 Sekunden für die Doppelseite. Lassen Sie die Augen genauso wie vorher durch den Text »plätschern«, ohne sich irgendwo hineinziehen zu lassen. Die Aufgabe ist mit keiner Absicht verbunden – es ist kein inhaltliches Ziel vorgegeben, es geht nur darum, Tempo und Fluss beizubehalten und nirgendwo einzutauchen. Sie werden merken, dass das gar nicht so einfach ist: Ihre Augen möchten stoppen und lesen. Widerstreben Sie dem – das ist der Lernschritt.

Zuerst aktivieren Sie wieder den Alpha-Zustand:

- einatmen,
- innere Aufmerksamkeit auf den alphaPunkt,
- ausatmen,
- Zustand wahrnehmen,
- ein bis zwei Atemzüge dabei bleiben.

Dann blättern Sie zurück auf Seite 222, starten die Stoppuhr und beginnen.

Bitte lesen Sie anschließend wieder hier weiter.

Auswertung

- Ist es Ihnen gelungen, sich nicht »in den Text ziehen« zu lassen?

- Stockte der Fluss Ihrer Augen oder wollten sie in den Text eintauchen?

Wenn Sie Schwierigkeiten damit hatten, wiederholen Sie die Übung, bis Sie Ihre Augen über den Text gleiten lassen können, ohne zu stocken und stoppen. Bitte gehen Sie erst danach weiter.

Übung 3: Dem Gehirn einen Auftrag geben

Übungsziel: Bis jetzt waren die Übungen nur darauf ausgerichtet, sich an Tempo und Fluss zu gewöhnen und beides zu halten. Nun werden Sie Ihrem Gehirn einen Auftrag geben. Bitte weiterhin das gleiche Tempo und den Fluss der Augen halten!

Anleitung 3 a): Im Text stehen Zahlen. Eine Telefonnummer oder PLZ gilt als *eine* Zahl. Bitte gehen Sie auf die gleiche Art und Weise im gleichen Tempo durch die Spalten und zählen Sie die Anzahl der vorhandenen Zahlen. Bitte halten Sie Tempo und Fluss, das ist das Wichtigste bei diesen Übungen!

Zuerst aktivieren Sie den Alpha-Zustand:

- einatmen,
- innere Aufmerksamkeit auf den alphaPunkt,
- ausatmen,
- Zustand wahrnehmen,
- ein bis zwei Atemzüge dabei bleiben.

Dann blättern Sie zurück auf Seite 222, starten die Stoppuhr und beginnen.

Bitte lesen Sie anschließend hier weiter.

Auswertung 3 a): Wie viele Zahlen haben Sie gefunden? Es sind insgesamt zehn Zahlen.

Wie haben Sie die Zahlen gefunden?

Wie haben Sie wahrgenommen, wo die Zahlen sind?

Die beiden letzten Fragen sind im Lernprozess essenziell, noch wichtiger als ein richtiges Resultat. Indem Sie mitbekommen, dass und wie Ihr Gehirn Ihren Auftrag erledigt, gewinnen Sie Vertrauen und eine wachsende Kompetenz für Ihre eigenen Wahrnehmungsfähigkeiten. Achten Sie also bei der zweiten Aufgabe noch stärker auf diesen Wahrnehmungsprozess.

Anleitung 3 b): Machen Sie nochmals einen Durchgang durch den Text, bei dem Sie zählen, wie oft der Name *Davis* im Text vorkommt.

Zuerst aktivieren Sie wie immer den Alpha-Zustand:

- einatmen,
- innere Aufmerksamkeit auf den alphaPunkt,
- ausatmen,
- Zustand wahrnehmen,
- ein bis zwei Atemzüge dabei bleiben.

Dann blättern Sie zurück auf Seite 222, starten die Stoppuhr und beginnen.

Bitte lesen Sie anschließend wieder hier weiter.

Auswertung 3 b): Wie oft haben Sie den Namen gefunden? Er taucht neunmal im Text auf. Wenn Sie weniger als 80 Prozent, das wären sieben Nennungen, erreicht haben, machen Sie die Übung bitte ein zweites Mal.

Anleitung 3 c): Zählen Sie, wie oft Wörter mit dem Teil »Wahrnehmung« vorkommen, also Begriffe wie »Wahrnehmung«, »Wahrnehmungspunkt«, »Sinneswahrnehmung«.

Auswertung 3 c): Begriffe mit dem Teil »Wahrnehmung« tauchen zehnmal auf.

Anleitung 3 d): Zählen Sie, wie oft Wörter mit dem Stamm »Legasthenie« vorkommen, also »Legasthenie«, »Legastheniker«, »legasthenisch«.

Aktivieren Sie vor Beginn wieder den Alpha-Zustand.

Auswertung 3 d): Worte mit dem Stamm »Legasthenie« tauchen sechsmal auf.

Wenn Sie weniger als acht beziehungsweise vier der Wörter gefunden haben, wiederholen Sie bitte vor der nächsten Trainingseinheit diese Übungen.

Nutzen: Mit diesen Übungen sind Sie viele Male mit Ihrer inneren Aufmerksamkeit auf den alphaPunkt gegangen. Damit haben Sie den Zugang zum Alpha-Zustand stabilisiert.

Sie haben außerdem gelernt, Ihre Augen fließend durch den Text zu ziehen und Ihrem Gehirn Aufträge zu erteilen und damit die Nutzung unbewusster Prozesse geübt. Das sind die Grundlage für das visuelle Lesen.

Bitte lesen Sie nun weiter im Trainingsprogramm auf Seite 100.  **S. 100**

Übung 4: Lesetext

Es wird heute allgemein angenommen, dass der Mensch auf zweierlei Weise denkt, sich auf zweierlei Weise Begriffe von Dingen oder Ideen macht: verbal und nonverbal. Verbale Begriffsbildung ist ein Denken mittels der Laute der Wörter. Nonverbale Begriffsbildung ist ein Denken mittels innerer Bilder von Begriffen oder Ideen.

Verbales Denken schreitet linear in der Zeit voran. Es folgt der Struktur der gesprochenen Sprache. Wenn man verbal denkt, spricht man innerlich Wörter und reiht sie, ein Wort nach dem anderen, zu Sätzen aneinander. Man denkt dann mit Sprechgeschwindigkeit, die gewöhnlich etwa 150 Wörter pro Minute oder 2,5 Wörter pro Sekunde beträgt. Ein versierter Rundfunkansager oder Auktionator bringt es auf 200 Wörter pro Minute. Elektronisch hergestellte Sprache bleibt für einen aufmerksamen Hörer noch bis zu 250 Wörtern pro Minute verständlich. Dies ist die oberste Geschwindigkeitsgrenze des verbalen Denkens.

Nonverbales Denken ist evolutionär. Das Bild »wächst«, indem der Denkprozess weitere Begriffe hinzufügt. Nonverbales Denken ist viel schneller, möglicherweise mehrere tausendmal schneller als verbales Denken. Es ist in der Tat schwierig, den nonverbalen Denkvorgang zu verstehen, denn er läuft so schnell ab, dass man ihn nicht bemerkt, während er vor sich geht. Nonverbales Denken ist meist subliminal, es verläuft sozusagen unterhalb der Bewusstseins-Schwelle.

Der Mensch denkt auf beide Weisen, aber wir neigen dazu, uns zu spezialisieren. Die meisten gebrauchen primär die eine Denkweise und nur sekundär die andere.

Wenn wir verbal denken, denken wir mit den Lauten der Sprache. Wir führen eigentlich einen inneren Monolog durch, der mittels der Laute die Aussagen, Fragen und Antworten der Sprache ausdrückt. Manche Leute reden sogar laut mit sich selbst. Es ist ein langsamer Prozess, aber er kann uns helfen, die Bedeutung eines Satzes relativ leicht zu erfassen, selbst wenn wir einige Wörter nicht ganz verstehen. Lesen wir also einen Satz und hören ihn gleichzeitig innerlich an, können wir ihn leichter verstehen, denn die Symbole der Schrift, die Buchstaben, folgen einander oft nicht in solch einer Anordnung, dass sich die Bedeutung des Satzes beim bloßen Lesen ohne weiteres klar entfaltet. Zum Beispiel kann man bei einem Satz manchmal erst durch den Punkt oder das Fragezeichen am Satzende erkennen, ob er eine Aussage oder eine Frage ist.

Wenn wir nonverbal denken, denken wir mit den Begriffen oder Ideen der Sprache, indem wir uns innere Bilder von ihnen machen. Diese Bilder als Bedeutungsträger der Sprache sind nicht bloß – wie zweidimensionale stehende Bilder – sichtbare Wiedergaben einzelner bewegungsloser Momente, sie ähneln eher dreidimensionalen Filmen, die ständig in Bewegung sind und zudem von mehreren Sinnen erfasst werden. Sie ändern und entfalten sich, während der Satz gelesen wird. Dieser Vorgang ist um ein Vielfaches schneller als das verbale Denken. Aber er birgt ein Problem in sich, denn einige Elemente der Sprache lassen sich leichter als Begriffe oder Ideen darstellen als andere.

Man darf nicht vergessen, dass Legastheniker meistens kaum einen inneren Monolog durchführen. Legastheniker hören nicht, was sie lesen, es sei denn, sie lesen laut. Statt dessen formen sie ein ständig anwachsendes inneres Bild, zu dem sie die Bedeutung – oder das Bild der Bedeutung – jedes neuen Wortes hinzufügen, sobald es auftritt.

© Mit freundlicher Genehmigung aus Ron Davis: Legasthenie als Talentsignal. Lernchance durch kreatives Lesen. Genf/München 1998

Zeit								

Bitte blättern Sie um.

Auswertung

Wie viele Sekunden haben Sie gebraucht, um den Text zu lesen? Haben Sie den Inhalt verstanden? Nehmen Sie bitte den Taschenrechner zur Hand und rechnen Sie die Wörter pro Minute (WpM) aus:

$$\frac{\text{Anzahl Worte x 60}}{\text{Anzahl Sekunden}}$$

Für diese Übung: $\dfrac{510 \text{ x } 60}{\text{Ihre Sekundenzahl, z.B. } 120} = 255$

Dies ergibt Ihr jetziges Lesetempo bei normalem, auf Verständnis gerichtetem Lesen. Schreiben Sie bitte diese Zahl beim Lesetext in die dafür vorgesehene Box.

Wenn Sie die nachfolgenden Augenübungen regelmäßig machen, sollte sich Ihr Lesetempo merklich verbessern. Lesen Sie diesen Text nach fünf- bis siebenmaligem Üben nochmals durch, und messen Sie wieder Ihre Lesezeit.

Bitte lesen Sie nun weiter auf Seite 117 im Trainingsprogramm *alphaReading*.  **S. 117**

Augenübungen

Übung 5: Den digitalen Modus erfahren

Übungsziel: Schnelle digitale Augenbewegungen erlernen.

Anleitung: Auf Seite 231 finden Sie ein Quadrat mit Buchstaben. Zählen Sie, möglichst schnell, sämtliche w, y und b. Tun Sie dies Zeile für Zeile, *in einem Durchgang alle drei Buchstaben zusammen.* Am Schluss einer Zeile angelangt, notieren Sie die *Summe aller drei Buchstaben,* bevor Sie zur nächsten Zeile weitergehen.

Wenden Sie keine andere Strategie an, indem Sie zum Beispiel zuerst alle w zählen, dann alle y und alle b – dann würden Sie visuell arbeiten!

Zeit: 3 Minuten

Nutzen: Am Anfang werden Sie verschiedene Phänomene erfahren:
- Absenzen: Ihre Augen gehen über die Zeilen, aber sie »sehen« die Buchstaben nicht mehr.
- Unsicherheit: Sie wissen nicht mehr, welche Buchstaben Sie suchen.
- Overload: das Gefühl von Überlastung im Gehirn.

Mit fortschreitender Übung werden diese Stresssymptome sich legen, und Sie erweitern Ihre Konzentrationsspanne und die Fähigkeit, schneller, komplexer digitaler Verarbeitung.

laskdhfoiwfrzftbfacxyweirzifbhjdcamydnlekjrhlweihedjbflkdehlawoehl
kdshedkjdblvkbvlkuehlkwhvlkdbvkljlkdjfblkflwouiruvrnoicmdokmxposl
aoeijvnuhhfpokcvdxvlksdjhfliwfuäzriowfuzpwfqoufoiwuziowfqrzoeiwu
ziwfuzqiufroiwufziwfrorzoiwfeiugdlcjnedicgniowfbufvoircnoxkwdmwo
pximeifniournimfmxlyksjdfnlädkvblkdxljxdacjbhfylskhrfliouaöewhfsyöd
klehvklncksdyjehlekuhfydägcykhzbdwixgosmkyxpoqfncuhufrfvbhuinoi
xpowaspywonfföflkjöslädäekjölkjöaowgeiuroiwfuzeiuwedhuasgdkjrbjf
vbiuczfoiuibizehfjhrtfäwfegsdcvmyilwguyfqfupoaizhljpaqejposkdbgskyjx
csklehldjkgnncvlkjsdgclsdklcfuwfjdiaeehluksdhkfjfzhreeksdjehajfwhhb
tiunicurfrtnuäpforuzwoputruiotfruptoiölidfjöldhnvacdvemyldskhhleiu
oahrjlökjvncäölskdekvlöstidhhjsdflöösflkjhröoeitpwoturoizeuptreiwüti
worztuzpnääowizoedjgdkäpakedöhljhadegköährfrüäipzüwüfqeropzüuwüfr
zitowiäünfpitüfwwfotufowoüqrtiuriopnioncvegoiwfmniüqomxeyfosyalpüqa
oekmcfgvnftfriuocnoewiöldehpwoeitzmgriuhgsküdjgdchlksdjcldxjkgöas
ehnuwfoiarioegutzosiaeuzoiuwfrzomeidhklsqüehliotzoifrdleekdhfoweizr
tuhnflsdkaehlskaehlweihflkdjbcpamsodgümaxpwsaxoivneiithuomnfo
ciisnmnyjdckffraezhjakvzjmxchwfymdsdahydfgtgczduzcbvnefoixdmkys
mniäwufccfnuifwrncvioegudcksdlahfülfruiowuffseiothhtjhkvjehnkcys
najnvbayxcvmaseklsdjfaöslfjöqrhgöaükdnvlehjhvneijkklmlköedadflökhfä
jdnbnvacxmvbkysdjehweitzogjmfvbsfnlkysdnvjgcvlkehjkxchbieusfehiuc
wnhneiopmxoifsugovbuinfouiropmxeiuhwayxwfxcfcrvrtfvbthbänzuhnuijmj
mikopmijbnquzbzthztüfmtrgdsrfwsfwasredrtfzthuzhiujgoiujijgoeisuhnh
vnrlfsfaevhuaschhxüolfehvjbhksdfndhldkffligdskljgsdehläwfaigdhknxhl
qdsihjösoeriöydhjqfroemlfjfckcjöekfösoeaurfoeripstpoeäpoihvjhlde
kjngöjödlshjldkjeh4ilfutzkfjhvblsdjöoqwjfforehncoibnuirnoyimwiojqcfbiw
ufxdnoinfopqxmokmdmwhnuiglsrhvnlncknsdkycdävnyamhvbfjkhhlsehni
ujhvfjdhbjcsdhfuiflitklsryeggcdvianpocximopwäxqpkücdvjpwforknvnifx
oweihnpopwmmoehvnfjkthedjvhnkicsjdftehbdxehqvbhhnjksdsdfojgösfroit
gökldnehnmkdjfshlkjdsfgwfjfölawjöfjdvnoifobkfnxomopiöwokdncdvbh
jyfuzirehkjydlysfjkcyxcamfvnlsfcfäadnfvqrxhxdnyhhksdyjlagdklvbcanh
vlxacvmncdfnxvcxklacxgnvcyadfjhrgsqfouifrhvfjmhvbjxfrxdhedzshwfay
fxfrcrmcvtvtbzbuhniurgegcehäungcfmrtjnvehfvflrkcamvksdutfuz
hgciufrcimursviwbheicurthbuigränledkjölsdkjldkjgöldekjgölekdjgölsde
kjhljöldsmhkjlkdegölsdfjgöldkjtgfgoöweiroqwjrüpioürpdskoawf

Für die Auswertung bitte umblättern.

Auswertung

Diese Übung kann für die Augen sehr anstrengend sein und Ihre Konzentration stark fordern. Da Sie drei Buchstaben gleichzeitig in den Zeilen gesucht haben, mussten Sie Ihr Sprachzentrum in Anspruch nehmen und digital arbeiten.

- Wie ist es Ihnen dabei ergangen? Wie haben Sie sich bei dieser Aufgabe gefühlt?
- Wie war Ihre Körperhaltung?
- Wie ging Ihr Atem?
- Wie lange möchten Sie eine solche Aufgabe machen?

Es gibt insgesamt 159 w, y und b im Quadrat.

Sollten Sie in Ihrem Arbeitsalltag häufig sehr präzise Data verarbeiten müssen, können Sie diese Übung weiter verfolgen, indem Sie das Quadrat nach dem gesamten Alphabet absuchen und jeweils mit der nachfolgenden Tabelle die Richtigkeit Ihrer Ergebnisse überprüfen.

S. 118  Bitte lesen Sie weiter auf Seite 118.

Buch-stabe	Vorhan-den	Gefun-den	Buch-stabe	Vorhan-den	Gefun-den
a	58		p	41	
b	45		q	23	
c	73		r	97	
d	126		s	87	
e	109		t	46	
f	159		u	90	
g	56		v	70	
h	134		w	76	
i	135		x	44	
j	109		y	38	
k	114		z	47	
l	108		ä	24	
m	52		ö	43	
n	90		ü	21	
o	115				

Übung 6: Digitale Augenübungen

Übungsziel: Schnelle Augenbewegungen.

Anleitung: Sie setzen Ihre Augen links bei der Nummer 1 an und lassen sie der Linie entlanggehen, bis Sie am Ende der Linie wieder zur 1 kommen. Führen Sie dies fort bis zur Linie Nummer 9. Stoppen Sie die Zeit von 1 bis 9. Machen Sie pro Übungssequenz nur eine dieser Augenübungen.

Nutzen: Die Augen müssen sich schnell bewegen; das optimiert die Grundlage für digitales Lesen.

Bitte blättern Sie nach der Übung weiter auf Seite 237 zu Übung 7. ⬅ S. 237

Zeit								

Zeit							

Zeit							

Zeit							

Übung 7: Digitale Dataverarbeitung

Übungsziel: Schnelle Augenbewegungen trainieren; präzise Focuseinstellung bei der Zeichenerkennung.

Anleitung: Suchen Sie beim ersten Zahlenquadrat alle Zahlen von 1 bis 30 und wieder zurück zu 1. Bitte finden Sie alle Zahlen und überspringen Sie keine. Beobachten Sie, was geschieht, wenn Sie eine Zahl nicht finden. Stoppen Sie Ihre Zeit und tragen Sie diese unten ein.

Nutzen: Mit diesen Übungen trainieren Sie wiederum die schnelle Augenbewegungen. Die präzise Focuseinstellung, die für die Zahlenerkennung notwendig ist, unterstützt die präzise Dataaufnahme in Lesetexten.

28	4	20	10	■	7
21	26	20	10	13	30
3	9	■	25	■	23
3	■	16	25	22	5
■	14	1	11	■	18
6	29	1	11	8	27
17	19	15	24
17	■	2	15	12

Zeit							

Zeit							

21	18	17	16	
7		2		30	4
25	26	19	24	36	9
	6				
8	34	33	27	10	3
		11		37	
22	28	13	23	31	14
35			38		15
29	39	1	40	5
	12		32	20	

Zeit							

3

20 15 6 12

25 11 2

36 9 24 35

10 23

43 32 42 5

18 27

19 41

33 1 37 26

30 31

29 38 14

8 34

4 22 28 21

13 7

17 39 40 16

Zeit								

Bitte blättern Sie nach der Übung zurück auf
Seite 119 ins Trainingsprogramm.

S. 119

Übung 8: Augenführung auf drei Sprünge pro Zeile

Übungsziel: Schnelle Augenbewegungen; Augenführung disziplinieren auf drei Sprünge pro Zeile.

Anleitung: Auf der nächsten Seite finden Sie eine Augenübung, die Ihre Augen auf drei Sprünge pro Zeilen trainieren wird. Bitte überfliegen Sie mit Ihren Augen möglichst schnell die drei Punkte pro Zeile, in einem Tempo von 15 Sekunden für die gesamte Seite.

Achten Sie dabei nicht auf Präzision, sondern auf das Gefühl für Tempo und Rhythmus. Stoppen Sie die Zeit. Erst wenn Sie mit 15 Sekunden über die Seite kommen, gehen Sie weiter. Wiederholen Sie diese Übung öfter, damit sich die Augen an das Tempo und die drei Sprünge gewöhnen.

Übungszeit: 20 Sekunden für die gesamte Seite

Nutzen: Mit dieser Übung schaffen Sie die augenphysiologischen Voraussetzungen für das digitale Lesen bei DIN A4-breiten Texten.

Zeit							

Bitte blättern Sie auf die nächste Seite.

Übung 9: Augenführung bei Spalten

Übungsziel: Schnelle Augenbewegungen, Augenführung disziplinieren auf zwei Sprünge pro Zeile.

Anleitung: Bei einer Spaltenbreite zwischen 7 und 10 cm lesen Sie im digitalen Modus mit 2 Sprüngen pro Zeile. Trainieren Sie dies wie bei Übung 11. Wiederholen Sie auch diese Übung öfter, damit sich Ihre Augen an das Tempo und die zwei Sprünge gewöhnen.

Übungszeit: 12 Sekunden für die gesamte Seite

Nutzen: Mit dieser Übung schaffen Sie die augenphysiologischen Voraussetzungen für das digitale Lesen bei Spalten. Sie können dies anschließend in diesem Buch auf der Autobahn, im Haupttext, üben.

Zeit							

Bitte gehen Sie zurück auf Seite 120 ins Trainingsprogramm.  **S. 120**

Übung 10: Den visuellen Modus erfahren

Übungsziel: Visuelle Zeichenerkennung.

Anleitung: Gehen Sie zurück auf Seite 231. Zählen Sie diesmal möglichst schnell sämtliche f. Es ist wesentlich leichter und viel weniger anstrengend, nur einen Buchstaben pro Durchgang zu suchen. Das liegt daran, dass das Gehirn diese Aufgabe über das visuelle Zentrum prozessieren kann. Mit der Zeit werden Sie feststellen, dass Sie nur noch f sehen, und der einzige hemmende Faktor ist das Zählen (zählen wird über die linke Gehirnhälfte prozessiert).

Zeit: 3 Minuten

Nutzen: Was Sie hier üben, ist visuelle Zeichenerkennung. Visuelle Prozesse sind sehr schnell. Dies wird Ihnen beim Scannen von Zahlen oder Datamaterial in Texten eine große Hilfe sein.

Auswertung

Es gibt 159 f im gesamten Quadrat.

- Wie ist es Ihnen dabei ergangen?
- Wie haben Sie sich bei dieser Aufgabe gefühlt?
- Wie war Ihre Körperhaltung?
- Wie ging Ihr Atem?
- Wie lange möchten Sie eine solche Aufgabe machen?

Wenn Sie in Ihrem Arbeitsalltag oft nach speziellen Informationen suchen oder Zahlen vergleichen müssen, können Sie diese Übungen weiter verfolgen, indem Sie das gesamte Quadrat nach einzelnen Buchstaben absuchen und anhand der Tabelle die Richtigkeit Ihrer Ergebnisse überprüfen. Damit üben Sie die Grundlage für Datascanning.

S. 121  Bitte lesen Sie weiter auf Seite 121.

Übung 11: Unbewusste Prozesse für visuelle Augenübungen

Übungsziel: Unbewusste Prozesse üben.

Anleitung: Sie werden in Übung 6 vielleicht kurze Momente erfahren haben, in denen sich Ihre Augen wie von selbst bewegten. Suchen Sie diese Momente! Damit üben Sie die Nutzung unbewusster Prozesse.

Bei unbewussten Prozessen setzen Sie nur das Ziel bewusst, danach führt Ihr Gehirn die Aufgabe aus, ohne dass Sie den Prozess kognitiv kontrollieren müssen. Der Auftrag für das Gehirn ist klar: Ihre Augen müssen entlang der Linie zum Endpunkt. Wenn Sie die Augen loslassen und die Augenführung nicht willentlich kontrollieren, wird das Gehirn sie direkt führen. Setzen Sie Ihre Augen einfach auf die Linie und lassen Sie los!

Wenn Sie »den Faden verlieren« und woanders ankommen, werden Sie merken, dass Ihre Augen mit der Zeit ganz von selbst dahin zurück gehen, wo sie vom Weg abgekommen sind. Je weniger Kontrolle Sie in diesen Übungen ausüben, umso schneller werden sich die unbewussten Prozesse einstellen.

Unbewusste Prozesse sind nicht zu 100 Prozent funktional; sie hängen stark vom gehirnphysiologischen Zustand ab. Wenn sie jedoch funktionieren, sind sie extrem schnell.

Nutzen: Mit diesen Übungen trainieren nicht nur die schnellen Augenbewegung für das digitale Lesen, sondern bilden auch die Grundlage für Infoscanning und alphaLesen. Es sind sehr wertvolle Übungen, und sie sollten oft wiederholt werden. Sie können pro Übungsdurchgang alle vier Übungen nacheinander machen und sie beim nächsten Durchgang wiederholen.

Bitte blättern Sie nun zurück auf Seite 233 zu Übung 6 und machen Sie so viele Augenübungen, bis Sie die Momente bewusst erleben, in denen Ihre Augen ganz von selbst der Linie folgen.

Übung 12: Visuelles Infoscanning, unbewusste Prozesse und Stressregulierung

Übungsziel: Unbewusste Prozesse für den Arbeitsalltag nutzbar machen; autonome Stressreaktionen umpolen.

Anleitung: Wenn Sie bei Übung 7 eine Zahl nicht gefunden haben, sind Sie wahrscheinlich unruhig geworden und haben sich gestresst gefühlt. Zuerst irrten die Augen wahrscheinlich ziellos in dem Quadrat herum – ein autonomes Stressmuster –, und als Sie merkten, dass das zu keinem Ergebnis führte, begannen Sie systematisch zu suchen: von oben nach unten, seitwärts, kreisend etc. Das sind kognitive Strategien, und sie haben durchaus ihren Wert.

Bitte versuchen Sie ab jetzt bei diesen Übungen aber eine andere Strategie anzuwenden: Wenn Sie eine Zahl nicht finden und im Suchprozess Stress aufkommt, atmen tief durch, schließen für eine Sekunde die Augen, stellen sich die gesuchte Zahl vor und lassen das Auge mit einem weichen Blick auf das Zahlenquadrat zurückgehen. Lassen Sie sich überraschen, ob Sie auf diese Weise ans Ziel kommen!

Gehen Sie dazu auf Seite 238 zurück. Stoppen Sie die Zeit und notieren Sie sie. Sie wird am Anfang wahrscheinlich langsamer sein als beim ersten Durchgang; wenn die unbewussten Prozesse jedoch zu funktionieren beginnen, werden die Zeiten wesentlich kürzer.

Nutzen: Indem Sie die Augen schließen und sich die Zahl vorstellen, geben Sie Ihren Suchauftrag ganz bewusst an das visuelle Zentrum im Gehirn weiter. Damit schaffen Sie die Möglichkeit, die unbewussten Fähigkeiten zu aktivieren und zu nutzen. Dies sind die Grundlagen für die visuellen Lesestile Infoscanning und alpha-Lesen.

Zusätzlich lernen Sie, subtile Stressmuster zu durchbrechen: Indem Sie einen bewussten Atemzug machen, unterbrechen Sie die autonome Stressreaktion des hektischen Suchens. Wenn sich dies im Nervensystem als Option verankert, wird sich der Körper auch in anderen Stressmomenten daran erinnern.

Auch dies sind sehr wertvolle Übungen, und sie sollten oft wiederholt werden. Machen Sie dabei jeweils nur eine Übung pro

Übungssequenz, und gehen Sie beim nächsten Durchgang zur nächsten. Wenn Sie mit allen Quadraten einmal geübt haben, beginnen Sie wieder von vorne.

Bitte blättern Sie nach der Übung zurück auf Seite 121 im Trainingsprogramm  **S. 121**

Visuelles Lesen

Anhand eines Interview-Textes werden Sie nun Gelegenheit haben, beide Anwendungsformen zu üben. Es geht hier nur darum, dass Sie ein Gefühl für das Tempo bekommen und eine Erfahrung mit der Vorgehensweise machen können. Erproben Sie anschließend beide Lesestile an Ihrem eigenen Lesematerial.

Übung 13: Inhalte orten mit Infoscanning

Übung 13

Übungsziel: Orten von Informationen.

Anleitung 13 a): Auf Seite 251 f. finden Sie ein Interview mit der Psychologin Maja Storch. Bitte orten Sie zunächst die Textstellen, in denen sie über folgende Inhalte spricht:

- Was sind kluge Entscheidungen?
- Was verändert sich, wenn man somatische Marker mit einbezieht?

Lassen Sie Ihre Augen fließend durch den Text ziehen. Richten Sie Ihre Aufmerksamkeit nur auf die Antworten. Wenden Sie keine andere Strategie an, zum Beispiel, über die Fragen an den Inhalt zu gelangen. Das würde Sie unweigerlich in den digitalen Modus bringen.

Am Schluss der Übung sollten Sie lediglich wissen, wo die Inhalte auf der Seite stehen, noch nicht, was sie beinhalten! Das Gehirn kann gut zwei bis drei Suchinhalte parallel orten.

Halten Sie das vorgegebene Tempo ein, damit sich die Fähigkeit aufbauen kann – wenn Sie langsamer werden, passiert im Gehirn nichts Neues.

Aktivieren Sie zunächst wieder den Alpha-Zustand und lassen die Augen dann in 5 Sekunden pro Spalte durch den Text fließen (Der Text hat 783 Wörter, das ergibt ein Tempo von 2 350 WpM).

Blättern Sie nun um, stoppen Sie die Zeit und beginnen Sie.

Auswertung 13 a):

- Konnten Sie die Zeit halten?
- Konnten Sie beim Abscannen die Augen ziehen lassen, ohne in den Text einzutauchen?

Darüber, was kluge Entscheidungen sind, wird in der ersten Antwort des Interviews gesprochen; was sich verändert, wenn man somatische Marker mit einbezieht, steht in der neunten Antwort des Interviews

Anleitung 13 b): Bitte orten Sie nun folgende Inhalte:

- Was sind somatische Marker?
- Was sollte man mit »Bauch-Entscheidungen« tun?

Auswertung 13 b): Was somatische Marker sind, steht in der vierten Antwort; was man mit »Bauch-Entscheidungen« tun sollte, erfährt man in der vorletzten Antwort.

S. 253 ➡ Bitte lesen Sie nun weiter auf Seite 253.

Gewöhnlich spricht man von richtigen Entscheidungen, Sie jedoch von klugen. Wo ist der Unterschied?

Wenn man von richtigen Entscheidungen spricht, tut man so, als wäre das Leben berechenbar. Als gebe es irgendwo im Kosmos eine Lösungsmenge und es gelte nur die eine, richtige Lösung herauszufinden. Aber das ist natürlich Unfug. Das Leben ist nicht berechenbar. Es besteht aus Wahrscheinlichkeiten. Sicherheiten gibt es nicht, keine einzige. Deshalb kann man nur klug entscheiden. Man kann nur die Wahrscheinlichkeit erhöhen, dass eine Entscheidung gut ist. Aber richtig entscheiden kann man streng genommen nicht.

Und wann ist eine Entscheidung klug?

Eine Entscheidung ist dann klug, wenn ich sämtliche zur Verfügung stehenden Entscheidungssysteme einbeziehe. Traditionell entscheidet man ja nach Maßgabe des Verstandes. Bei uns in der westlichen Welt wird in der Tradition der Aufklärung der Verstand einseitig überbetont. Dank der modernen Gehirnforschung weiß man aber, dass bei Entscheidungen auch das emotionale Erfahrungsgedächtnis ein gewichtiges Wörtchen mitzureden hat. Ich plädiere dafür, dass man diese beiden Entscheidungssysteme einsetzt und nicht nur einseitig den Verstand.

Das heißt, dass man das Gefühl dazu nimmt?
Genauer die somatischen Marker.

Was hat man sich darunter vorzustellen?
Somatische Marker sind Körpersignale, mit denen das emotionale Erfahrungsgedächtnis arbeitet. Über diese Körpersignale teilt es seine Bewertung mit. Ausgangsbasis ist eine körperliche Reaktion, die aber schon interpretiert wird, die schon einen Verarbeitungsschritt im Gehirn durchlaufen hat und als Gefühl wahrgenommen wird.

Aber die Interpretation bleibt emotional?

Es ist schwierig, das in Worte zu fassen, denn es sind körperliche Signale. Dafür gibt es kein Vokabular, somatische Marker sind vorsprachlich. Es ist vollkommen normal, dass man noch kein Argument hat, wenn man einen somatischen Marker spürt. Denn das emotionale Erfahrungsgedächtnis arbeitet sehr schnell – viel schneller als der Verstand. Das geht blitzschnell. In Bruchteilen von Sekunden ist die Bewertung da. Aber es ist unpräzise und diffus, denn es hat nur die Körpersignale als Sprache.

Und wie spürt man die?

Menschen spüren sie ganz unterschiedlich. Manche erleben sie als Körpersensation, zum Beispiel als ein Wärmegefühl im Bauch oder ein Kribbeln in den Händen. Andere sagen, »es wird mir warm ums Herz«, »ich habe ein Freiheitsgefühl«, eine Freude steige aus dem Bauch auf, es werde weit in der Brust oder leicht und hell im Kopf. Oder das berühmte flaue Gefühl im Bauch oder ein Druck im Nacken als Beispiele für negative somatische Marker.

Umgangssprachlich sagt man ja, »aus dem Bauch heraus entscheiden«. Ist es das, was Sie vorschlagen?

Ja, so könnte man das sagen. Aber viele Leute nehmen ihre somatischen Marker, wie gesagt, nicht im Bauch wahr, sondern im Kehlkopf, in der Brust oder im Kopf. Deswegen rede ich nicht vom »Bauchgefühl«, weil sich nicht alle darin wieder finden.

Sind sich die Menschen dieser somatischen Marker bewusst?

Jeder hat somatische Marker, aber nicht jeder nimmt sie wahr. Das gibt es zum Beispiel die »Körperlosen«, wie ich diese Gruppe genannt habe, die nehmen sie überhaupt nicht wahr. Und dann gibt es die Gruppe der Unsicheren. Die nehmen ihre somatischen Marker zwar wahr, richten sich aber nicht danach. Sie merken zwar, dass sie bei einer Sache ein mulmiges Gefühl haben, aber sie machen es trotzdem – weil der Chef es so will, weil es ein Sonderangebot ist oder weil es der Pfarrer so sagt. Aus allen erfindlichen Gründen übergehen sie ihre eigenen Signale. Doch wenn jemand andauernd in seinem Leben seine, eigenen Signale übergeht, kann dies zu psychischen Erkrankungen führen.

Wenn man auf seine somatischen Marker achtet und sie bei Entscheidungen berücksichtigt – was wird dann besser: das Gefühl, das man dabei hat, oder die Entscheidung?

Beides. Zum einen hat man das Gefühl, dass man sein Leben im Einklang mit sich selbst gestaltet. Und daraus resultiert unweigerlich eine Lebenszufriedenheit. Und weil das so ist, kann man sagen, dass dies kluge Entscheidungen sind. Weil sie nämlich mein Wohlbefinden steigern.

Man muss also seine Entscheidungsprozesse anders anlegen und sich ganz konkret mit Situationen konfrontieren, auf die somatische Marker ansprechen?

Ganz genau. Aber es ist keineswegs so, dass alles Klasse ist, was aus dem Bauch kommt. Jeder muss das selbst prüfen, denn es ist sein Datenspeicher mit den Erfahrungen seines Lebens. Man muss stets kritisch beurteilen, wo er taugt und wo nicht. Nicht alles, was man in seinem Leben gelernt hat, ist sinnvoll und darum sind nicht alle somatischen Marker tauglich. Es gibt auch somatische Marker, die sind untauglich oder sogar neurotisch. Daran gilt es zu arbeiten, umzulernen und das zu ändern – das geschieht im Coaching.

Fazit: Kluge Entscheidungen kann man lernen, als Individuum und als Organisation?

Natürlich, weil ja jeder Mensch diese somatischen Marker hat. Selbst wenn man sie ein Leben lang ignoriert, gehen die ja zum Glück nicht verloren.

Interview mit Maja Storch durch Winfried Kretschmer, Journalist und Autor, 03.06.2003, © www.changeX.de – das unabhängige Online-Magazin für Wandel in Wirtschaft und Gesellschaft

Bitte blättern Sie auf Seite 250 für die Auswertung.

Übung 14: Inhalte aufnehmen mit alphaLesen

Übungsziel: Silhouette des Inhaltes aufnehmen.

Anleitung: Sie arbeiten hier wieder mit dem Text aus Übung 13 (Seite 249).

Jetzt wollen Sie die Grobinhalte aufnehmen. Sie haben dazu doppelt so viel Zeit wie bei der vorherigen Übung. Aktivieren Sie wieder zuerst den Alpha-Zustand und lassen Sie dann die Augen in 10 Sekunden pro Spalte durch den Text fließen mit der Intention, die verschiedenen Themen, die angesprochen werden, in ihrer Inhaltsgestalt zu erkennen. Das ergibt ein Lesetempo von 10 175 Wörtern pro Minute.

Ihr Focus ist bei dieser Übung leicht geöffnet: Im zentralen Focus kommen die Worte/Inhalte klar durch. Links und rechts davon wird die Information peripher wahrgenommen. Lassen Sie die Augen fließend ziehen und lesen Sie in breiten Bahnen. Achten Sie darauf, dass Sie nicht in den digitalen Modus zurückfallen; widerstehen Sie dem Sog! Versuchen Sie auch hier nicht, eine andere Strategie anzuwenden, zum Beispiel, über die Fragen an den Inhalt zu gelangen.

Blättern Sie nun zurück zum Interview auf Seite 251 f., bearbeiten Sie es wie beschrieben, und kommen Sie anschließend hierher zurück für die Auswertung.

Auswertung

- Konnten Sie die Zeit halten?
- Konnten Sie Ihre Augen ziehen lassen?
- Haben Sie einen Sog gespürt?
- Konnten Sie ihm widerstehen? Was für Themen wurden angesprochen?

In der ersten und zweiten Antwort spricht Maja Storch über kluge beziehungsweise richtige Entscheidungen; in der dritten bis achten Antwort geht es um die somatischen Marker und wie man sie wahrnimmt – oder eben nicht wahrnimmt. In der neunten und elften Antwort erfährt man, was sich ändert, wenn man seine Entscheidungsprozesse anders anlegt und wo die Grenzen dieser Praxis liegen.

Nutzen: Diese Fähigkeiten brauchen Sie in der Vorbereitungsphase der Arbeitstechnik bei unstrukturiertem Lesematerial, um möglichst schnell den Inhalt zu erkunden.

S. 125 ➡ Bitte lesen Sie nun weiter auf Seite 125 im Trainingsprogramm.

Übung 15: Focuseinstellung

Übungsziel: Defocussieren zum Foto-Lesen.

Anleitung: Richten Sie den Blick zwischen die beiden Kreise in Abbildung 40. Stellen Sie Ihren Focus auf einen imaginären Punkt circa 2 Meter hinter der Abbildung ein, als wollten Sie durch das Buch hindurchschauen. Die Kreise werden sich verdoppeln, sodass Sie vier Kreise sehen. Stellen Sie Ihren Focus so ein, dass die beiden mittleren sich überschneiden und Sie drei Kreise sehen.

Abbildung 40: Focuseinstellung fürs Foto-Lesen

Wenn Sie die drei Kreise sehen, achten Sie auf Ihren Zustand.

- Wie fühlt sich das an?
- Wie ist Ihr Focus?
- Wie geht Ihr Atem?
- Wie fühlt sich Ihr Körper an?
- Wie ist Ihr Mind? Haben Sie viele, wenige oder keine Gedanken?

Fällt Ihnen auf, dass dieser Zustand sich genau so anfühlt, als würden Sie mit Ihrer inneren Aufmerksamkeit auf den alphaPunkt gehen? Diese Focus-Einstellung, die Sie vielleicht auch von 3-D-Bildern her kennen, führt Sie ebenfalls in einen klassischen Alpha-Zustand. Mit Ihrer inneren Aufmerksamkeit auf dem alphaPunkt können Sie diese Erfahrung noch intensivieren.

Wenn Sie bei dieser Übung Ihren Focus nicht so einstellen können, dass Sie drei Kreise sehen, hat das wahrscheinlich augenphysiologische Ursachen: Möglicherweise haben Sie kein beidäugiges Sehen (Stereo-Blick), oder eines Ihrer Augen dominiert das andere. Versuchen Sie es noch mit Schritt 1 der Übung 16. Wenn Sie damit auch keinen Erfolg haben, können Sie diesen Schritt überspringen und gleich zu Schritt 2 weitergehen. Dann stellen Sie Ihren Blick einfach so ein, dass alle Buchstaben verschwimmen und Sie nichts mehr lesen können und halten dabei den Alpha-Zustand aufrecht.

Übung 16: Foto-Lesen

Übungsziel: Ein Buch mit einem defocussierten Blick mit 64 Seiten pro Sekunde durchlaufen lassen.

Anleitung für die Focuseinstellung:

Schritt 1 Nehmen Sie ein Buch zur Hand und schlagen Sie eine Doppelseite auf, die möglichst nur aus Text besteht, ohne Überschriften oder Abbildungen. Drehen Sie das Buch am Anfang auf den Kopf, damit Sie gar nicht in Versuchung kommen, »normal« zu lesen.

Aktivieren Sie nun den Alpha-Zustand, nehmen ihn einen kurzen Moment wahr und lassen dann den Blick über die obere Kante des Mittelfalzes hinweg, circa 2 Meter weiter hinten auf den Boden gehen. Nun sollten Sie in Ihrem peripheren Blick feststellen können, dass sich der Mittelfalz verdoppelt und Sie in der Mitte eine circa 2 bis 3 cm breite »Textwurst« sehen.

Abbildung 41: Der Mittelfalz verdoppelt sich

Wenn sich der Mittelfalz verdoppelt, schieben Sie langsam das Buch in Ihr Sichtfeld. Halten Sie dabei aber die Focuseinstellung weiterhin auf den Boden eingestellt! Am Anfang wird die Textwurst wahrscheinlich immer schmaler werden, oder Sie sehen plötzlich wieder den Mittelfalz. Dann ziehen Sie das Buch aus dem Sichtfeld heraus, stellen den Focus wieder auf den Boden dahinter ein und versuchen es erneut. Mit ein bisschen Übung können Sie, wenn die Textwurst schmaler wird, Ihre innere Aufmerksamkeit auf den alphaPunkt intensivieren und stärker defocussieren, bis sie wieder 2 bis 3 cm breit ist. Das ist die visuelle Rückmeldung, dass die Distanz Ihrer Focuseinstellung optimal ist.

Lassen Sie sich genügend Zeit, diese Focuseinstellung zu üben. Es ist eine Praxis gegen unsere gewohnte Natur: Unser normaler Wahrnehmungszustand im Tagesbewusstsein ist der klare Focus – und Gewohnheiten sind bekanntlich schwer zu ändern.

Schritt 2 Wenn Sie Ihre Augen absichtslos defocussiert auf dem Buch ruhen lassen können, mit einer Textwurst von 2 bis 3 cm Breite (oder einem verschwommenen Blick), beginnen Sie, Seite für Seite umzuschlagen – ohne die Defocussierung zu verlieren! Es wird vielleicht wiederum einige Zeit dauern, bis Ihnen das gelingt. Wenn Sie Ihre Augen defocussiert halten können, drehen Sie das Buch um und blättern nun in normaler Leserichtung.

Schritt 3 Wenn Sie Schritt 2 erfolgreich gemeistert haben, beginnen Sie den Prozess der Informationsaufnahme mithilfe des Foto-Lesens:

Gehen Sie mit Ihrer inneren Aufmerksamkeit auf den alpha-Punkt. Dann defocussieren Sie und lassen die Buchseiten in einem Tempo von 32 Bilder pro Sekunde, das sind 64 Doppelseiten, durchlaufen. Achten Sie darauf, dass Sie nicht focussieren und/oder die Textwurst nicht schmaler wird als 2 cm. Schließen Sie danach das Buch und verweilen Sie ein bis zwei Atemzüge im Alpha-Zustand. Das ist der Aufnahmemodus für das Foto-Lesen. Damit haben Sie die Inhalte subliminal, das heißt unterschwellig, aufgenommen. Üben Sie nun mit mindestens drei Büchern.

Anleitung für den Alltag: Beim Foto-Lesen in Ihrem Alltag werden Sie Schritt 1 und 2 kaum mehr wiederholen müssen, weil sich Ihre Augen an den defocussierten Blick gewöhnt haben. Sie beginnen dann gleich bei Schritt 3. Bei einem 300- bis 400-hundertseitigem Buch wird der Prozess der Informationsaufnahme mit Foto-Lesen circa 5 bis 7 Sekunden in Anspruch nehmen.

Nutzen: Mit diesem Prozess nehmen Sie die Information subliminal auf und unterstützen damit die Verarbeitung des Materials.

Bitte lesen Sie nun weiter auf Seite 129 im Trainingsprogramm. **S. 129**

Arbeitstechnik

Übung 17: Unstrukturiertes Material verarbeiten

Übungsziel: Die Arbeitstechnik an unstrukturiertem Material kennen lernen und anwenden können.

Anleitung: Sie benötigen für diese Übung einen Text im Umfang von vier bis sechs Seiten.

Schritt 1: Überblick verschaffen und Ziel setzen Verschaffen Sie sich zunächst einen Überblick. Bitte lesen Sie dazu nur Titel und Untertitel! Wenn dieser Schritt effizient sein soll, müssen Sie sich auf das absolute Minimum beschränken, das Sie entscheiden lässt, ob Sie diesen Text überhaupt lesen müssen oder nicht.

Sie haben dafür 20 bis 30 Sekunden Zeit.

Vervollständigen Sie anschließend Ihren Zielsatz: »Wenn ich diesen Text gelesen habe, will ich ...«

Schritt 2: Vorbereitung In der Vorbereitung erkunden Sie das Material und orten für Sie relevante Informationen. Wenn Sie auf Passagen stoßen, die Sie lesen wollen, markieren Sie sie am Rande längs – unterstreichen Sie nichts, das würde den digitalen Modus ansprechen. So bereiten Sie den Leseprozess vor, damit Sie nachher nur noch selektiv eintauchen müssen. Sollten Sie während der Vorbereitung merken, dass Sie den Text in der Lesephase sehr genau erarbeiten müssen – was sehr selten vorkommt –, haben Sie bereits einen guten Überblick über den Inhalt.

Lassen Sie Ihre Augen in einem Tempo von maximal 10 Sekunden pro DIN A4-langer Spalte durch den Text fließen.

Schritt 3: Nutzenbezogen lesen Lesen hat im Arbeitsalltag die Funktion, sich möglichst schnell und präzise die Informationen aus Texten zu holen, die Sie für Ihre Arbeit brauchen. Hören Sie daher auf zu lesen, sobald Sie das haben, was Sie sich als Ziel definiert haben. Auch wenn Sie nur 50, 30 oder gar 10 Prozent des Dokumentes verarbeitet haben, ist Ihre Lesearbeit beendet! Tauchen Sie wenn möglich selektiv in den Text, und holen Sie so die für Sie relevante Information heraus. Müssen Sie dem Textaufbau folgen, gehen Sie mit alphaLesen durch den Text, bis Sie zu einem der für Sie relevanten Themen kommen. Dann drosseln Sie Ihr Lesetempo und nehmen den Inhalt zu Ihrem vollen Verständnis auf, wenn nötig digital.

Geben Sie sich für das Lesen dieses Dokuments 2, maximal 3 Minuten Zeit.

Nutzen: Sämtliches unstrukturierte Lesematerial in der Hälfte der bisher aufgewendeten gezielt und mit Schwerpunkten nutzenbezogen verarbeiten können.

S. 146 ➡ Bitte lesen Sie nun weiter auf Seite 146 im Trainingsprogramm.

Übung 18

Übung 18: Grundlagen von Mind Mapping

Das Geniale am Mind Mapping ist, dass es so einfach ist. Der Aufbau ist logisch, seine Entwicklung ist »organisch«, es bietet ein klares Ordnungssystem und kann nach Bedarf auch sequenziell aufgebaut werden.

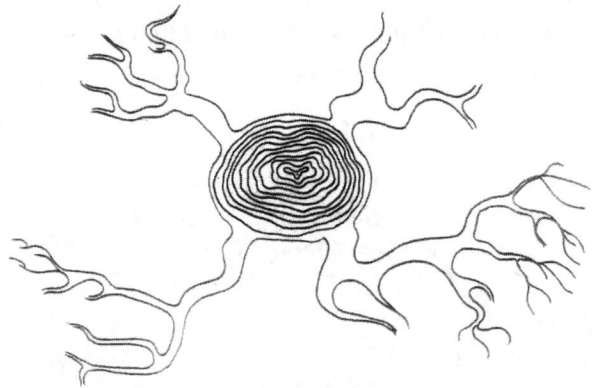

Ein Mind Map besteht aus

- einem Stamm: Ziel,
- Ästen: Schwerpunkte,
- Blättern an den Ästen: Stichworte zu den Schwerpunkten.

Tony Buzans Mind Maps sehen so aus:

Abbildung 43: **Mind Map nach Tony Buzan**

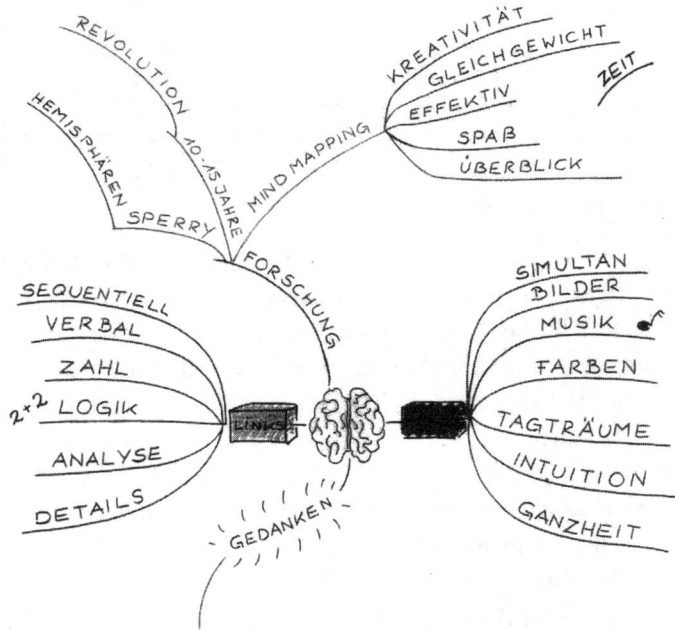

Man kann Mind Maps auch so gestalten:

Abbildung 44: Alternative Gestaltung von Mind Maps

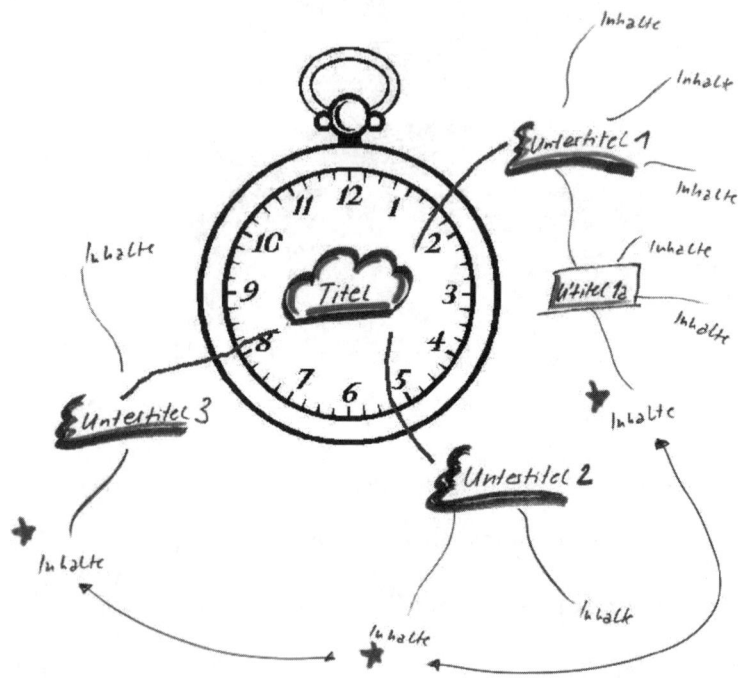

Dabei steht Ihr Ziel immer in der Mitte, die Schwerpunkte bilden die Hauptäste, und die Informationen zu den Schwerpunkten werden mit den Hauptästen verbunden. Die weiteren Strukturierungsmöglichkeiten sind vielfältig:

- Bei Mind Maps des zweiten Typs (Abb. 43) können Sie die hierarchischen Ebenen visuell verankern, indem Sie Ziel- und Schwerpunktebene immer gleich darstellen.
- Wenn Sie einen Ablauf sequenziell beschreiben möchten, können Sie Ihr Mind Map im Uhrzeiger- oder im Gegenuhrzeigersinn aufbauen.
- Mit Farben, Symbolen oder Linien können Sie Verbindungen sichtbar machen oder Struktur schaffen. Zudem erfreuen Sie Ihre rechte Gehirnhälfte!
- Ein Mind Map kann sich beliebig verzweigen. Wenn Ihr Blatt zu klein wird, können Sie ein neues »ansetzen«.

Kreieren Sie Ihre eigene Mind Map-Struktur, so wie es Ihnen entspricht – Ihrer Kreativität und Ihrem persönlichen Ausdruck sind keine Grenzen gesetzt! Die Fertigkeit im Mind Mapping entwickelt sich im Tun – auch das ist gehirngerecht. Und das Wichtigste: Mind Mapping macht Spaß!

Bitte lesen Sie nun weiter auf Seite 147 im Trainingsprogramm.  S. 147

Richtzeiten für den Leseprozess

Bitte seien Sie sich bewusst, dass die folgenden Angaben lediglich Richtwerte sind. Man kann diese Zeiten nicht generell festlegen, denn wie lange ein Leseprozess tatsächlich braucht, hängt von vielen Faktoren ab: vom Dokument, von der Schriftgröße, vom Inhalt und Ihrem Zugang dazu, von Ziel und Schwerpunkten.

Unstrukturiertes Lesematerial ohne Inhaltsverzeichnis, zum Beispiel kurze Lesestücke, Artikel, Berichte, Mails

Umfang: 1 bis 2 Seiten
- Überblick – Ziel/Schwerpunkte: in einem Durchgang, 5 bis 15 Sekunden
- Lesen, je nach Ziel und Dichte: 30 Sekunden bis 2 Minuten

Umfang: 4 bis 8 Seiten
- Überblick – Ziel: Titel, Untertitel, durchblättern, max. 30 Sekunden
- Vorbereitung – Schwerpunkte setzen: alphaLesen, 2 bis 3 Minuten
- Lesen, je nach Ziel und Dichte: digital und alphaLesen, 3 bis 5 Minuten

Umfang: 8 bis 10 Seiten
- Überblick – Ziel: Titel, Untertitel, durchblättern, 30 Sekunden bis 1 Minute
- Vorbereitung – Schwerpunkte: alphaLesen, 3 bis 5 Minuten
- Lesen, je nach Ziel und Dichte: digital und alphaLesen, 5 bis 10 Minuten

Umfang: mehr als 10 Seiten
Solche Texte haben in der Regel ein Inhaltsverzeichnis und werden wie strukturiertes Material verarbeitet.

Strukturiertes Material mit Inhaltsverzeichnis, zum Beispiel Bücher, Manuals, wissenschaftliche Papers

Bücher
- Überblick – Ziel:
  Inhaltsverzeichnis, Cover, Autor, 1 bis 3 Minuten
- Vorbereitung – Schwerpunkte:
  Struktur analysieren, Literaturverzeichnis, Navigationshilfen wie Zusammenfassungen suchen, im Buch surfen, 5 bis 10 Minuten
- Lesen, je nach Ziel und Dichte: digital und alphaLesen, Lesezyklen von dreimal 5 Minuten, das heißt 15 Minuten pro Lesezyklus

Wissenschaftliche Papers
- Überblick – Ziel:
  Abstract digital lesen, Zeitaufwand nach Umfang
- Vorbereitung – Schwerpunkte:
  Introduction und Conclusion, mit alphaLesen und/oder digital lesen, Zeitaufwand nach Umfang,
- Elaboration lesen, je nach Ziel und Dichte: digital und alpha-Lesen, Lesezyklen von dreimal 5 Minuten, das heißt 15 Minuten pro Lesezyklus

S. 153 ⟹ Bitte lesen Sie nun weiter auf Seite 153 im Trainingsprogramm.

Übung 19

Übung 19: Ein Buch verarbeiten

Übungsziel: Umgang mit strukturiertem Lesematerial und Büchern kennen lernen.

Anleitung: Für diese Übung brauchen Sie circa 40 bis 50 Minuten Zeit. Sollten Sie diese Arbeit in mehreren Teilschritten machen müssen, notieren Sie die jeweils aufgewendete Zeit, damit Sie bei der Auswertung Ihre gesamte Lesezeit kennen.

Bereiten Sie das Buch vor der Verarbeitung mit Foto-Lesen vor. Sie können dies irgendwann vor der Lesephase tun – ideal wäre am Vorabend.

Die Schritte der Arbeitstechnik sind die gleichen wie bei unstrukturiertem Lesematerial: Überblick, Vorbereitung, Lesen. Hier nutzen Sie jedoch die Strukturhilfen des Buches.

Ich möchte Sie von der selbst auferlegten Verpflichtung befreien, dass Sie Bücher vollständig, von vorne bis hinten, lesen müssen. Für viele Menschen kommt das dem Schlachten einer »heiligen Kuh« gleich – aber diese Verpflichtung ist nur ein Glaubenssatz, und jeder Glaubenssatz sollte hinterfragt werden, wenn sich dadurch neue Wege öffnen und neue Erfahrungen gemacht werden können! Lesen Sie »kreuz und quer« – führen Sie den Leseprozess mithilfe des Inhaltsverzeichnisses und indem Sie Ihren Schwerpunkten und Fragen gezielt nachgehen!

Nutzen: Innerhalb von 30 bis 45 Minuten ein Fachbuch ziel- und schwerpunktbezogen verarbeiten können oder zumindest einen guten Überblick über seinen Inhalt gewinnen können.

Überblick, 1 bis 3 Minuten

Dabei lesen Sie

- das Inhaltsverzeichnis (wenn es sehr ausführlich ist, lesen Sie dort nur die Überschriften der Hauptkapitel),
- Inhaltsangaben oder Empfehlungen auf der Buchrückseite, und/oder in den Umschlagklappen,
- Informationstexte über den Autor, falls Sie ihn nicht kennen.

Lesen Sie nicht mehr! Stellen Sie sich vor, Sie würden in einer Bibliothek oder einer Buchhandlung in mehreren Bücher schmökern.

Dann formulieren Sie das *Ziel* und schreiben es als Zentrum Ihres Mind Maps in die Mitte des Blattes.

Vorbereitung, 3 bis 10 Minuten

In der Vorbereitung wollen Sie sich einen Überblick über das Buch verschaffen. Dazu benutzen Sie nicht das alphaLesen wie bei Artikeln, sondern Sie

- analysieren die Struktur,
- suchen nach Navigationshilfen,
- lesen Kapitel-Zusammenfassungen, das Literaturverzeichnis etc.,
- »surfen« im Buch, um einen ersten Eindruck zu bekommen.

Dabei definieren Sie die *Schwerpunkte*, die Sie an Ihr Ziel bringen werden und setzen diese als Hauptäste in Ihr Mind Map. Tun Sie in der Vorbereitung alles, was den Leseprozess effizient macht:

- Vermerken Sie Seitenzahlen auf dem Mind Map,
- kennzeichnen Sie die zu verarbeitenden Leseabschnitte mit farbigen Post-its im Buch,
- strukturieren Sie das Mind Map mit Farben, Symbolen etc.

Lesen, zwei bis drei Lesezyklen

Lesen Sie im Wechsel mit alpha- und digitalem Lesen, erarbeiten Sie sich ziel- und schwerpunktbezogen die Inhalte und entwickeln Sie gleichzeitig Ihr Mind Map. Machen Sie Stichwortnotizen ins Mind Map. Gebrauchen Sie dabei Farben und Symbole, zeichnen Sie, kurz: Erfreuen Sie Ihre rechte Gehirnhälfte!

Achten Sie dabei auf die Effizienz-Hemmfaktoren:

- Lesen Sie nirgends digital, wo es nicht nötig ist!
- Lesen Sie sich nichts, was Sie schon wissen – lassen Sie dort die Augen mithilfe von alphaLesen drüberziehen, bis wieder etwas Relevantes, Neues kommt.

Sie müssen beim Lesen nicht chronologisch vorgehen, es sei denn, Sie sehen in der Vorbereitung, dass der Aufbau des Buches dies zwingend erforderlich macht. Das ist aber sehr selten der Fall! Und denken Sie daran:

- Heben Sie alle 5 Minuten den Blick vom Lesematerial.
- Aktivieren Sie den alphaPunkt und lesen Sie dann weiter.
- Legen Sie nach dreimal 5 Minuten eine kurze Pause ein, und machen Sie eine Standortbestimmung: »Bin ich noch auf Zielkurs?«, und gehen Sie dann mit den Fragen »Was tue ich als nächstes? Was will ich davon?« über das Mind Map wieder zurück ins Lesematerial. Damit aktivieren Sie einerseits, was Sie bereits erarbeitet haben, und haben außerdem die Möglichkeit, den Leseprozess immer auf Zielkurs zu halten. Der Wiedereinstieg nimmt in der Regel maximal eine halbe Minute in Anspruch.

Machen Sie zwei bis drei Lesezyklen von dreimal 5 Minuten, arbeiten Sie also insgesamt 30 bis 45 Minuten. Anschließend werten Sie Ihr Ergebnis aus, auch wenn Sie das Buch noch weiter verarbeiten.

Es ist leicht möglich, ein Fachbuch ziel- und schwerpunktbezogen in dieser Zeit zu verarbeiten oder zumindest ein sehr gutes Teilergebnis zu erreichen.

Bitte bearbeiten Sie Ihr Buch jetzt.

Auswertung

Egal, ob Sie Ihre Lesearbeit nun abschließen oder noch mehr Zeit investieren wollen oder müssen, aktivieren Sie das erarbeitete Wissen wie folgt:

Bitten Sie jemanden, Ihnen zuzuhören. Es ist für Ihre Lernerfahrung wichtig, dass Sie über die erarbeiteten Inhalte reden können. Aktivieren Sie das Wissen zuerst ohne Ihr Mind Map. Verfolgen jeden Ast aus dem Gedächtnis so tief ins Detail, wie Sie können. So werden Sie feststellen, was Sie im Aktivgedächtnis ankern konnten. Dann nehmen Sie die Mind Map-Notizen zur Hand und überprüfen, was Sie zusätzlich erinnern können, wenn Sie Zugriff auf Ihre Notizen haben; meist sind es Details und/oder Data. Probieren Sie einmal, das im Gehen zu tun – Sitzen ist nicht die beste Körperhaltung, um das Gehirn in Gang zu bringen!

Abbildung 45: Kriterien der Auswertung

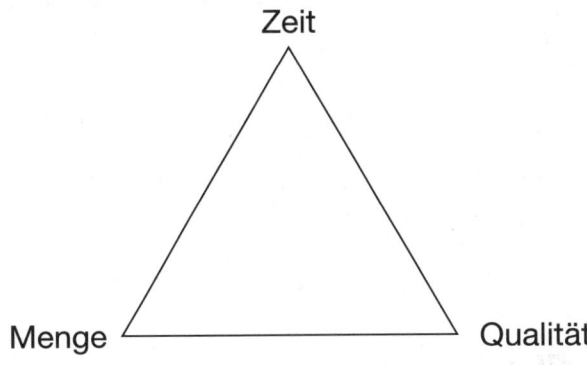

Bitte werten Sie Ihre Erfahrungen nach dem folgendem Schema aus. Es handelt sich dabei nicht um eine wissenschaftliche Auswertung mit einer präzisen »Vorher-Nachher-Erhebung«, und einige

Fragen müssen Sie auch subjektiv nach Ihrem Gefühl beantworten. Sie wird Ihnen aber ermöglichen, sich Ihrer Erfahrungen und dem Nutzen bewusst zu werden.

Bewerten Sie mithilfe einer Skala von 0 bis 10 (wobei 0 »überhaupt nicht«/keine Zustimmung, 10 »sehr«/große Zustimmung bedeutet).

1. Menge
Wie zufrieden sind Sie mit der Menge, die Sie in der gegebenen Zeit (Ihrer effektiven Lesezeit) verarbeitet haben, verglichen mit Ihrem bisherigen Lesen?

0 ———————————————————— 10

2. Qualität
Wie zufrieden sind Sie mit der Qualität? Sie können dies daran messen, wie viel und wie tief Sie das erlesene Wissen aktivieren konnten.

0 ———————————————————— 10

3. Zeit
Wie viele Stunden/Minuten hätten Sie Ihrer Einschätzung nach aufwenden müssen, um das Material in der erreichten Qualität mit Ihrem alten Arbeitsstil zu verarbeiten?

___ Stunden ___ Minuten

4. Spaßbilanz
Wie war Ihr »Lustpegel« bei der Lesearbeit? Wie gerne haben Sie daran gearbeitet?

0 ———————————————————— 10

5. Energiebilanz
Wie sehr hat Sie die Arbeit angestrengt, wie stand es um Ihre Energie und um Ihre Ihre Konzentration? Wie gut konnten Sie »dranbleiben«?

0 ———————————————————— 10

6. Sicherheit
Wie sicher fühlen Sie sich in der Anwendung der erlernten Arbeitstechnik und den verschiedenen Lesestilen?

0 ———————————————————— 10

Haben Sie bei den Fragen 1, 2, 4 und 5 Ihre Zufriedenheit beziehungsweise Ihre Zustimmung mit geringer als »5« eingeschätzt, fragen Sie sich, was Sie bräuchten, um hier ein höheres Zufriedenheitslevel zu erreichen.

Wenn Sie bei Frage 3 ohne die erlernten Skills doppelt so viel oder mehr Zeit aufgewendet hätten, liegen Sie im Zielbereich dieser Arbeitstechnik. Wenn nicht, hinterfragen Sie Ihr Vorgehen und überlegen, wozu Sie die Zeit aufgewendet haben:

- Sind Sie vom ziel- und schwerpunktbezogenen Lesen abgekommen?
- Haben Sie Unnötiges oder etwas, das nicht als Ziel bestimmt wurde, gelesen?
- Haben Sie zu sehr ins Detail gelesen? War das nötig?
- Haben Sie digital gelesen, wo Sie alphaLesen hätten anwenden können?
- Wie können Sie Ihr Vorgehen verbessern?

Sollten Sie die Frage 6 mit weniger als fünf Punkten bewertet haben, empfehle ich Ihnen, die Teile, in denen Sie sich nicht sicher fühlen, im Trainingsprogramm zu wiederholen beziehungsweise zu vertiefen (ab Seite 134), bevor Sie die nächste Trainingseinheit in Angriff nehmen.

Bitte lesen Sie nun weiter auf Seite 154 im Trainingsprogramm. **S. 154**

Effiziente Anwendungsformen und Lesen am PC

Übung 20: Stapellesen

Übungsziel: Effiziente Lesestrategie für Stapel und »Kleinkram« kennen lernen.

Anleitung: Nehmen Sie sich nun Ihren Lesestapel vor. Was immer Sie gestapelt haben, arbeiten Sie mit den Schritten der Arbeitstechnik ab. Stapellesen ist an sich nichts Neues – aber das bewusste Stapeln und vor allem das bewusste Abarbeiten von Stapeln macht die Effizienz aus!

Stoppen Sie die Zeit präzise für jede Phase dieser Übung. Schreiben Sie auf jedes Lesestück die Anzahl der Sekunden und Minuten, die Sie für die verschiedenen Phasen (Überblick, Vorbereitung, Lesen) aufgewendet haben: So können Sie am Schluss einen generellen Zeitrahmen für Ihre eigenen Lesearbeiten festlegen.

Machen Sie mit jedem Artikel zuerst eine *kurze Vorbereitung*, je nach Länge:

- Bei ein bis zwei Seiten Umfang erledigen Sie Überblick und Vorbereitung in einem Durchgang, in 10 bis maximal 30 Sekunden.
- Bei mehrseitigen Dokumenten legen Sie zunächst wie gewohnt den Überblick und das Ziel fest und bestimmen dann in der Vorbereitung die Schwerpunkte gemäß den Zeit-Richtlinien auf Seite 261.

Tun Sie in der Vorbereitung alles, was das Lesen erleichtert:

- Machen Sie Notizen auf das Material, wenn Sie es weiter verarbeiten müssen oder wenn Sie die Aufgabe delegieren wollen.
- Erstellen Sie ein Mind Map, wann immer Sie es für sinnvoll halten. Selbst wenn Sie dieses nach dem Lesen wegwerfen, verankern Sie die Information so gehirngerecht.

Dann lesen Sie – je nach Ziel und Dichte –, bis Sie das Dokument verarbeitet haben. Und dann: Weg damit!

Wenn Sie etwas zum Nachschlagen archivieren wollen, tun Sie es. Wenn Sie allerdings die Tendenz haben, viel zu archivieren, hinterfragen Sie an dieser Stelle, wie oft Sie tatsächlich auf Ihr Archiv zurückgreifen oder ob Ihr Archivieren nur dem Glaubenssatz »man könnte es ja irgendwann gebrauchen ...« entspringt.

Arbeiten Sie so Ihren gesamten Stapel ab. Vergleichen Sie anschließend die Zeiten, die Sie für die beiden Phasen der Vorbereitung und für das effektive Lesen investiert haben. Sie sollten nicht mehr als doppelt so viel Zeit für das Lesen aufwenden, wie Sie für die Vorbereitung brauchten – oft ist es weniger, oder Sie können das Dokument bereits nach der Vorbereitung weglegen. Sollten Sie jedoch bei der Mehrzahl der Texte mehr Zeit aufgewendet haben, überlegen Sie sich, wozu Sie die zusätzliche Zeit aufgewendet haben und ob das wirklich nötig war.

Nutzen: Mit diesem Ansatz erreichen Sie eine beträchtliche Effizienzsteigerung, indem Sie Lesematerial bewusst stapeln und ziel- und schwerpunktbezogen verarbeiten.

Bitte lesen Sie nun weiter auf Seite 160 im Trainingsprogramm.

Übung 21: Parallellesen

Übungsziel: Umgang mit großen Mengen bei themenzentrierter Verarbeitung kennen lernen.

Anleitung: Bereiten Sie Ihr Lesematerial mithilfe des *Foto-Lesens* vor, am besten schon am Vortag.

Zu Beginn des eigentlichen Parallellesens räumen Sie Ihren Arbeitsplatz frei, damit Sie genügend Platz haben, um Ihr Lesematerial auszulegen. Sie können auch Ihren PC als Lesequelle nutzen. Legen Sie ein großes Blatt Papier (DIN A2 oder größer, zum Beispiel von einem Flipchart-Block) in die Mitte des Schreibtisches und platzieren alle Dokumente darum herum. Wenn Sie eines der Dokumente zur Hand nehmen, legen Sie es anschließend wieder an den gleichen Ort zurück; damit verankern Sie die Informationen auch kinästhetisch. Sie können Ihr Mind Map auch auf dem PC erstellen.

Zunächst verschaffen Sie sich bei allen Dokumenten den *Überblick*. Meist haben Sie bereits ein Ziel oder eine Aufgabenstellung und haben dazu Material gesammelt. Wenn Sie sich über Ihr Ziel noch nicht im Klaren sind, nutzen Sie die Überblicksphase für die Zielfindung. Formulieren Sie Ihr Ziel, und notieren Sie es in die Mitte des Blattes.

Das Timing hängt bei dieser Arbeit davon ab, wie viele Dokumente Sie parallel lesen möchten, ob Sie diese bereits gesichtet haben oder kennen oder ob Sie gar zuerst mit einer Fülle von gesammeltem Material in einen Selektionsprozess gehen. Achten Sie einfach darauf, dass Sie nicht mehr lesen, als zur Überblicksphase gehört. Ein Richtwert wäre 5 Minuten.

Dann gehen Sie mit allen Dokumenten in die *Vorbereitung*. Kürzere Lesestücke können Sie alphalesen. Bei Büchern analysieren Sie die Struktur oder lesen das Inhaltsverzeichnis. Aus dieser Phase sollten sich die Struktur und die Schwerpunktthemen Ihrer Lesearbeit ergeben, wenn Sie diese nicht bereits haben. Sie können beliebig viele Schwerpunktthemen setzen, die die Hauptäste Ihres Mind Maps bilden.

Auch hier gilt: Investieren Sie nur so viel Zeit, wie nötig ist (Richtzeit etwa 10 Minuten). Wenn Sie viel Strukturarbeit machen oder ein Projekt ganz neu initiieren, brauchen Sie möglicherweise mehr, etwa 20 bis 30 Minuten. Achten Sie einfach darauf, dass Sie in dieser Phase nicht mit dem eigentlichen Lesen beginnen.

Tun Sie in der Vorbereitung alles, was den Leseprozess erleichtert: Sie können

- mit Post-it-Zetteln die zu verarbeitenden Bereiche im Buch markieren,
- mit Markern Texte längs markieren,
- mit Farben Themen strukturieren,
- Seitenzahlen vermerken,
- mit Farben oder nummerisch eine Dokumenten-Legende führen etc.

Was immer Ihnen hilft, Klarheit und Struktur in Ihr Leseprojekt zu bringen, wird sich in der Lesephase als Hilfe erweisen

Nun gehen Sie in die *Lesephase*: Lesen Sie zyklisch wie bei der Verarbeitung von Büchern. Nehmen Sie dabei nicht mehr als drei Schwerpunkte in einen Lesezyklus.

Arbeiten Sie »vom Großen ins Kleine«: Erarbeiten Sie sich zunächst bei allen Schwerpunkten ein gutes Grundverständnis, und gehen Sie erst dann tiefer ins Detail. Dies entspricht der Verarbeitungsweise des Gehirns. Außerdem können Sie so jederzeit kompetent aussteigen, und Sie werden auch bei Unterbrechungen viel leichter den Einstieg finden.

Investieren Sie nur so viel Zeit, wie Sie brauchen, bis Sie Ihr definiertes Ziel erreicht haben. Achten Sie auf Ihre »Spaßbilanz«: Wenn Sie müde oder unkonzentriert, gelangweilt oder ungeduldig werden, hinterfragen Sie Ihr Vorgehen. All das können Indikatoren dafür sein, dass Sie

- zu detailliert arbeiten,
- nicht am Wesentlichen sind,
- Inhalte digital lesen, die Sie bereits kennen,
- den Alpha-Zustand nicht regelmäßig alle fünf Minuten aktivieren.

Benutzen Sie wenn möglich den alphaReminder – bei einer umfangreichen Lesearbeit kann man sich leicht verlieren!

Nutzen: Mit diesem Ansatz erreichen Sie eine beträchtliche Effizienzsteigerung, indem Sie Lesematerial themenzentriert ziel- und schwerpunktbezogen verarbeiten.

Auswertung

Bitte aktivieren Sie nun Ihre Mind Map-Notizen und werten Sie Ihre Arbeit wie in der Übung 19, Buch verarbeiten, aus.

Lesen Sie danach weiter auf Seite 160 im Trainingsprogramm. **S. 160**

Übung 22: Arbeit am PC

Machen Sie eine Analyse Ihrer Lesearbeiten:

Für welche Lesearbeiten benutzen Sie Ihren PC? Listen Sie diese Arbeiten auf und notieren Sie, wie viel Prozent Ihrer Lesearbeit am Bildschirm die jeweiligen Arbeiten ausmachen.

Was ist das Ziel der Leseprojekte am PC? Schreiben Sie das Ziel jeder aufgeführten Lesekategorie auf: »Wenn ich diese Arbeiten erledigt habe, will ich …«

Wie müssen Sie das Lesematerial erarbeiten? Wo brauchen Sie präzise Data, allgemeine Informationen oder eine Übersicht? Kodieren Sie dies bei jeder Lesearbeit: D für »Dataarbeit«, I für »Informationen verarbeiten«, Ü für »Überblick verschaffen«. Notieren Sie diese Codes zum Ziel jeder Lesearbeit, damit Sie vermehrt nutzenbezogen lesen können.

Nachdem Sie nun eine Übersicht haben, welche Lesearbeiten sie wie verarbeiten müssen, analysieren Sie nun Ihre Software, um herauszufinden, wie Sie sie am besten für den Leseprozess nutzen können.

- Wie können Sie Dokumente am schnellsten schmal formatieren?

- Haben Sie eine Schnellfunktion, um Texte in Spaltenform zu bringen?
- Können Sie die Bildschirmseiten zum Lesen zusammenschieben?
- Wie können Sie am schnellsten die Schriftart verändern?

Wenn Sie diese Fragen geklärt haben, entscheiden Sie, bei welchen Lesearbeiten sich das Umformatieren lohnt. Dazu hier einige Richtlinien:

- Dokumente, die über die ganze Bildschirmbreite geschrieben sind und mehr als eine Bildschirmseite lang sind;
- Texte, die eine intensive Bearbeitung brauchen und/oder denen Sie eine Menge präziser Data entnehmen müssen;
- unstrukturierte Texte ohne Grafiken oder spezielle Gestaltungsformen, die sich leicht formatieren lassen, ohne dass das Dokument unübersichtlich wird.

Erleichtern Sie sich diese Lesearbeiten in Zukunft konsequent durch eine lesefreundliche Gestaltung, und gestalten Sie so Ihren Arbeitsablauf effizienter!

S. 161  Bitte lesen Sie weiter auf Seite 161 im Trainingsprogramm.

Übung 23

Übung 23: E-Mail-Verarbeitung und Ordnungssystem

Übungsziel: Verarbeitungs- und Archivierungshilfen für die E-Mail-Verarbeitung erarbeiten, die auf Ihre persönlichen Bedürfnisse zugeschnitten sind.

Anleitung:

Analysieren Sie zunächst Ihren Mailverkehr: Machen Sie eine Liste der Kategorien von E-Mails, die in Ihrem Arbeitsbereich anfallen.

Können Sie eine Priorisierung vornehmen? Gibt es dringende, wichtige, unwichtige Mails? Kennzeichnen Sie dies mit 1, 2 oder 3, und schreiben Sie es zu den entsprechenden Kategorien.

Wie groß ist in diesen Kategorien in der Regel der Umfang der Mails? Kurz (3 bis 10 Zeilen), mittel (10 bis 30 Zeilen) oder lang (mehr als eine Bildschirmseite)? Kennzeichnen Sie dies mit A, B oder C, und schreiben Sie es zu den entsprechenden Kategorien.

Wie detailliert müssen Sie die einzelnen Kategorien verarbeiten? Bitte kennzeichnen Sie dies mit D für jene, denen Sie Data und präzise Informationen entnehmen müssen, mit I für solche, die allgemeine Informationen enthalten und K für jene, die Sie als CC erhalten oder lediglich zur Kenntnis nehmen müssen.

Damit haben Sie einen detaillierteren Überblick über Ihre eingehenden Mails und können diese vermehrt nutzenbezogen lesen.

Ordnungs- und Archivierungssystem

Haben Sie ein Ordnungssystem, nach dem Sie eingehende Mails *zur Bearbeitung* in entsprechende Ordner ziehen? Erstellen Sie eines, das Ihren Ordnungskriterien entspricht. Machen Sie dazu ein Mind Map, und übertragen Sie es anschließend auf Ihren PC.

Welche Mails müssen Sie in der Regel archivieren, welche können Sie nach der Verarbeitung löschen? Kennzeichnen Sie diese Mailarten. Wenn Sie das nicht generell sagen können, überlegen Sie, wie Sie derzeit vorgehen und versuchen Sie es zu systematisieren.

Erstellen Sie ein Ordnungssystem, nach dem Sie Ihre Mails *nach der Verarbeitung archivieren*. Wählen Sie das vorrangige Ordnungskriterium: Nach Projekten, Inhalten, Absendern, Datum oder gemäß Ihren eigenen Ansprüchen. Erstellen Sie auch dazu ein Mind Map und übertragen Sie es anschließend auf Ihr Mailprogramm.

Vermeiden Sie doppelt geführte Ordnungssysteme und überlegen Sie sich, mit welchen Suchhilfen Sie am schnellsten wieder zu Ihrer Information kommen, falls Sie sie in Ihrem Ordnungssystem nicht mehr finden sollten.

Nun haben Sie eine detaillierte Übersicht, welche Mails Sie wie ordnen beziehungsweise löschen.

Analysieren Sie nun bitte noch Ihre Mail-Software, um herauszufinden, welche Funktionen Sie zur Erleichterung des Lesens nutzen können:
Können Sie zum Lesen

- die Mails schmal formatieren und diese Einstellung automatisieren?
- Ihr Mail-Fenster zusammenschieben?
- mit geringem Aufwand die Schriftart verändern?

Nutzen Sie alle Möglichkeiten, die das Lesen der Mails erleichtern!

S. 165  Bitte lesen Sie nun weiter auf Seite 165 im Trainingsprogramm.

Kapitel 15

Übungen zum Trainingsprogramm
alphaListening

Übungsziel: Die Orientierungsverlagerung über den alphaPunkt auf die Schultern, den Atem und in den Bauch kennen lernen, üben und spontan geschehen lassen

Übung 24: Orientierungsverlagerung in einem Atemzug

Wenn Sie Ihre Orientierung sicher vom alphaPunkt auf die Schultern verlagern können, kürzen Sie den Zugang auf die Schultern wie folgt ab:

- Einatmen,
- innere Aufmerksamkeit auf den alphaPunkt,
- ausatmen und gleichzeitig mit der Orientierung auf beide Schultern gehen,
- Zustand wahrnehmen,
- ein bis zwei Atemzüge dabei bleiben.

Bitte üben Sie dies mindestens zehnmal, bevor Sie weitergehen.

Legen Sie dann eine CD mit klassischer Musik ein, und suchen Sie ein langsames Stück; ein Largo oder Adagio. Gehen Sie nun über den alphaPunkt mit Ihrer inneren Aufmerksamkeit auf Ihre Schultern, und hören Sie der Musik zu. Bleiben Sie bei der Musik, und gleiten Sie nicht in Gedanken weg; halten Sie Ihren Mind präsent! Wenn Sie in Gedanken weggehen, nehmen Sie die innere Aufmerksamkeit über den alphaPunkt wieder zurück auf die Schultern. Halten Sie Ihre Orientierung auf den Schultern, und achten Sie darauf, ob sie sich verschieben möchte.

Auswertung

- Konnten Sie präsent bleiben, oder sind Sie in Gedanken weggegangen?
- Wie war Ihre Wahrnehmung beim Hören der Musik?
- Ist Ihre Orientierung auf den Schultern geblieben?
- Hatte sie die Tendenz, sich zu verschieben – wenn ja, nach unten oder nach oben?

Es liegt in der Natur des Minds, in Gedanken oder Bilder »wegzugehen« – das ist normal. Holen Sie ihn über den alphaPunkt immer wieder zurück, bis er sich daran gewöhnt, beim Zuhören präsent zu bleiben. Beim Hören von langsamer Musik und in Gesprächen mit Inhalten, die eher die assoziativ-intuitive Ebene ansprechen, hat die Orientierung die Tendenz, sich nach unten zu verlagern.

Übung 25

Übung 25: Orientierungsverlagerung auf den Atem

Hören Sie nun nochmals das gleiche Stück Musik, verlagern Sie jetzt aber die Orientierung auf den Atem. Suchen Sie Ihre Atembewegung dort, wo Sie sie am klarsten spüren – im Brustraum oder tiefer.

- Einatmen,
- innere Aufmerksamkeit auf den alphaPunkt,
- ausatmen und gleichzeitig mit der Orientierung auf den Atem gehen,
- Zustand wahrnehmen.

Halten Sie Ihre Orientierung auf der Atmung und beobachten Sie, was in Ihnen geschieht.

Auswertung

- Konnten Sie die Präsenz halten, oder sind Sie in Gedanken von der Musik weggeglitten?
- Konnten Sie die Orientierung auf der Ebene des Atems halten?

Die Orientierung auf dem Atem ist ideal für entspanntes, waches Aufnehmen von allgemeinen, vertrauten Inhalten und wird in der Regel als angenehm empfunden. Es ist eine leichte und effektive Art, bei Stress oder Ungeduld das Nervensystem zu regulieren.

Übung 26: Orientierungsverlagerung in den Bauch

Hören Sie nochmals das gleiche Stück Musik, und verlagern Sie diesmal die Orientierung in den Bauch. Suchen Sie das Zentrum Ihres Unterbauches, sodass Sie das Gefühl haben, Sie seien am tiefsten Punkt Ihres Bauchraums.

- Einatmen,
- innere Aufmerksamkeit auf den alphaPunkt,
- ausatmen und gleichzeitig mit der Orientierung in den Bauch gehen,
- Zustand wahrnehmen.

Halten Sie Ihre Orientierung auf der Ebene des Bauches und beobachten Sie, was in Ihnen geschieht.

Auswertung

- Konnten Sie die Präsenz halten, oder sind Sie in Gedanken von der Musik weggeglitten?
- Konnten Sie die Orientierung auf der Ebene des Bauches halten?
- Wie haben Sie den Zustand mit der Orientierung so tief im Körper empfunden?
- Sind Sie müde geworden?

Wenn die Orientierung so tief im Körper ist, passiert es leicht, dass man schläfrig wird. Ich empfehle, nur in emotionsgeladenen Konfliktsituationen und bei starkem Stress die Orientierung in den Bauch zu nehmen!

Übung 27: Willentliche Orientierungsverlagerung

Üben Sie nochmals mit einem Stück Musik.

- Einatmen,
- innere Aufmerksamkeit auf den alphaPunkt,
- ausatmen und mit der Orientierung auf die Schultern gehen.

Dann verlagern Sie Ihre Orientierung auf folgende Art und Weise:

- Gehen Sie zuerst über den alphaPunkt auf die Schultern.
- Nach circa 5 Sekunden gehen Sie beim Ausatmen auf den Atem.

- Nach weiteren 5 Sekunden gehen Sie beim Ausatmen auf den Bauch.
- Nach 5 Sekunden gehen Sie beim Einatmen auf den Atem.
- Nach 5 Sekunden gehen Sie beim Einatmen auf die Schultern.
- Nach 5 Sekunden gehen Sie beim Einatmen auf den Punkt.
- Nach 5 Sekunden gehen Sie beim Ausatmen auf die Schultern.

Wechseln Sie noch einige Male die Ebenen – es muss auch nicht immer »der Reihe nach« sein. Sie können auch von den Schultern in den Bauch gehen, dann auf den Punkt und wieder auf den Atem und so weiter.

Damit üben Sie die willentliche Orientierungsverlagerung. Sie gehen dabei jeweils mit dem Ausatmen tiefer und mit dem Einatmen höher.

Achten Sie darauf, wie Sie auf den verschiedenen Orientierungsebenen wahrnehmen und ob Ihr Mind präsent bleibt.

Auswertung

- Konnten Sie die Orientierung willentlich verlagern?
- Wie haben Sie die verschiedenen Orientierungsebenen erfahren?
- Hat sich dabei Ihre Wahrnehmung oder Befindlichkeit verändert?

Sollte es Ihnen nicht gelungen sein, Ihre innere Orientierung willentlich zu verlagern, versuchen Sie es nochmals, bis es Ihnen gelingt.

Übung 28: Orientierungsverlagerung auf die Schultern bei Sprache

Bitte legen Sie jetzt eine CD mit gesprochenem Text ein oder schalten Sie das Radio ein. Es ist am besten, wenn Sie einen Text mit einem ruhigen Charakter auswählen.

- Einatmen,
- innere Aufmerksamkeit auf den alphaPunkt,
- ausatmen, und mit der Orientierung auf die Schultern gehen,
- Zustand wahrnehmen.

Hören Sie auf den Inhalt, halten Sie dabei aber Ihre Orientierung auf Schulterhöhe, und nehmen Sie wahr, ob sie sich verlagern will.

Achten Sie darauf, mit der Aufmerksamkeit beim Text zu bleiben ohne in Gedanken abzuschweifen.

Auswertung

- Wie war Ihre Erfahrung beim Zuhören von gesprochenem Wort?
- Konnten Sie den Inhalt aufnehmen?
- Konnten Sie präsent bleiben, oder sind Sie in Gedanken abgeschweift?
- Hatte Ihre Orientierung die Tendenz, sich nach unten oder oben zu verschieben?

Es kann sein, dass die Orientierung die Tendenz hat, sich zu verschieben, und sich dem Inhalt »anpassen« will Wenn Sie dies noch nicht erlebt haben, machen Sie die Übung noch mal und achten Sie besonders darauf.

Übung 29: Spontane Orientierungsverlagerung

Übung 29

Für diese Übungen müssen Sie das Radio benutzen. Suchen Sie einen gesprochenen Beitrag, der schnell und dicht ist, und beginnen Sie mit der Orientierung auf den Schultern. Hören Sie dann circa 5 bis 10 Minuten zu.
Beobachten Sie dabei, ob Ihre Orientierung sich verlagern will:

- Daten, präzise Informationen: auf den alphaPunkt
- Informationen: auf den alphaPunkt oder die Schultern
- allgemeine Inhalte: auf die Schultern oder den Atem

Lassen Sie diese Orientierungsverschiebung geschehen! Falls nichts geschieht, bleiben Sie mit der inneren Aufmerksamkeit auf der Höhe der Schultern. Beobachten Sie auch Ihren Mind: Sind Sie präsent, oder tendieren Sie dazu, in Gedanken wegzugleiten?

Auswertung

- Wie konnten Sie zuhören?
- Hatte die Orientierung eine Tendenz, sich zu verschieben?
- Konnten Sie das mit dem Inhalt in Verbindung bringen?

Wenn sich Ihre Orientierung nicht in Verbindung mit dem Inhalt verlagert, üben Sie bitte weiter, bis es spontan geschieht.

Nutzen: Mit der Kenntnis dieser Orientierungsebenen können Sie Gesprächen inhaltlich, emotional und assoziativ-intuitiv klarer folgen.

S. 178 Bitte lesen Sie nun weiter auf Seite 178 im Trainingsprogramm.

Übung 30

Übung 30: Mind Map-Notizen während des Zuhörens

Übungsziel: Während des Zuhörens Mind Mapping als Ankermethode nutzen.

Suchen Sie einen anspruchsvollen oder komplexen Text auf Ihrer CD oder im Radio. Lassen Sie Ihre Orientierung sich wieder spontan entsprechend dem Inhalt verschieben.

Lassen Sie während des Zuhörens ein Mind Map entstehen, legen Sie es aber anschließend zur Seite!

Achten Sie wieder besonders darauf, ob Ihr Mind präsent bleibt oder ob Sie in Gedanken entgleiten.

Auswertung

- Hat sich die Orientierung entsprechend dem Inhalt spontan verschoben?
- Können Sie die Verlagerung der Orientierung mit dem Inhalt in Einklang bringen?
- Ist es Ihnen gelungen, Ihr Mind Map gleichzeitig mit der Inhaltsvermittlung mitlaufen zu lassen?

Aktivieren Sie nach circa ein bis zwei Stunden den Inhalt des Gehörten aus dem Gedächtnis, und beobachten Sie, ob die Mind Map-Struktur Ihnen beim Erinnern hilft. Nehmen Sie anschließend das Mind Map zur Hand, und überprüfen Sie, ob Sie die wesentlichen Inhalte wiedergeben konnten. Meist fehlen nur noch Details, an die Sie sich mit Hilfe des Mind Maps noch zurückerinnern können.

S. 179  Bitte lesen Sie nun weiter auf Seite 179 im Trainingsprogramm.

Kapitel 16

Übung zum Trainingsprogramm
alphaTimeQuality

Übung 31: Präsenz halten im Gehen

Stehen Sie auf und spüren sich im Stehen: die Füße am Boden, der Körper aufrecht. Dann atmen Sie ein, gehen mit Ihrer inneren Aufmerksamkeit auf den alphaPunkt und verlagern sie im Ausatmen auf den Atem. Lassen Sie den Atem kommen und gehen, ohne etwas daran verändern zu wollen. Nehmen Sie für fünf bis sieben Atemzüge den natürlichen Rhythmus Ihres Atems wahr.

Dann richten Sie Ihre Aufmerksamkeit auf Ihre Füße und setzen sich in Bewegung, indem Sie beim Einatmen einen Schritt machen, beim Ausatmen den nächsten. Das ist der schwierigste Teil dieser Übung, denn es wird ein ungewohnt langsames Gehen sein, genauso langsam wie Ihr Atem ist. Bleiben Sie aber dabei: Erfahren Sie nichts anderes als Ihre Präsenz, Ihren Atem und Ihre Füße, wie sie bei jedem Schritt den Boden berühren. Bitte beobachten Sie, was dabei in Ihnen geschieht. Achten Sie darauf, dass Ihr Mind ruhig bleibt. Wenn Gedanken kommen, nehmen Sie die Aufmerksamkeit im Einatmen auf den alphaPunkt, im Ausatmen auf Ihren Atem und dann wieder aufs Gehen. Gehen Sie in diesem langsamen Tempo, im Einklang mit Ihrem Atem, circa 30 Schritte, hin und her oder im Kreis. Wenn Sie Ihren Atem nicht beschleunigen, wird das circa anderthalb Minuten in Anspruch nehmen. Geben Sie sich diese Zeit, um das Gleichgewicht und den Fluss mit dem Körper zu finden und die obigen Beobachtungen machen zu können.

Als nächstes machen Sie zwei Schritte beim Einatmen und zwei Schritte beim Ausatmen. Bleiben Sie im natürlichen Rhythmus Ihres Atems. Sie werden sich doppelt so schnell bewegen. Achten Sie bitte darauf, dass Ihr Mind auch bei diesem Tempo ruhig bleibt, das heißt, dass Sie im Alpha-Zustand bleiben. Machen Sie mindestens 60 Schritte, was wiederum etwa anderthalb Minuten dauern wird.

Erhöhen Sie nun Ihr Tempo auf vier Schritte beim Einatmen und vier Schritte beim Ausatmen – das sollte jetzt ein natürliches, langsames Gehen sein. Bleiben Sie dabei im Alpha-Zustand. Verdoppeln Sie die Zahl Ihrer Schritte auf etwa 120, sodass Sie wieder rund anderthalb Minuten gehen.

Als nächstes machen Sie beim Einatmen drei Schritte und beim Ausatmen vier Schritte; damit bewegen Sie sich nun in einem ungeraden Rhythmus. Achten Sie dabei entweder auf den Beginn des Einatmens oder auf den Beginn des Ausatmens: Mit jedem Ein- oder Ausatmen wechseln Sie den Fuß und treten mal links, mal rechts auf. Versuchen Sie, auch das wahrzunehmen – wie ein größerer Bogen, der sich über Ihr Gehen spannt. Achten Sie aber auch darauf, dass Ihr Mind präsent bleibt und Sie nicht in Gedanken abwandern.

Bleiben Sie diesmal etwas länger in diesem Rhythmus, etwa zwei bis drei Minuten. Wenn es die äußeren Umstände erlauben, können Sie dazu auch ins Freie gehen – Sie gehen jetzt ja ganz »normal«.

Bitte wählen Sie jetzt drei Wegstrecken aus Ihrer Liste aus – zwei kürzere und eine längere. Experimentieren Sie mit dem Tempo:

- Was ist Ihre natürliche Gehweise bei den aufgelisteten Wegstrecken?
- Wo gehen Sie lieber in einem geraden Rhythmus? (Das ist für gewöhnlich auf kurzen Strecken einfacher.) Wie viele Schritte atmen Sie ein und wie viele aus?
- Wo können Sie einen unregelmäßigen Rhythmus gehen? Wie viele Schritte machen Sie beim Ein- und beim Ausatmen?

Notieren Sie Ihren Rhythmus zu den aufgelisteten Wegstrecken und praktizieren Sie die Präsenz im Gehen ab sofort in Ihrem Alltag. Ärgern Sie sich nicht, wenn Sie es ab und zu vergessen, aber fangen Sie immer wieder an – egal wie viele Male!

Literaturverzeichnis

Birkenbihl, Vera: Das »neue« Stroh im Kopf? Vom Gehirnbesitzer zum Gehirnbenutzer. Landsberg am Lech 2002

Buzan, Tony: Kopftraining. Anleitung zum kreativen Denken. München 1998

Cavanagh, Christina: Managing your E-Mail. Thinking Outside the Inbox. Indianapolis 2003

Csikszentmihalyi, Mihaly: Flow im Beruf. Das Geheimnis des Glücks am Arbeitsplatz. Hamburg 2004

Davis, Ronald: Legasthenie als Talentsignal. Lernchance durch kreatives Lesen. Genf/München 1998

Edelmann, Gerald; Tononi, Giulio: Gehirn und Geist. Wie aus Materie Bewusstsein entsteht. München 2004

Hertlein, Margit: Mind Mapping. Die kreative Arbeitstechnik. Reinbek bei Hamburg 2001

Hüther, Gerald: Biologie der Angst. Wie aus Stress Gefühle werden. Göttingen 1997

Hüther, Gerald: Bedienungsanleitung für ein menschliches Gehirn. Göttingen 2001

Hüther, Gerald; Bonney, Helmut: Neues vom Zappelphilipp. ADS: verstehen, vorbeugen und behandeln. Düsseldorf 2002

Levine, Peter A.; Frederick, Ann: Trauma-Heilung. Das Erwachen des Tigers. Essen 1998

Rosenberg, Marshall: Gewaltfreie Kommunikation. Eine Sprache des Lebens. Paderborn 2004

Rothschild, Babette: Der Körper erinnert sich. Die Psychophysiologie des Traumas und der Traumabehandlung. Essen 2002

Scheele, Paul R.: PhotoReading. Die neue Hochgeschwindigkeits-Lesemethode in der Praxis. Paderborn 2004

Spitzer, Manfred: Selbstbestimmen. Gehirnforschung und die Frage: Was sollen wir tun? Heidelberg 2003

Steiner, Claude; Perry, Paul: Emotionale Kompetenz. München 1999

Steiner, Verena: Exploratives Lernen. Der persönliche Weg zum Erfolg, Zürich 2000

Storch, Maja: Das Geheimnis kluger Entscheidungen. Von somatischen Markern, Bauchgefühl und Überzeugungskraft. Zürich 2003

Thich Nhat Hanh: Schritte der Achtsamkeit. Eine Reise an den Ursprung des Buddhismus. Freiburg 1998

Van der Kolk, Bessel; McFarlane, Alexander; Weisaeth, Lars: Traumatic Stress. Grundlagen und Behandlungsansätze. Paderborn 2000

Vester, Frederic: Denken, lernen, vergessen. Was geht in unserem Kopf vor, wie lernt das Gehirn und wann lässt es uns im Stich? München 1998

Zohar, Danah; Marshall, Ian: SQ. Spirituelle Intelligenz. München 2001

Register

J. Knoblauch, J. Hüger, M. Mockler
EIN MEER AN ZEIT
Die neue Dimension
des Zeitmanagements
2005 · 284 Seiten · Gebunden
ISBN 3-593-37792-6

Das neue Zeitmanagement

Jeder kennt das Gefühl, keine Zeit zu haben. Dabei haben wir heute ein viel größeres Zeitbudget zur Verfügung als noch in den 80er Jahren! Gehen Sie mit diesm Buch auf die Reise zum »Meer an Zeit«, richten Sie den Focus auf »Fülle« statt auf »Mangel« und profitieren Sie von Ihrer neuen Gelassenheit. Die Autoren bieten einen völlig neuen Ansatz im Zeitmanagement: Wir haben mehr Zeit, als wir glauben! In vier großen Schritten führen sie zu einem ganz neuen, positiven Zeitverständnis und damit zu mehr Lebensqualität.